国家社科基金特别委托项目
天津社会科学院学术著作出版资助项目

文化法概论

Introduction to Cultural Law

刘志松　主编

法律出版社
LAW PRESS · CHINA
北京

图书在版编目(CIP)数据

文化法概论 / 刘志松主编. -- 北京 : 法律出版社, 2023

ISBN 978 -7 -5197 -8666 -3

Ⅰ. ①文… Ⅱ. ①刘… Ⅲ. ①文化产业－法律－概论－中国 Ⅳ. ①D922.16

中国国家版本馆 CIP 数据核字(2023)第 247931 号

文化法概论
WENHUAFA GAILUN

刘志松 主编

责任编辑 许 睿
装帧设计 李 瞻

出版发行 法律出版社
编辑统筹 司法实务出版分社
责任校对 李慧艳
责任印制 胡晓雅
经　　销 新华书店

开本 710 毫米×1000 毫米 1/16
印张 19.5 **字数** 306 千
版本 2023 年 12 月第 1 版
印次 2023 年 12 月第 1 次印刷
印刷 北京建宏印刷有限公司

地址:北京市丰台区莲花池西里 7 号(100073)
网址:www.lawpress.com.cn
投稿邮箱:info@lawpress.com.cn
举报盗版邮箱:jbwq@lawpress.com.cn
销售电话:010 - 83938349
客服电话:010 - 83938350
咨询电话:010 - 63939796

书号:ISBN 978 -7 -5197 -8666 -3
定价:88.00 元
凡购买本社图书,如有印装错误,我社负责退换。电话:010 - 83938349

前　言

文化是一个国家、一个民族的灵魂。中华民族有万年文化史、五千年文明史，是四大文明古国中唯一绵延、传承至今的国家。2023 年 10 月召开的全国宣传思想文化会议，首次提出了习近平文化思想。会议提出，习近平文化思想既有文化理论观点上的创新和突破，又有文化工作布局上的部署要求，明体达用、体用贯通，明确了新时代文化建设的路线图和任务书，标志着我们党对中国特色社会主义文化建设规律的认识达到了新高度，表明我们党的历史自信、文化自信达到了新高度。① 在会议上，习近平总书记对宣传思想文化工作作出“七个着力”重要指示。习近平强调，着力加强党对宣传思想文化工作的领导，着力建设具有强大凝聚力和引领力的社会主义意识形态，着力培育和践行社会主义核心价值观，着力提升新闻舆论传播力、引导力、影响力、公信力，着力赓续中华文脉、推动中华优秀传统文化创造性转化和创新性发展，着力推动文化事业和文化产业繁荣发展，着力加强国际传播能力建设、促进文明交流互鉴。②

习近平文化思想是新时代开展宣传思想文化工作的纲领和指引，是“两个结合”（马克思主义基本原理同中国具体实际相结合、同中华优秀传统文化相结合）的光辉典范。习近平总书记指出：“中国特色社会主义文化，源自于

---

① 《坚定文化自信秉持开放包容坚持守正创新　为全面建设社会主义现代化国家　全面推进中华民族伟大复兴提供坚强思想保证强大精神力量有利文化条件》，《人民日报》2023 年 10 月 9 日，第 1 版。

② 《坚定文化自信秉持开放包容坚持守正创新　为全面建设社会主义现代化国家　全面推进中华民族伟大复兴提供坚强思想保证强大精神力量有利文化条件》，《人民日报》2023 年 10 月 9 日，第 1 版。

中华民族五千多年文明历史所孕育的中华优秀传统文化，熔铸于党领导人民在革命、建设、改革中创造的革命文化和社会主义先进文化，植根于中国特色社会主义伟大实践。发展中国特色社会主义文化，就是以马克思主义为指导，坚守中华文化立场，立足当代中国现实，结合当今时代条件，发展面向现代化、面向世界、面向未来的，民族的科学的大众的社会主义文化，推动社会主义精神文明和物质文明协调发展。”①

习近平文化思想明确了新时代文化建设的路线图和任务书，标志着我们党对中国特色社会主义文化建设规律的认识达到了新高度，表明我们党的历史自信、文化自信达到了新高度，明确了做好新时代新征程宣传思想文化工作的根本遵循。中国特色社会主义先进文化扎根于中国大地，既具有社会主义的本质特征，又饱含着鲜明的民族性和历史性。中华文化生动记录中国人的成长历程和实践方式，深含着中华文明的文化基因，沉淀着中华民族最深层的精神追求，代表着中华民族独特的精神标识，也正是中华民族文化自信的根本所在。

一、文化与国家

文化兴则国运兴，文化强则民族强。文化是国家实力的重要组成部分，与科技、经济、政治以及社会生活方方面面共同成为直接影响国家经济社会发展水平的重要因素。早在1940年，毛泽东在《新民主主义论》中就提出要建设民族的、科学的、大众的中华民族新文化。

党的十八大以来，以习近平同志为核心的党中央高度重视国家文化软实力建设。党的十八届三中全会明确提出，“建设社会主义文化强国，增强国家文化软实力”。党的十九大报告提出，到2035年基本实现社会主义现代化，“社会文明程度达到新的高度，国家文化软实力显著增强，中华文化影响更加广泛深入”已经成为社会主义现代化强国的一个重要指标。

从2011年10月18日党的十七届六中全会审议通过的《中共中央关于深

① 习近平：《习近平著作选读》（第二卷），人民出版社2023年版，第34页。

化文化体制改革　推动社会主义文化大发展大繁荣若干重大问题的决定》提出“建设社会主义文化强国”长远战略，到党的十八大以来我国文化战略和文化政策的不断完善，“建设社会主义文化强国”已经成为我国立足中华民族伟大复兴战略全局和世界百年未有之大变局背景下文化发展方向的集中表达，也是对我国以往文化改革发展经验和未来发展目标的综合概括。

党的十八大报告将“文化强国”列为专题，提出了“扎实推进社会主义文化强国建设”的目标，明确了加强社会主义核心价值体系建设、全面提高公民道德素质、丰富人民精神文化生活、增强文化整体实力和竞争力四项重点任务，显著提升了文化建设在国家战略中的地位，使之成为与经济、科技和教育、社会建设等同等重要的国家现代化推进力量。党的十九大报告进一步强调了文化发展对于国家建设的重大战略价值，首次提出将文化自信作为检验文化强国的重要指标，社会主义文化强国建设持续推进。党的十九届四中全会进一步确立了“坚持和完善繁荣发展社会主义先进文化的制度，巩固全体人民团结奋斗的共同思想基础”“更好构筑中国精神、中国价值、中国力量”，丰富和细化了文化强国建设和国家文化软实力的核心价值和发展方向。党的十九届五中全会明确提出到2035年建成文化强国的远景目标，并强调在“十四五”时期推进社会主义文化强国建设。建设社会主义文化强国成为国家宏观层面与科技强国、教育强国等相协同的总体战略架构，标志着我国文化建设在“两个一百年”奋斗目标接续推进中进入了一个新的历史阶段。

文化自信是中华民族伟大复兴的条件和基础。习近平总书记指出：“没有高度的文化自信，没有文化的繁荣兴盛，就没有中华民族伟大复兴。要坚持中国特色社会主义文化发展道路，激发全民族文化创新创造活力，建设社会主义文化强国。”①“一个国家、一个民族的强盛，总是以文化兴盛为支撑的，中华民族伟大复兴需要以中华文化发展繁荣为条件。”② 文化自信是一个国家、一个民族发展中最基本、最深沉、最持久的力量。党的二十大报告指出，全

---

① 习近平：《决胜全面建成小康社会　夺取新时代中国特色社会主义伟大胜利》，人民出版社2017年版，第41页。

② 本书编写组编：《习近平的小康情怀》，人民出版社2022年版，第515页。

面建设社会主义现代化国家，必须坚持中国特色社会主义文化发展道路，增强文化自信，围绕举旗帜、聚民心、育新人、兴文化、展形象建设社会主义文化强国，发展面向现代化、面向世界、面向未来的，民族的科学的大众的社会主义文化，激发全民族文化创新创造活力，增强实现中华民族伟大复兴的精神力量。报告中谈及文化达50多次，“文化自信”是贯穿文化发展战略的根本性问题，在推动社会主义文化繁荣兴盛中至关重要。世界上没有哪个国家和民族脱离了对本民族文化的高度认同和自信却能实现发展和富强的。全面推进中华民族伟大复兴，必须坚定文化自信，坚定走中国特色社会主义文化发展道路，不断激发文化自信的磅礴力量。当前，文化发展已经进入“快车道”，为经济、政治、社会、生态的发展提供多重维度的文化支撑。构建具有中国特色、中国风格、中国气派的文化底色，是当前我们发展文化并以之为国家发展提供精神指引的基本方向。作为在场的国家意识，文化自信融入道路自信、理论自信、制度自信之中，其核心在于价值观自信，是意识形态的本质体现。意识形态决定着文化的发展方向和道路，文化则负载着意识形态建设的内在使命。我们要以增强文化自信为契机，充分发掘文化资源，以文化的内在价值和外在表现形式，奠定马克思主义在意识形态领域更加鲜明的指导地位，推动中国特色社会主义更加深入人心，奋力实现中华民族伟大复兴中国梦。

文化事业要坚持为人民服务、为社会主义服务，发展社会主义先进文化。党的二十大报告指出：“我们要坚持马克思主义在意识形态领域指导地位的根本制度，坚持为人民服务、为社会主义服务，坚持百花齐放、百家争鸣，坚持创造性转化、创新性发展，以社会主义核心价值观为引领，发展社会主义先进文化，弘扬革命文化，传承中华优秀传统文化，满足人民日益增长的精神文化需求，巩固全党全国各族人民团结奋斗的共同思想基础，不断提升国家文化软实力和中华文化影响力。”

文化事业有着鲜明的意识形态属性，必须坚持马克思主义的指导地位，坚持为人民服务、为社会主义服务的总目标。文化事业为人民服务就是要坚持满足人民日益增长的精神文化需求的方向，建设健全公共文化服务体系、提升文化产品供给能力。文化事业为社会主义服务就是要坚定文化自信，为中华民族伟大复兴提供精神动力和文化创新活力。在全球意识形态对峙、社会思潮碰撞的百年未有之大变局下，文化事业面临着民粹主义、孤立主义、新自由主义、民族主义、极端主义、历史虚无主义等冲击和挑战，坚持马克思主义在意识形态领域的指导地位，坚持文化事业为人民服务、为社会主义服务的总方向至关重要。

文化事业的健康持续发展离不开文化产业的发展，特别是文化市场的繁荣有序。健全和完善现代文化产业体系，既是满足人民多样化、高品位文化需求的重要基础，也是激发文化内生活力、推进文化强国建设的必然要求。当前，我国文化产业持续快速发展，文化及相关产业增加值大幅提升，占国内生产总值的比重不断增加。与此同时，文化产业发展不仅面临着平衡经济效益与社会效益的传统挑战，也面临着诸多新挑战。一方面，全球传播形态和技术快速优化升级，人工智能尤其是类 ChatGPT 强人工智能、元宇宙、算法推荐等技术驱动传播技术和传播形态智能化、社交化、视频化、知识化，文化产业如何适应互联网信息技术的迭代升级成为必须面对的挑战。另一方面，文化市场受众需求越发多元化，受众的认知方式、心理特点和文化习惯发生显著变化，青年群体尤其是 Z 世代认知结构和文化品位出现新特点，迫切需要提供符合受众接受特点的文化产品。

二、文化法治建设

中国特色社会主义文化事业的行稳致远离不开制度化、法治化的引导和保障。习近平总书记指出："统筹推进'五位一体'总体布局、协调推进'四个全面'战略布局，文化是重要内容；推动高质量发展，文化是重要支点；满足人民日益增长的美好生活需要，文化是重要因素；战胜前进道路上各种风险挑战，文化是重要力量源泉。"[①] 全面依法治国作为"四个全面"战略布局的重要组成部分，必须要把文化法治建设放在重要的位置。中国特色

① 习近平：《习近平谈治国理政》（第四卷），外文出版社 2022 年版，第 309～310 页。

社会主义文化事业的意识形态属性决定了其必须要坚持党的领导，为人民服务、为社会主义服务的目标决定了其要保障人民当家作主和社会主义民主政治的权利。良治善法是党的领导、人民当家作主、依法治国的高度统一，依法治国则是党领导人民治理国家的基本方式。因而，将文化事业发展规划纳入中国特色社会主义法治体系的有机组成部分，既是文化事业行稳致远的重要保障，也是必然要求。

首先，党和国家高度重视文化法治建设。党的十八大以来，文化自信和文化建设被摆放在治国理政的更突出位置。通过良法善治来夯实文化自信、促进文化发展、引领文化风尚成为文化法治建设的重要方向。党和政府在宪法的基础上，先后制定了一系列文化法律、法规和部门规章，继《著作权法》《文物保护法》《非物质文化遗产法》之后，《公共文化服务保障法》《网络安全法》《电影产业促进法》《广播电视管理条例》《电影管理条例》《营业性演出管理条例》《音像制品管理条例》《出版管理条例》《文化市场综合行政执法管理办法》等相继出台，为文化事业和文化产业的法治建设提供了重要的法律依据。在文化法律体系建设方面，虽已有卓著成绩，但还远没有形成完善的法律法规体系，有待继续深化和发展。公民的文化权利在宪法规定中属于基本权利的范畴，保障公民的文化权利就是文化立法的根本目的，保障和实现公民的文化权利是社会文明发展和进步的重要标志。

其次，文化法治建设是社会主义民主法治建设的重要组成部分。一方面，社会文化权利既是人民全面发展、创造创新的重要权利，也是衡量社会文明进步程度的重要指标。通过立法引导、保障和发展社会文化权利始终是社会主义民主法治建设的重要方面。从新中国初期的民主法治摸索到现如今取得的一系列成就，文化法治建设一直都是人民的美好期待。期望通过文化法治建设到达可以形成良好的社会氛围，人与人之间和平交往，人与社会之间达到和谐相处，在一个公平、公正、稳定和安详的社会环境中将文化代代相传下去。另一方面，文化与社会主义民主法治建设统一于社会主义核心价值观的内涵要求。在依法治国与以德治国有机结合的总体要求下，文化与民主法治建设发挥着互相促进的作用。习近平总书记指出，要“加强社会主义精神文明建设，繁荣发展文化事业和文化产业，不断提高国家文化软实力，增强中华文化影响力，发挥文化引领风尚、教育人民、服务社会、推动发展的作用。"① 文化法治建设能够涵养社会主义民主法治建设，而社会主义民主法治建设能够支持和保障文化法治建设。

最后，文化发展依赖文化法治保障。文化建设与经济、政治、社会和生态建设密不可分。在统筹推进"五位一体"总体布局，协调推进"四个全面"战略布局进程中，文化都是重要内容。同时，伴随社会主要矛盾转化，当前文化法治建设与人民日益增长的美好生活需要还存在较大差异。我们的文化立法质量仍需加强，文化执法力度需要进一步努力，文化法治体系建设尚不完备，公民的文化法治素养和意识较薄弱，这些都是文化法治建设进程中的短板，我们需要去正视问题，解决问题，自觉回应时代和实践发展中的具体隐忧。"目前，我国文化法治体系的建设需要朝着有利于建设中国特色社会主义法治体系的方向，通过全国人大立法，填补我国公民文化权利和文化组织机构建设中的立法空白。"② 因此，文化发展依赖于坚实的法律保障，文化法治建设的重要内容是保障公民文化权利的实现，而公民文化权利的实现离不开现实法律条款的支撑。只有积极进行文化法治建设，依法管理文化事务，才能更好地实现文化发展现代化。

总之，文化法治建设要立足于世界百年未有之大变局和中华民族伟大复兴全局的视野。习近平总书记指出，没有先进文化的积极引领，没有人民精神世界的极大丰富，没有民族精神力量的不断增强，一个国家、一个民族不可能屹立于世界民族之林。③ 就外部环境来看，文化自信、文化自强是有效抵御民粹主义、新自由主义、历史虚无主义等思潮的"精神之钙"，是增强中华文化影响力、传播力和国家文化软实力的内核与基础。就国内发展来看，文化事业是巩固马克思主义在意识形态领域的指导地位，满足人民日益增长的美好生活需要，促进社会主义先进文化发展的重要内容。党的十八大以来，

① 习近平：《习近平谈治国理政》（第四卷），外文出版社 2022 年版，第 309 ~ 310 页。

② 熊文钊主编：《文化法治体系的建构》（上卷），中国社会科学出版社 2021 年版，第 5 页。

③ 参见习近平：《论党的宣传思想工作》，中央文献出版社 2020 年版，第 96 页。

党和政府高度重视文化法治建设，发挥法律和法规在推动文化事业发展、促进文化产业繁荣、引领文化风尚、培育文化人才的制度性、保障性作用。展望未来，文化法治建设依然面临着诸多挑战，包括维护国家文化安全的挑战、新兴互联网信息技术挑战、新时代文化品位挑战等。因而，文化法治建设任重而道远，要将其纳入“五位一体”总体布局、“四个全面”战略布局中通盘考虑，不断提升文化法治建设的质量和水平，使其成为文化强国建设的坚强保障和重要支撑。

目 录

上 编

下　编

上　　编

第一章　核心概念与基础理论

摘要：文化法这一概念，作为一个法律部门或者学科是我们需要进一步探究的重要课题。在此，我们力争通过透视文化法的相关逻辑，解析文化法的内涵。从文化入手，析理文化与文化法治的关系，进一步阐明文化法的概念。从各类文化主体之间的交互关系论述，从国家、社会、市场、个人的不同视角为阐明文化法所调整的文化关系做好铺陈。本章主要对文化与文化法治、文化法的概念与内涵、文化主体类型与交互关系以及文化法调整的范围与性质进行了介绍，并由此阐述文化法的基础理论，构建文化法的理论体系。

关键词：文化　文化法　文化主体　基础理论

第一节　文化与文化主体的关系

一、文化的定义与内涵

文化是什么？“文化”一词，素来有广义和狭义之分，我们对于文化最初的认识，有学者曾说，“在中国民间，曾把‘识文断字’，即上过学、受过教育、有知识，就叫作‘有文化’，这大概是最狭义的文化概念了”；[①] 在汉语字典的词条中，“文化广义上指人类在社会历史实践中所创造的物质财富和精神财富的总和。狭义上指社会意识形态以及与之相适应的制度和组织机构。

① 李德顺：《什么是文化》，载《光明日报》2012年3月26日，第5版。

作为意识形态的文化，是一定社会的政治和经济的反映，又作用于一定的政治和经济”。①

从内涵角度来理解文化是什么，颇有难度，因为文化并不属于一门学科，据考证，至今世界上有300多种文化定义的权威提法，但是并没有一个公认的精确定义。由于文化所涉及的学科比较广泛，不同的学科从自身的角度所下的定义自然也有所不同。在论述文化的本质这一问题时，有学者提出了“文化即人化”的观点，体现了马克思主义中国化的风格，同时也揭示了文化的核心和重要内容。

从词源来看，《易经》贲卦彖传：“观乎天文，以察时变，观乎人文，以化成天下。”② 这样看，在先前就有了“人文化成”，这便是“文化”一词在我国的最早提法，也应该是汉语中“文化”一词的早期形态。“文”字本意原指“花纹、纹理”，作为象形字，甲骨文寓意纹理纵横交错，引申为包括文字在内的各种符号，进而延展到道理、法令、文章、文职、才华等，还引申为自然界中的某些现象；“化”本意就是“改变，变化”，同时又有“教化”“感化”之意。因此，“文”和“化”联合在一些便有了“人文化成”的说法，即用道理来改变人，这样“文化”一词也就说得通了。

在外文文献中，“文化”（culture）一词的来源是拉丁语源cultus，本意为“耕耘”，据研究还有居住、练习等其他深意。若从马克思主义文化观的视角来看，文化更多指“人们的想象、思维、精神交往，在这里还是人们物质行动的直接产物”。③ “社会存在决定社会意识，社会物质生产决定精神文化的生产。”④ 这里的文化和我们所说的文化在本质上是相同的，马克思认为精神文化的生产和物质文化的生产都是人类社会发展中不可或缺的部分，都是文化的构成，只不过起决定性作用的部分是物质生产，其中精神文化会受到物

① “文化”词义，载在线汉语字典2023年3月24日，http：//xh. 5156edu. com/html5/88682. html。

② 徐志锐：《周易大传新注》，齐鲁书社1986年版，第144～145页。

③ 中共中央马克思恩格斯列宁斯大林著作编译局编译：《马克思恩格斯选集》（第1卷），人民出版社2012年版，第152页。

④ 黄力之等主编：《马克思主义文化哲学与现代性》，上海三联书店2006年版，第26页。

质文化的影响，但也具有独立性和自身的发展逻辑和规律性、科学性。所以恩格斯说，“文化上的每一个进步，都是通向自由的一步”。① 这样，“文化”一词的整体性概念就得到了认可，是一种抽象性的存在，在“人化”和“化人”的范畴中不断推进，“人化”是按照人的方法改造世界，使其具有人文性；“化人”则是用这些已经具备人文性特点的成果培养人，从而实现人的更全面、更自由的发展。

综合国内外各种文化概念的定义可发现，文化是作为主体的人类与作为客体的自然、物质世界相互作用的产物。基于唯物辩证的视角，我们采用王国炎和汤忠钢对文化的定义，即“文化就是人类主体在存在的历史上和社会实践的活动中持续外化、对象化自我的本质力量去适应、利用、改造客体即自然、社会及人自身同时又确证、丰富、发展自我本质的过程和成果。它是人与物、主体与客体、内化与外化的辩证统一。”② 而就文化的功能，可以分为整合、导向、维持秩序、传承四个方面。人类在不同生产生活的条件下，由于需要创造出不同的文化形态，在其所涵盖的范围和不同的层面上发挥重要的作用。第一，整合作用。文化所具有的整合作用，指的是对于社会成员之间的协调，促进社会成员内部行为的转变。但需要明确的是，每个社会成员既是社会的组成部分也是独立个体，每个人都可以基于自己的个人需求，根据对事物、事件的不同理解采取相应的行动方式。第二，导向作用。文化所具有的导向作用，是指对人们的行为选择具有一定的规范性，可以提供不同的行为方向和可供选择的方式。通过文化传递和共享，确认自己的行为是否恰当，能否被对方接纳，以这种方式检验自己的行为，这个过程既是一个选择有效行为的过程，也是文化对行为产生导向作用的过程。第三，维持秩序。文化是人们在以往的生活过程中，长期积累的经验，是人们通过比较和选择确认合理并且被普遍认可的精神法则。文化一旦形成就会具有稳定性，意味着在特定时间、空间中某种秩序的形成。只要这种文化在发挥作用，那

① 中共中央马克思恩格斯列宁斯大林著作编译局编译：《马克思恩格斯选集》（第4卷），人民出版社2012年版，第154页。

② 王国炎，汤忠钢：《“文化”概念界说新论》，载《南昌大学学报（人社版）》2003年第2期。

么这种文化所确立的文化秩序就会延续下去，文化也是通过这种方式发挥维持社会秩序的功能。第四，承传作用。从发展的角度看，文化能够代代相传，下一代可以共享上一代的文化，文化的承传在其中发挥了重要的作用。中国文化就是扎根在中国的沃土里，经过数千年的演变形成的伟大智慧结晶，是整个民族的创造力的重要体现。经过时间的涤荡，中国文化不仅在中国的历史上大放异彩，影响了一代代中华儿女，而且在中西方文化交汇的碰撞中，中国文化还影响了世界的历史与文化。尤其是在传播媒介更为便捷的当下，它的传播更加迅速，影响也更加广泛。

二、文化活动的主体类型与交互关系

文变染乎世情，兴废系乎时序。文化是国家、民族、族群的标识和特征，关系着国家和文明的兴旺发达。习近平总书记强调："坚定文化自信，是事关国运兴衰、事关文化安全、事关民族精神独立性的大问题。"① 文化的发展是一个国家发展的内生驱动力，同时牵引着社会的变迁，影响着社会中不同"细胞"的再生，对社会、对个人都潜移默化地发挥着浸透作用。析理各类文化主体之间的关系，找准文化建设的着力点，可以为梳理文化法调整的范围与性质做好铺设。

（一）文化与国家的关系

文化与国家的关系是学术研究中的一个重要议题，涉及身份认同、意识形态、社会凝聚力以及国家政策等多个层面。国家不仅是政治法律的边界划定，更是文化交流和文化认同的空间。在探讨文化对国家的意义时，我们不可避免地要关注文化在国家构建中的角色以及国家在塑造文化认同中的影响力。

国家是文化的容器与载体。文化，作为一种包含语言、宗教、艺术、习俗、价值观和生活方式等多个层面的社会现象，是国家认同和凝聚力的基石。

① 本书编写组：《国家文化安全知识百问》，人民出版社 2022 年版，第 10 页。

一个国家的文化不仅塑造了其公民的身份和归属感，还为国家提供了一种向世界表达自己的方式。在此意义上，“文化影响力其实是一个备受国际关注的共识性国家评价指标。”① 文化兴则国家兴，文化建设和国家发展密不可分，文化建制的推进和完善关乎一个国家政治、经济和社会等各方面的协调运行。党的二十大报告指出：“坚持和发展马克思主义，必须同中华优秀传统文化相结合。只有植根本国、本民族历史文化沃土，马克思主义真理之树才能根深叶茂。中华优秀传统文化源远流长、博大精深，是中华文明的智慧结晶，其中蕴含的天下为公、民为邦本、为政以德、革故鼎新、任人唯贤、天人合一、自强不息、厚德载物、讲信修睦、亲仁善邻等，是中国人民在长期生产生活中积累的宇宙观、天下观、社会观、道德观的重要体现，同科学社会主义价值观主张具有高度契合性。我们必须坚定历史自信、文化自信，坚持古为今用、推陈出新，把马克思主义思想精髓同中华优秀传统文化精华贯通起来、同人民群众日用而不觉的共同价值观念融通起来，不断赋予科学理论鲜明的中国特色，不断夯实马克思主义中国化时代化的历史基础和群众基础，让马克思主义在中国牢牢扎根。”

文化是国家认同的基石。文化中的语言、宗教、艺术、习俗和传统共同构成了一个国家的独特身份，这种身份是国家自我表达和国际交往的重要基础。国家的官方语言不仅是沟通的工具，也是教育和国家机构运作的基础，反映了一个国家文化的主流。文化是国家软实力的重要组成部分，文化的全球传播可以提升国家的国际形象，增加其在世界舞台上的影响力。从我国的视角来看，文化建设中提升国家文化软实力不仅是为了满足新时代我国人民的文化需求，实现中华民族伟大复兴，更是我国为构建和谐世界提出的重要战略思想，为促进世界文化的多样性、多元化发展贡献中国智慧。文化是一个民族创造力的重要载体，一个具有较强文化创造力的民族必定是一个富有活力的民族。一个民族创造的文化成果，不仅是本民族思想文化的结晶，也是整个人类社会文化宝库的瑰宝，不仅为本民族享用，也为其他民族共同享

① 金苗：《中华文化国际传播与影响力提升路径——基于“一带一路”合作国家新闻报道的数据分析》，载《南京社会科学》2023 年第 1 期。

用。一个文化创造力强的民族，在文化输出时便会占据主动，更容易获得其他民族在意识上的尊重、情感上的共鸣和行为上的贴近。这种能够吸引其他民族的特质只有通过提升文化软实力才能达到。具体来说，文化软实力的提升主要通过提升本国的国际地位、提升中华文化与世界对话的能力以及文化产业的国际竞争力才能达到。

国际文化影响力，即文化软实力，包括文化的传播力、影响力、感染力、认同力，构成不同国家及国民沟通和对话的价值预设和价值判断。随着中国日益接近国际舞台中心，人类命运共同体理念得到广泛认同，中华文化的传播力、影响力、感染力和认同度都得到了显著提升。一方面，党和国家高度重视内宣外宣联动，塑造主流舆论格局，增强中华文化海外传播力体系建设。另一方面，中华优秀传统文化的创造性转化和创新性发展成就层出不穷，网络文学、影视剧、音乐等文化产品广泛输出。通过主动展示自己，促进其他国家和国际社会对中国的了解，塑造我国良好的国际形象的同时，悦纳和尊重其他民族文化的发展，求同存异。以此消除彼此之间观念上的隔阂，赢得更多的理解和支持。

同时，我们也要警惕西方腐朽和有害的文化信息的入侵，构建高效运行的文化安全防控体系，切实维护我国的文化主权。国家通过立法和政策来保护和推广本国文化，保证文化多样性的同时，也防止外来文化的过度影响。文化政策不仅包括对文化遗产的保护，还包括对现代文化产业的扶持。这些政策有助于维系国家的文化生态，同时，也是国家展示自我、构建文化话语权的方式。要本着有所为有所不为的原则，牢牢掌握文化主权，坚持“适度准入”的方针，开展国际间的文化交流与合作，形成“以我为主”的文化建设底色。

（二）文化与社会的关系

“从大文化角度进行分析，文化是生存发展方式的总和。”① 文化的发展

---

① 李炎：《中国文化现代化：文化强国建设的必然途径》，载《中国文化产业评论》2023年第1期。

不是静态而是动态的过程，是离不开社会领域的生产与再生产的发展。

文化既是社会运作的背景，也是其运作的结果，两者相互塑造、影响和依赖。文化为社会提供了一套共享的价值观、信仰和行为准则，这些都是社会秩序和凝聚力的基础。共享的价值观有助于个体在社会中找到归属感和认同感，信仰提供了道德和精神上的指引，而行为准则则为社会成员间的互动提供了预期和规范。法律体系作为文化的一部分，它规定了社会成员的权利和义务，也反映了社会的基本价值观。因此，为了达到通过社会层面推动文化建设的目的，重视社会治理在文化发展中的作用不容忽视。

文化是一个国家或地区的精神标志，是社会发展的重要因素。国家推动文化建设重点是为了满足人民的文化需求文化教育不仅可以提高人们的文化素养，还可以培养人们的创造力、批判思维和问题解决能力。这些素质的提升对于个体的发展和社会的进步具有重要意义。一个具有良好文化素养的个体更容易具备创新思维和跨文化交流的能力，通过文化的传播和传承，个体可以获得知识、思维方式和审美观念的培养，可以激发社会的创新动力，能够更好地适应多元化的社会环境，能够培养出强大的道德观念和社会责任感。在这一过程中，文化可以塑造人们的价值观、行为方式和社会规范，从而对社会秩序和治理产生影响。特别是在基层社会治理中，重视发挥文化建设的协调和规范功能，在基层组织建设中牢固树立人民至上思想，坚持文化创新发展为了人民、服务人民，依靠人民，使以人民为中心的发展理念通过文化建设成为社会治理的精神意蕴。

文化是人类智慧与创造力的结晶，是人类社会创造力的源泉，它包含丰富的艺术、科学、哲学等领域的知识和经验。每个社会都有其独特的文化，随着时间的推移，这些文化会随着内外部条件的变化而发展。革新的思想、科技的进步、艺术的创新都可以成为推动社会变革的文化因素。这些文化因素在社会中传播，引发新的社会实践和制度的形成。文化建设在社会层面上，就是通过文化所融贯的社会主义核心价值观来匡衡社会治理的发展，形成一个持续稳定的系统运转。从这一意义上讲，文化是社会变迁和发展的动力。

（三）文化与市场的关系

文化是一个社会的精神标志，而市场则是经济交换和资源配置的形式。文化是社会的核心价值观、信仰体系和行为规范的集合，它对人们的需求、偏好和消费行为产生深远影响。市场是一个由供求关系驱动的交换模式，它通过商品和服务的生产与交换满足人们的需求。文化与市场之间的互动使得市场的供给与需求逐渐与文化的内涵相契合。

市场的经济活动和交换往往会改变文化的传承和发展。在市场经济中，商品和商业活动成为主导，商业利益和商业价值观开始影响文化的演化。商业活动的推动使得文化呈现出商业化、流行化的趋势。例如，大规模的娱乐产业、音乐产业和时尚产业的发展，推动了大众文化的形成和传播，同时也对传统文化产业产生了冲击。

然而，文化和市场之间的关系并非单向的。市场经济的发展和市场竞争的加剧也在一定程度上影响了文化的多样性和传承。在追求利润最大化的过程中，市场经济往往趋向于标准化、大众化的产品和服务。这导致了一些传统的、个性化的文化形式和艺术形式面临边缘化的风险。因此，保护和传承文化多样性的责任不仅在于市场，也需要主管部门和社会各界的共同努力。

文化与市场的关系对经济发展和社会进步具有重要意义。一方面，文化的传承和发展可以为市场提供源源不断的创新动力。文化创意产业的兴起不仅带动了经济增长，也为就业创造了机会。另一方面，市场的发展也为文化的传播和推广提供了更广阔的平台。市场的力量可以将文化产品和艺术作品传播到更多的人群中，促进文化交流和理解。

社会主义文化产业发展必须坚持社会主义方向，这是社会主义文化建设和市场经济发展的共同要求。社会主义市场经济不仅在物质生活领域配置资源，而且对精神领域和精神产品的分配同样适用。文化产业作为市场经济的重要组成部分，它的壮大和发展是推动国民经济的助力。作为以文化为主要内容的现代产业体系，文化产业的每一步提升和创新都将推动文化建设迈上一个新的高度。打开文化市场，从国内市场拓展到世界市场，用文化产品对话文化产品，通过交流和碰撞，实现中华优秀文化走出国门，面向世界。在提升国家文化符号形象和民族文化国际影响力方面，文化产业具有双重任务，既是完成文化建设的目标也是达成经济建设的目标，文化产业的发展需要在中国特色社会主义现代化的伟大进程中，充分发挥其坚定文化自信、建设文化强国的效能。

中共中央、国务院发布的《关于深化文化体制改革的若干意见》，明确地提出要在坚持把社会效益放在首位的前提下，努力实现社会效益和经济效益的统一，形成一个以公有制为主体、多种所有制共同发展的文化产业格局和统一、开放、竞争、有序的现代文化市场体系。“现代化视域下的文化治理，不仅指国家权力运作的系统场域，对社会资源进行分配、对政治经济文化等参与主体施以影响，以实现社会有序运转和文明承续发展的一种治理机制；还是基于政府、市场、社会组织及公众等多元主体，对社会文化要素、文化资源、文化权利等进行重新配置，从而发挥文化之于社会和个体发展不可或缺的涵育与治理作用，是现代治理最有效的机制与手段之一。”① 切实把握文化建设和企业发展的深度融合关系，为企业搭建良好的文化视域窗口，营造文化发展助力企业进步的良好氛围。

第一，构建现代文化产业体系。构建现代文化产业体系是整合资源、创新文化发展形态的重要方式。加快文化产业发展，要形成门类齐全、结构配比合理、科学技术发达、人员组织结构完善的现代文化产业体系。这需要我们不仅要重视传统文化产业，还要培植新的文化产业增长点形成新兴文化产业，优化文化产业布局，合理利用区域优势，鼓励支持有实力的文化产业走出国门，打造中华文化名片，形成特色文化产业。

第二，形成公有制为主体、多种所有制共同发展的文化产业格局。国家在文化产业体系建设中必须形成以国家为主导的、有核心竞争力的国有或者国有控股的大型文化企业。这是充分发挥国家在文化市场中主导地位的重要因素，发展文化产业和繁荣文化市场不能脱离正确的指导方向。在国家的引

① 蔡劲松：《以文化自信自强谱写中国式现代化文化长卷》，载《人民论坛》2022 年第 11 月下期。

领下，通过鼓励社会资本投资文化产业，参与文化产业项目的实施和建设，以达到多元化的文化产业格局。

第三，推进文化科技创新。要加快科学技术成果转化，形成文化产业体系的专业化，增强文化产业竞争力。要形成涉及全领域、前瞻性的科研攻关团队，重点研究重大科研课题，带动文化科技创新。重视文化技术创新主体，培育、支持文化企业做大做强。

第四，扩大文化消费。首先，要培植新的文化增长点，有效引导文化消费，提高文化消费水平，增强文化企业的内生动力。其次，要重视大众文化市场，创造贴合民众的为人民所喜闻乐见的文化产品，满足人民的文化需求，扩大文化服务消费。最后，优化文化投资结构，充分发挥民间资本、社会力量的作用，激发各类文化市场的主体，特别是激发文化生产者的积极性和创造性。

（四）文化与个人的关系

个体不仅是文化的承载者，也是文化的创造者和传播者。文化为个体提供了一套认知框架。这个框架包含了语言、价值观、信仰体系和知识结构，它影响着个体对世界的理解和解释。语言是文化中的基础元素，是认知和沟通的工具。通过语言，个体学习社会的规范和价值观，形成对世界的基本认识。价值观和信仰体系则提供了评判行为和事件的准则，指导个体在社会生活中做出选择。个体通常会遵循文化规范来确保社会接纳，这种行为通常是无意识的，因为文化规范已内化为个体的日常习惯。个体身份是通过与他人和集体的关系以及通过文化传统和实践的认同过程中构建的。例如，民族认同、性别角色和职业身份都是文化塑造的结果。

虽然文化提供了行为和思想的模板，但个体并非被动接受者。个体与文化的关系是一个双向的、动态的交互过程。文化为个体提供了生活的舞台和角色，而个体则通过其选择、行为和创造活动不断地参与到文化的重塑和发展中。他们会根据自己的经验和理解重新诠释文化元素，创造新的文化表达形式。艺术家、作家和思想家常常通过创新性的作品来表达和塑造文化。

在我国，文化建设过程中最不可或缺的就是人民主体，国家加强社会主义核心价值观的培植，目的就是希望全体公民不断提高思想道德和科学文化修养，这也是我国文化兴国战略中不可或缺的基础性工作。一个文化强大的国家，既需要和谐的社会文化、发达的文化产业，也需要高度文明的国民。文化建设能够得到全民的认可，需要不断开创激发全民族文化创造活力的格局，确保人民基本文化权益得到保障，文化生活更加绚丽多彩。

2001 年，《公民道德建设实施纲要》的颁布为公民在社会中的行为准则提供了依据，对加强公民思想道德建设提供了指导，在个人与社会的双向互动中更好地实现个人的价值和推动社会的发展。党的十八大以来，以习近平同志为核心的党中央领导高度重视民众的思想道德建设，并提出了一系列的重要论断，做出了重要部署工作，取得了较为显著的成果。中国特色社会主义文化建设深入人心，人民的思想水平、道德觉悟、文明素养不断提高；爱国主义思想、集体主义意识、社会主义认知被广泛弘扬，全社会的道德风气呈现积极向上的良好态势。

2019 年 10 月 27 日，中共中央、国务院印发了《新时代公民道德建设实施纲要》，这是在世界正经历百年未有之大变局、中国特色社会主义进入新时代的背景之下，做出的推动公民道德素质与社会文明程度达到新高度的时代回应和战略部署。人民的精神世界就是需要通过文化建设来搭筑。只有人民的精神世界不断获得满足，文化自信自强得以树立，才能迎接社会主义文化的新发展。在新的历史起点上，文化建设基于正确鲜明的旗帜方向，在强化社会主义核心价值观引领的基础上，不断激发全民族的文化创造力和热情，共同建设中华民族共有的精神家园。从个人出发，在新型文化样态的激发下，努力学习科学文化知识，为国家的文化建设发展做出个人应有的贡献。

“中华文明源远流长、博大精深，是中华民族独特的精神标识，是当代中国文化的根基，是维系全世界华人的精神纽带，也是中国文化创新的宝藏。”①中国人民对于中华文化的依恋程度蕴藏在中国人民崇高的价值追求之中，在

① 习近平：《把中国文明历史研究引向深入　推动增强历史自觉坚定文化自信》，载《人民日报》2022 年 5 月 29 日，第 1 版。

中华文明演进的数千年中，锻造了中华民族宝贵的精神品格。在继承与发展中，中国共产党带领中国人民在革命、建设和改革的进程中，将中国的优秀传统文化和马克思主义相结合，坚持对人类美好愿景的追求，创造了引领社会发展的中国风格的社会主义道德体系。坚持和发展中国特色社会主义，需要物质文明和精神文明全面发展、人民物质生活和精神生活水平全面提升。特别是，中国特色社会主义进入新时代，面对人民文化需求的转变，对美好生活向往的迫切需要，必然需要全面建设社会主义现代化强国，更好适应社会主要矛盾的变化，促进社会的全面进步、人的全面发展。因此，文化建设的迫切性更为凸显，成为全国人民的美好希冀。同时，我们要坚信，在时代浪潮涤荡中仍具风华的中华文化，必定在今天的中华民族儿女的奋斗中越发坚韧。随着中国精神、中国价值、中国力量的认同不断加深，文化建设中公民的个人力量定会不断增强，与此同时，文化建设也会潜移默化地影响每一位中国公民。

第二节　文化法的概念、内涵与调整对象

一、文化法的概念辨析

“论及文化法，无论是进行学术研究，还是从事法律实践，不管它是否被视为一个独立的学科类别或者法律部门，第一个需要直面的问题是：‘文化法’这个术语与已经存在的相关法律或者法学门类名词之间是何种关系，这些名称主要包括：传媒法或者大众传播法、出版法、广播法、网络法、新闻法、电影法、艺术法、博物馆法以及娱乐法等。而实际上又需要弄清楚所涉及各个实践领域之间的关系。”① 因此，我们需要辨析与文化法相关的概念，以便更好地处理它们之间的关系，为推动文化法的实际落实做好基石性工作。

---

① 陈根发：《“文化传媒法”比“传媒法”、“传播法”更切国情》，载《中国社会科学报》2011年6月14日，第11版。

（一）出版法到传媒法

追溯到马克思恩格斯时期，出版法与书报检查令、新闻出版法等都是对“出版”一词的最初法律规定。从形式上看，这已经具备了法律的形式，只是当时的法令颁布是资产阶级虚伪自由主义的体现，是对自由的压制，所以才有了马克思的第一篇政论文《评普鲁士最近检查令》，他批判了当时法令的专横性，看到了新闻出版自由与法令之间的扞格。随后，在第六届莱茵省议会召开时，马克思写了《关于新闻出版自由和公布省等级议会辩论情况的辩论》，指出新闻出版法才是对自由的定在，“法律不是压制自由的措施，正如重力定律不是阻止运动的措施一样”。[①] 由此可见，关于文化法中出版法的形态中外都各有考究。

在汉语语境下，出版一词的外延是包括书籍在内的纸质印刷品的制作活动。按照中国古代使用最久的刻板印刷工艺，印书之前需将内容雕刻于木板，此即为版，活字印刷同样需要制版。到了近代，报纸、期刊、图书等所有印刷品的制作过程被称为出版。后来，音像制品的制作也有一个与图书出版相似的环节，即制备一种静态的固定物，故也被纳入出版物。这样，出版法就是对报纸、期刊、图书、音像等材料的制作过程进行调整的法律规范。在发展的过程中，出现了电子媒介，之后又发展到网络的层面。因此，传播领域的发展便经历了从出版到网络的过程。

出版形态之后产生的第二大类传播媒介是电子媒介，即广播，它是通过无线电波或者导线跨越空间播送声音或者音像类节目，包括只传输声音的狭义广播与同时性传播声音与图像的电视广播。广播传输信号的技术特性、受众的使用方式与纸媒有着实质性差异，尤其表现在无线频道占用、广大公众所受影响等方面，故需要设计专门的法律规范，这就是广播（电视）法。

“互联网给社会公众创造了一个开放、自由、泛在的网络空间，为个体的言论自由权、出版权、通信自由权、受教育权、平等权、经营权、社会监督

① 中共中央马克思恩格斯列宁斯大林著作编译局编译：《马克思恩格斯全集》（第 1 卷），人民出版社 1995 年版，第 176 页。

权等政治、经济、社会、文化权利的实现提供了极大的便利。网民在享受网络、空间带来的利益的同时，应当遵守网络空间的法律和规则，承担相应的责任，不得损害国家安全、社会公共利益和他人合法权益。"① 在互联网日渐发达，大有让传媒领域重新洗牌的背景下，并没有哪一个国家或地区颁行一部详尽的网络法，这是一个值得关注的问题。同时，在互联网全面整合大众传媒的形势下，大众传播领域原有的各个部门法以及大众传播法恐怕也面临着再定位的形势。

从历史维度考察的话，出版是传媒领域最早的表现形式，也最早被法律所制约，作为传媒发展的一个阶段，广播囿于使用频次和广泛适应度，存在发展有限的属性，各个国家在广播领域的立法较少，发展至今，网络法萌生于科学与技术的当代，重构着传统的传媒生态，对其依法规制的进程还在不断完善和尝试中。

（二）传媒法与文化法

传媒法与文化法之间有着难解难分的关系，它们两者之间有什么关系又该如何划分，我们试着从已有的学术角度和现实角度窥看其本质。

有一种观点认为，文化法是传媒法的上位概念。我国台湾的台北教育大学专门设立了自称台湾地区"第一所也是唯一一所以文教与法律专业整合的法律研究所"，即文教法律研究所。其网站介绍说："文化法所涉及的法律领域极为复杂，从文化产物而论，至少涵盖了宪法、民法、财政法、行政组织法、税法、保险法、文物保护法、知识产权法、公平交易法、消费者保护法、大众媒体法、国际文化法……"② 我们暂时不考虑其中的复杂性，至少有一点可以肯定，该研究所认为文化法是一个包含了传媒法的概念。

我国另外一种观点则是将文化与传媒并列，创立了一个新的总括性概念：

---

① 谢永江：《论网络安全法的基本原则》，载《暨南学报（哲学社会科学版）》2018 年总第 233 期。

② "台北教育大学文教法律研究所" 网，http：//law. ntue. edu. tw/howto. html，最后访问日期：2023 年 6 月 15 日。

文化传媒法。有学者著文指出，文化传媒法比传媒法、传播法更切国情。遗憾的是，该文并没有对这种观点进行充分的分析和论证。但它同时也表明了这些概念难以断然取舍及其缘由，“在法律和法学领域，许多学者虽然提出了文化法、传媒法或者传播法的概念和构想，但是鲜少在文化法、传媒法或者传播法的连接和一体化上做文章，以致影响了我国文化传媒法体系的构建和发展”，其原因在于“文化与传媒紧密相连，密不可分”。①

基于文化的概念定义和互联网传播技术迅速发展的趋势，文化法与传媒法还是有显著的区别。文化法有广义和狭义之分，广义的文化法可以采用我国台湾地区学者的定义②，其包含了传媒法。而狭义的文化法则特指以文化产品为对象的法律，如文化遗产保护、艺术品收藏与买卖、演出与娱乐场所、博物馆与图书馆等领域的法律。传媒法在互联网信息技术条件下，更多指的是规范媒介信息生产、传播，保障公民权利的法律。我国较为具有代表性的传媒法教材的研究对象是：主要表达自由、政务信息公开和国家秘密、大众传播与司法、有害内容限制、人格权保护、商务信息、版权法等。同时还可能分别考察出版、广播、网络以及电影等。③ 因此，就广义的文化法定义，传媒法属于文化法的一部分。就狭义的文化法定义，传媒法与文化法有部分交叉。

（三）版权法与娱乐法

在论述文化法和传媒法的不少专著中也涉及了版权法。版权是广大文艺家、新闻记者等基于其作品、文化与媒体机构基于其传播活动而享有的排他性权利，版权法的调整对象是作品创作者、传播者以及利用者之间的利益关系，作品是其核心。可以说，版权法正是调整文化活动领域的法律规范。无论其法律规范各具什么样的特殊性，文化法与版权法都重叠或者交叉于文化

① 陈根发：《“文化传媒法”比“传媒法”、“传播法”更切国情》，载《中国社会科学报》2011年6月14日，第11版。

② “台北教育大学文教法律研究所”网，http：//law. ntue. edu. tw/howto. html，最后访问日期：2023年6月15日。

③ 魏永征、张鸿霞主编：《大众传播法学》，法律出版社2007版，第1页。

活动。更确切地说作品本身具有文化的属性，而版权是作品的形成和产生本身就具备的天然属性。因此，版权法与文化法之间的密切关系是不容置疑的。

但是，如果我们细分两者之间的区别，是无法将两者直接归属于从属关系的。版权法仅调整文化活动中平等主体之间的横向法律关系，因而属于私法，调整的关系趋于单一。文化法比较复杂，狭义上的文化法的调整对象是文化活动中不平等主体之间的纵向法律关系，属于宪法与行政法范畴。如将版权法视为文化法的一部分，就构成广义的文化法，即综合了公法与私法两类规范的文化法。为了保持文化法律与学科的体系性与独立性，我们不主张将版权法等同于文化法的一部分。

娱乐法之名与娱乐业的崛起分不开。20 世纪，主要在美国，广播电视、电影、音乐、演出以及体育的发展促生了一个所谓娱乐业，与之相应，美国法律界便提出了所谓娱乐法的概念，而且还颇为流行，出版了大量的专著与教材。就内涵而言，娱乐法就是娱乐行业所涉各类法律规范的统称。究其发展的整体态势而言，娱乐业影响甚至波及了文化发展的走向。尤其以当前的娱乐行业最为明显，流行文化会率先影响到娱乐业，成为娱乐业的实景，进而影响一个国家的青年甚至是国民。所以说，娱乐业和文化的关系重大，不仅文化法需要将其考虑在内，就是其本身的发展也不容忽视。

就娱乐法具体的规范内容来看，以内容相近的娱乐法教材为例，主要涉及版权法、商标法、合同法、侵权法、劳动法、破产法、税法、代理法、人格权以及保险法等多个法律部门。① 就娱乐法的规范领域来看，娱乐行业是个大杂烩，除了文学艺术、大众传媒等，其中还包括体育，甚至也可以涵盖旅游业，虽然其相互之间并没有什么共同性。所以说，娱乐法因娱乐产业的发展而产生，是对已有的多个部门法的规范进行的综合。被列入娱乐法的已有法律规则没有因此明显改变，只是从外部被贴上一个统一的标签，相互间缺乏特殊的体系性逻辑关联，娱乐法因此也难以构成一个具有核心概念和基本原则的法律与学术门类。因此，将其划分在文化法所调整的范围内，有利于

---

① 参见宋海燕：《娱乐法》，商务印书馆 2014 年版，第 1 页。

其进一步整合自身的发展，也进一步为文化法的规范领域和调整内容进行有效拓展。

综上所述，将我国的文化法下一个定义：文化法是调整文化活动中各类文化主体相互关系的行为规范，是规范文化活动中国家、社会、企业和个人相互之间形成的一切法律关系的法律集合。

二、文化法的内涵

文化法主要涉及文化艺术的创作、传播，文化市场管理与文化产业发展、公共文化服务与文化教育、文化遗产的保护与利用等多个层面。有观点认为，长期以来，文化法并不被文化强势国家的主流法学界所重视，一些国家的学者在该领域主要研究文化多样性保护、国际商事交易与外交、文化认同中的文化问题以及文化与法律、文化人权、文化遗产法等问题。但是，对于大部分发展中国家而言，文化法不仅涉及文化遗产保护、文化产业发展和公共文化服务等重要问题，而且对国家文化标识、民族文化认同的法治塑造具有重要意义。

虽然我们承认，文化法的规范对象包括文化活动中形成的一切法律关系，属于综合性法律体系，但是在文化法的学科建设上，我们更主张一种狭义的文化法学科：不包含文化私法规范的文化公法，即文化宪法与文化行政法。从法律规范的属性上来看，公法意义上的文化法规体系可以被分为三大领域：文化权利法、文化管理法和文化促进法。

文化宪法，是指文化领域的宪法规范，或者说是宪法上的文化规范。文化宪法同样奠基于一国的宪法秩序之中，离不开该国宪法秩序的土壤。我国《宪法》第 47 条规定："中华人民共和国公民有进行科学研究、文学艺术创作和其他文化活动的自由。国家对于从事教育、科学、技术、文学、艺术和其他文化事业的公民的有益于人民的创造性工作，给以鼓励和帮助。"宪法是我国的根本法，在私法和公法的框架中，属公法范畴。宪法是关于国家构成及其各部分之间的规范体系，尤其是，宪法具体规定了政府部门的权力、义务和责任范围。宪法中的文化条款也是公法性质的规定，因为宪法要求政府承担起尊重并保护公民文化权利的责任。同时，为促进文化受益权的实现，宪法又赋予其权利和义务。

有观点指出，“保护公民的文化权利是文化宪法的终极目标，但是公民的文化权利很可能与国家的文化权力发生冲突，那么，如何解决上述冲突就成为建构文化宪法的关键”。[①] 鉴于宪法中对文化权条款的确定，我们可以从公民视角来认知文化权，甚至可以将其看作公民所追求的文化自由权，是进行文化活动和参与文化生活的权利。然而，另一个视角则是从国家方面出发，宪法所限制的内容在于，国家需要在尊重公民的文化权利以及创作自由的基础上，可以通过某种方式介入这一过程，以实现对文化发展的促进。因此，从上述内容出发，国家与个人之间不是相互颉颃的，其实国家权力早已经嵌入宪法条款，成为宪法条款的文化权条款所制约和限定的内容。这就弥合了宪法变迁过程中，社会文化生活领域与国家权力之间弹性张力的全貌，使宪法规范既能够应对现存的社会秩序又能够推进文化的进一步向前，更准确地讲，从这个视角出发的文化权将在今后很长一段时间内，以更加动态、创新的方式得以实现。以“文化话语”为切入点的文化宪法是值得期待的，这也被认为是最有利于文化发展与繁荣的交互形态。

文化行政法是政府对文化活动实施行政干预时遵守的法律规范。为履行宪法义务，政府必须干预社会文化活动，甚至要对文化权利进行必要的限制，由此就在政府和公民或者法人之间形成纵向的行政法律关系，其有关的法律规范就构成文化行政法。文化行政行为主要包括文化与促进，前者限制公民权利，后者则保障、促进文化事业，并确保公民文化受益权的实现。文化行政管理是为了促进文化事业的健康发展，规范文化管理机关的行为，使文化更好地为人民服务。文化行政管理有多个行政机关共同执法，具有行政执法主体多样的特点。由于文化行政管理涉及多个部门，如文化和旅游部、国家广播电视总局、新闻出版署、国家文物局等，故在执法上具有多个部门各司其职的特点，不像公安、民政等部门行政法，只有单一的执法部门。从管理

① 王锴：《论文化宪法》，载《首都师范大学学报（社会科学版）》2013 年第 2 期。

手段上看，文化行政管理既具有宣传性、指导性的特点，又具有严格的管理性，其管理的主要手段有行政审批、行政处罚等，但文化行政管理不能采取对人身自由的限制措施。

我国文化行政法的发展要立足于本土实践，“从政府监管组织体系、文化产业促进模式以及社会整合功能等多重角度着手，对我国文化行政法制体系进一步予以重塑改革”。[①] 文化行政法就是回应依法治国建设中社会主义文化发展的诉求，保障人民基本文化权益实现。从文化发展角度解读，可以认为，“制定公共文化服务保障法，促进基本公共文化服务标准化、均等化。制定文化产业促进法，把行之有效的文化经济政策法定化，健全促进社会效益和经济效益有机统一的制度规范”。这直接表明文化行政法在目前的法治建设中的重要地位。随着互联网时代的到来，文化整体发生场景转换，文化产业也必定面对新的发展契机和挑战，要想实现文化产业发展和政府监管之间的有效平衡，既要文化产业蓬勃兴盛、自由向上，又要适度把控，避免妨碍文化市场的健康发展，需要从我们实践经验中不断建构新的规范，探寻这两者之间的着力点。宽泛而言，整体的文化法建构就是为了找寻文化发展和法治建设的和谐共奏，能够有效处理文化发展中不能够仅靠文化本身演进解决的问题，呼应法治建制的严肃性和理制性。这也可以通过建立客观合理的评价机制考察文化法发展的精细化程度是否能够适应现实的需要。

三、文化法调整对象的范围与性质

文化法调整对象的核心是人们在社会生活中形成的文化利益关系，即法律上的权利与义务关系。文化性利益关系的实质在于，文化活动参与者的作为或者减损文化价值，对他人或公众的文化利益产生的积极或消极影响。国家为了增进社会公众的文化利益，通过法律赋予公民、组织和政府以作为或不作为的权利/权力和义务/责任，在它们中间形成可影响个人或公众文化利益的各自权利/权力与责任/义务关系。

---

① 卢超：《比较法视角下我国文化行政法制的建构挑战》，载《治理研究》2018 年第 1 期。

（一）调整文化与国家、社会的关系

国家治理和社会治理是通过国家、社会、民众三方合力完成的，是自治、法治和德治的融合，是情、理、法的高度契合，是政治治理、法律效力和社会效果的内在统一，是我国国家治理和社会治理的中国之路，是符合中国国情的现代治理模式。尤其是在新时代，习近平法治思想的一个重要内容就是实现德治和法治的结合，将依法治国和以德治国高度结合起来。“德治”与“法治”的高度融合，体现在我国传统文化中便是“中和”“和合”的思想，在社会治理中通过“德”与“法”的兼容实现高度的统一，是我国国家治理和社会治理的优势，既具有中国价值也具有普遍意义，这也是文化法需要设立和存在的重要原因，通过行之有效的现实法律对已有文化事项进行调整，正确处理文化与国家发展和社会运行之间的关系。

文化法究其根本是为了适应法治国家和法治社会的进一步要求，在形成良好的法治氛围中，法治文化必不可缺位。文化与法治的结合，使凝结在法治中的文化力量随着现实社会的发展节奏迸发应有的能量，而在文化滋养下形成的法治，更是兼具情感和理性的最佳表述。从国家整体视角来看，文化法不仅是将现有的文化法治成果以法律的形式确立下来，更是突破传统思维，将需要调整和规范的关于文化与国家发展和社会发展的相关内容确立下来。法治文化建设是一项需要长期进行的社会事业，不会一蹴而就，更不可能一劳永逸。任何文化体系的形成都会受到当时社会条件、经济状况、风俗习惯等多重社会因素的影响。当然，法治文化也不例外。法治文化所追求的法治精神、法治思维和法治方式会随着文化的传播逐步蔓延在人们生活的方方面面，逐步促使人们形成以法规为规范，树立法则意识，营造安全、高效、和谐的社会氛围。

“就我国目前的文化监管机构设置而言，分业监管模式是文化监管的主要方式，宣传部门、文化部门、网信部门、新闻出版广电部门、工信部门等诸多部门在其各自特定权限范围之内行使文化监管职能，然而随着网络信息时代的到来，‘三网融合’趋势与各类新媒体的涌现，使得各类跨部门监管难题

层出不穷，文化领域内传统分业监管模式就此面临极大的挑战，网络视听领域内的监管难题便是较为典型的例证。”① 文化法的设立可以更好地弥补国家机构设置和文化监管权限的问题，直接以明确的法律内容规范现有的文化事项。这也是为了进一步完善民主法治和市场经济体制，为改革开放和社会主义现代化建设中的文化创新提供良好的制度背景，为文化事业的繁荣和有序提供法律保障。通过在文化管理方面建立有效的宏观调控机制以及多层次、民主化、法治化的文化管理决策机制，确保文化产品大众的、民族的、科学的和先进的价值取向。

我国文化法建构需要和上述文化监管共同发展进而融入国家发展和社会治理的整合视角。不仅要涉及公共文化服务领域，而且在具体的传媒、电影、新闻出版、体育等领域据都要有所体现。可以说，文化法的整体框架要超过传统的归类范畴和逻辑，进一步引入国家视域和社会视角的宏观角度，特别是在我国，需要通过文化立法调节民族之间、城乡之间、地域之间的文化发展差距，从而使全体社会成员在认同国家制度和国家规范上脚步协同。“需要指出的是，与文化产业的经济目标不同，文化法的社会整合功能往往难以量化考核，作为一项软指标往往会被‘地方发展型’政府所有意忽略。”② 因此，在具体的实施问题上，结合国家发展的要求，明确文化法的调整范畴和具体内容以及建立一套公正、客观的评价体系是尚需完善的重中之重。

（二）调整文化与市场主体的关系

文化与市场主体之间的关系复杂而多维，既包括文化如何影响市场主体的行为，也包括市场主体如何作用于文化的产生、发展和传播。文化对于市场而言，可以表现为文化对市场主体行为的影响，文化因素如价值观、信仰、传统和社会规范，都会影响消费者对产品的需求和购买行为，可以说消费者

---

① 张仁汉：《视听新媒体协同监管体系建设研究——以国家文化安全为视角》，载《社会科学战线》2016 年第 6 期。

② 郁建兴、高翔：《地方发展型政府的行为逻辑及制度基础》，载《中国社会科学》2012 年第 5 期。

的购买习惯、偏好和决策过程在很大程度上受到文化的影响。这也决定了市场主体的经营策略、品牌定位和广告宣传，都需要考虑目标市场的文化特征，这也正是企业在不同文化背景下的产品开发和市场推广策略会有所不同的原因。同时，文化也影响市场主体的自身精神风格，如企业文化。每个国家的企业文化都源自本国的文化传统，一个国家或者地区企业文化的形成，是建立在本国传统民族文化的基础上，与本国的地理环境、人文发展和社会经济发展水平相联系，因此不同的国家和地区有着不同的民族文化，进而也有着不同的企业文化。比如，美国和欧洲企业都崇尚个人主义，因此，在企业文化中将实现个人价值放在首位，重视发掘员工的潜在能力，搭建竞争平台，扩大员工的发展空间。日本的企业文化中家族观念比较重，他们将家族精神融入企业管理中，成为一种企业文化，这降低了管理难度，保证了企业政策的一致性。不同国家的优秀企业无不将回报社会视为己任。企业不是单独的个体，而是社会中的一分子，企业只有在国家、社会的支持下才能长期营业，获得发展。同时，企业在奉献社会的过程中又提高了自身的知名度和美誉度，也将会得到社会更大的支持。企业与社会之间的良性互动，既有利于企业长期发展，也有利于造福社会。

市场主体对于文化而言，其在文化产品的创作和销售中扮演重要角色。一方面，他们不仅生产文化内容，如电影、音乐、书籍和艺术作品，还通过市场营销来推广这些产品，从而影响文化的传播和消费。随着文化产品的商业性日益增强，市场主体在追求利润的同时，可能会导致文化的标准化、同质化和商品化。这可能会增加某些文化形式的可见性，同时削弱其他更多样化或少数群体文化的发展空间。另一方面，市场主体为了满足多样化的市场需求，不断创新产品和服务，这促进了文化形式的创新性和多样性。

调整文化与市场主体之间关系适用的主要法律涉及版权法、反垄断法、文化政策和法规，以及国际贸易法等。如版权法保护创作者的知识产权，鼓励文化创作，并确保创作者能够从其作品中获得经济利益。同时，也通过限定保护期限和规定合理使用等机制，平衡创作者利益与公众利益，促进文化作品的合理流通和使用。反垄断法通过防止市场主体滥用市场支配地位和进行反竞争行为，确保市场的公平竞争，这对文化领域同样适用，可以防止大型媒体企业垄断市场，以保障文化的多样性和创新性。又如，在数字化的文化市场中，隐私和数据保护成为重要议题。法律需要确保市场主体在处理消费者数据时的透明度和责任，需要保护个人隐私不受侵犯。在全球化背景下，国际贸易法律如世界贸易组织（WTO）规则，对文化产品的国际交易起到重要作用。一些国家可能会为保护本土文化产业而设置贸易壁垒，这些做法就需要用国际贸易法律框架来协调。

法律在调整文化与市场主体之间的关系时，不仅要考虑经济效益的最大化，还要考虑文化的社会价值、文化多样性的维护，以及文化遗产的保护。这种调整是寻求在促进文化产业发展和保护文化多样性之间找到恰当的平衡点。

（三）调整文化与个人权利、政府职能的关系

“虽然文化事业和文化产业在社会主义文化建设中有各自不同的角色定位和功能，但一般都公认文化事业与文化产业两者之间存在因果互动关系，即在文化建设发展过程中呈现出相互渗透、相互转化、相辅相成的现象。”① 因此，文化事业作为繁荣社会主义文化的另一角色，同时“文化事业是中国文化建设的根本，所打造的是引导整个社会文化进步的先锋性文化”，② 是人民文化获得感、幸福感不断增强的基础性事业。

从宏观层面看，公民文化权利通常是指公民享有参与文化生活、表达和发展个人文化身份、接触和享用文化资源等基本权利。我国对公民的文化权利以根本法的形式予以确认，同时不仅将其体现在宪法文本之中，还体现在关于文化权利的其他法律之中。我国现行《宪法》对于文化权利的规定在总纲、公民基本权利和义务以及国家机构的章节中均有体现。除了国家在立法方面保障公民文化权利得以实现，政府也在发挥其自身文化职能，更好地落

---

① 石丹、王涛：《财政支持与文化事业、文化产业发展效率交互影响关系——基于 DEA - Malmquist 指数的动态面板数据分析》，载《文化产业研究》2020 年第 3 期。

② 方宝璋：《文化事业、文化产业的关联与互动》，载《重庆社会科学》2009 年第 9 期。

实国家的各项规定。

政府文化管理则是指政府通过法律、政策和行政手段对文化领域的规范与引导，其目的在于促进文化的发展、保护文化遗产、确保文化多样性以及推广文化教育等。政府的文化职能，是指政府为满足人民日益增长的文化生活的需要，依法对文化事业所实施的管理，是加强社会主义精神文明，促进经济与社会协调发展的重要保证。我国政府的文化职能主要有以下四类：一是发展科学技术的职能，即政府通过制定科学合理的技术发展战略，加大对科学技术和重大科研攻关项目的支持，做好宏观调控；做好科技发展规划，重视基础性、产业化和尖端性的科学技术研究。二是发展基础教育职能，即政府通过制定社会教育发展战略，满足人民的基础发展要求；通过宏观调控，进一步优化教育结构，合理配置教育资源，加快教育体制改革，为社会输入大批各类所需人才，满足社会主义文化建设的需要。三是发展文化事业的职能，即政府通过制定各种方针、政策、法规等，引导整个社会文学艺术、广播影视、新闻出版和哲学社会科学研究等各项事业健康繁荣地发展。只要文化事业蓬勃发展，全社会的整体文化生态就会随之活跃，人民的文化创造活力也会竞相迸发。四是发展卫生体育的职能，即政府通过制定各种政策、方针、规定等，引导全社会的卫生体育事业的发展。

政府文化管理是确保公民文化权利得以实现的重要机制，政府文化职能的发挥就是为了更好保障公民的文化权利。政府有责任通过制定和执行相关法律政策来提供必要的文化服务和设施，保护文化多样性，以及防止文化领域的垄断和不正当竞争。例如，公共图书馆、博物馆的设立，对文化产业的扶持政策，都是政府履行这一管理职能的体现。我国《“十四五”文化发展规划》明确提出了文化事业和产业发展的目标任务，即文化事业和文化产业更加繁荣，公共文化服务体系、文化产业体系、全媒体传播体系和文化遗产保护传承利用体系更加健全，文化创新创造活力显著提升，文化和旅游深度融合，城乡区域文化发展更加均衡协调，人民精神文化生活日益丰富。同时，《“十四五”文化发展规划》就推进公共文化服务明确提出：推进城乡公共文化服务体系一体建设，推动公共文化数字化建设，创新实施文化惠民工程，提升基本公共文化服务标准化均等化水平，更好保障人民基本文化权益。社会主义文化事业发展的根本目的是满足人民群众的美好生活需要、精神文明需要和公共文化服务需要，为文化强国建设夯实基础，激发全民族文化创新创造活力，坚定文化自信，增强实现中华民族伟大复兴的精神力量。

第三节　文化法的理论来源

文化法律体系不同于其他部门法，由多个不同性质的法律组成，不仅需要法学基础理论的建构，还需要在多个学科的基础理论上进行文化法的理论建构。同时，文化法的基础理论又是分层次的，在国家治理层面的文化治理理论居于较高层次，关于文化权利、公共文化服务和文化产业的理论则居于较低层次。公共文化服务由公共服务理论支撑，文化产业则由经济学理论支撑，二者的内在机制也是截然不同的。这些特点使文化法的基础理论呈现出层次性和结构复杂性，形成了由多学科的理论支撑的基础理论体系。

一、文化学的相关理论

文化法在多个学科的基础理论上进行理论建构，其中最为基础的是文化学的基本理论。下文将从文化学的基本概念入手，逐一介绍文化模式论、意识形态理论和文化传承理论。文化学的相关理论对于文化法的理论建构具有重要意义。文化学中的一些基础概念、基本观点和相关结论成为文化法理论建构的重要支撑点，其内在关系也影响了文化法理论的基本结构。

（一）文化的特征和功能

文化的基本特征表现为自然性与超自然性的统一、阶级性与时代性的统一、民族性与普遍性的统一、个体性与超个体性的统一、文化的差异性与普同性（文化的个性与共性/多样性与一致性）的统一、累积性与变异性的统一。对我国来说，文化具有强大的统一性，同时又具有高度的复杂性和差异性，又同属中华文化体系。这也使文化的传承与发展要体现更多的多样性与包容性。

文化功能，是指文化系统在人们的社会生活实践中的重要价值和功能，能适应和满足个人和社会的各种需要。这些具体功能包括满足需要、规范、开拓、认知、调控、凝聚六大功能。文化功能是文化法律体系重点规范和体现的方面，不仅与人们的日常生活息息相关，而且是国家治理的重要内容，也是民族复兴的重要标志。

文化功能是以文化累积为基础的。文化累积，是指人类文化在历史上积累和传播的总和，它是质与量相统一的概念。它是一个由积累和传播组成的过程，是两者的总和。文化累积不是简单地指同质文化数量上的增加，而是更多地指向新文化的创造。换句话说，它不仅是同质文化内容的增加，而且是相异文化形态的增加，从而体现出其丰富多彩的属性。纵观人类文化发展的历史长河，文化总体来说是不断累积的，得大于失。① 文化累积在物质形态和非物质形态上都存在国家干预和社会关注的问题。只有重视文化累积才能实现文化自信，这也是文化法律体系中基础理论的重要部分。

文化的特性、文化功能和文化累积的概念和理论观点，在文化法的理论构建中发挥着基础性作用。在大多数文化法律中，都会涉及文化的特性、类型和功能，或是某一方面文化的特征与功能，这也是基础理论的支撑点。

（二）文化圈、文化层、文化区和文化生态

文化圈是一个地理空间上的概念，这个概念的内涵与外延有相当大的歧义。它是指人类在同一生活环境中所形成的具有共同文化特征的一定分布范围，包括语言、风俗、道德、宗教、艺术等。文化圈作为一个关键性概念，最早由德国文学家格雷布内尔使用，在格雷布内尔之后，奥地利民族学和语言学家施密特进一步发展了文化圈的概念。

---

① 相关内容，参见［英］雷蒙·威廉斯：《文化与社会》，吴松江、张文定译，北京大学出版社1991年版；［英］特里·伊格尔顿：《文化的观念》，方杰译，南京大学出版社2003年版；［英］约翰·斯道雷：《文化理论与通俗文化导论》，杨竹山等译，南京大学出版社2006年版。

文化层的概念最初由德国文学家格雷布内尔于1904年在柏林召开的人类学、民族学和史前学会议上提出的。文化层，是指文化发展的历史进程中有着不同的层次的存在，每个层次反映了不同时期的不同文化特征。

文化区也叫文化区域，美国的奥·梅森最早使用这一提法，它是指具有相似生存方式和文化特征的空间分布或区域分类。

文化生态是文化与环境的互动作用关系而产生的有机整体。具体来说，它是指文化适应其生存环境而产生的不同形式和内容，反映了文化发展的地理环境对文化的作用、影响和制约。生存环境能够创造出具有特色的文化，其特点是对人类文化具有决定性的影响，并对文化发展起着决定性的作用。①

这些概念确定了文化圈层理论的基本框架，也形成了相应的理论体系，并且对文化圈层内部的特性规律研究起到了巨大的推动作用。文化圈层理论对我国也具有一定的借鉴意义。我国有着差异性较大的地域文化，有着特定的文化生态。各种地域文化又有不同的文化圈和文化层，也在不同的文化形态建设中形成了不同的文化理论观点。这些文化圈层的概念和理论也对文化法律基础理论产生了较大的影响。文化法律体系的形成结合了文化圈层理论，充分考虑到文化圈层对文化法律关系形成的重要影响。

二、文化模式论

文化模式论是在文化形态学（或称为文化类型学）的基础上逐渐发展出来的，提示了不同文化形态对民族、国家甚至人类文明的重大作用。文化形态的差异性与周期性为文化模式论提供了许多研究基础。文化模式论也是文化法的理论建构中必须重视的基础理论。

文化民族性是区分不同文化类型的标志。西方著名学者斯宾格勒提出了作为他的文化哲学一部分的文化形态（类型）学，他认为世界上有八个独立而完整的文化民族，分别是希腊（古典）、西方、阿拉伯、中国、印度、埃

① 相关内容，参见［英］丹尼·卡瓦拉罗：《文化理论关键词》，张卫东等译，江苏人民出版社2006年版，第77~78页；［英］托尼·本尼特：《本尼特：文化与社会》，王杰等译，广西师范大学出版社2007年版。

及、墨西哥、巴比伦，以及另一个尚未完成的俄罗斯，故而共有九种文化类型。文化具有有机性和差异性，前者是指文化的发展不依赖于任何人为因素，有其特定的生命周期。每一种文化都是一个有机体，有它的诞生、成长、繁荣、衰落和其他可测量、有规律的过程。每一种文化都在其生命周期过程中实现其自身价值，从而达到它的内在和外在的完成状态。[①] 后者是指每一种文化都具有独特的个性，都有各自的观念、生活、情感、愿望等。

著名历史学家阿诺德·汤因比在对斯宾格勒理论继承和发展的基础上，形成了现代西方文化哲学中有关文化类型理论的一个重要流派。他不认同斯宾格勒悲观、宿命论的观点，他认为可以通过一些明智而及时的措施防止“文明”的崩溃。他将人类文明分为21种，认为所有文明都具有同步性和等价性。文明形态的划分基于文化或宗教，而文明源于“挑战与回应”。当然，汤因比的文化形态（类型）理论也存有不足，即它片面夸大了精神范畴的意义，带有强烈的主观唯心主义倾向，否定了人类文化发展的统一性，也缺乏分类的逻辑基础。不过，汤因比的有些观点还是发人深省的。[②]

美国文化人类学家本尼迪克特在她的著作《文化模式》（Patterns of Culture，1934）中首次将文化和人格联系起来，试图用人格类型来区分不同的文化。她认为每种文化都可以归纳出至少一种相应的主导人格类型，可以通过对不同人格的比较研究探索文化差异。“文化是人格在法律和制度中的扩展。”这是本尼迪克特的著名论断，其主要观点有：一是划分文化的心理学类型，如用酒神型和日神型的心理特征观点描述原始文化的特征；二是主张文化整合论和有机文化论，即文化整体与文化要素的关系就是身体与器官的关系。[③] 每种文化都有一个主导目的，它选择和强化一些元素，排斥或抑制其他元素。在这个过程中，将选定的元素逐步制度化，最终实现文化的融合。

文化模式理论为人们理解人类的形象提供了一面镜子。当然，文化模式

---

① 参见叶志坚：《文化类型探析》，载《中共福建省委党校学报》2001年第3期。

② 参见杨海文：《文化类型与文化模式简论》，载《中州学刊》1996年第2期。

③ 相关内容，参见周云水、李旺旺：《略论文化的模式和人文类型——读〈人文类型〉与〈文化模式〉》，载《西藏民族学院学报（哲学社会科学版）》2008年第3期；［美］露丝·本尼迪克特：《文化模式》，王炜等译，社会科学文献出版社2009年版。

理论也带有明显的局限性，体现为：抛开了经济、地理环境和社会结构等在文化整合中的根本作用，将其建立在主观思想和心理层次上，片面夸大了社会心理学研究方法在文化学研究中的作用。①

三、意识形态理论

意识形态理论是文化法理论建构中的重要组成部分，它直接成为文化法贯彻国家意志的理论支撑。意识形态上升为国家意志，并且具有了文化属性，就可以进入特定的文化模式中，浸入人们的日常生活，成为文化生活的重要组成部分。在意识形态上升为国家意志的过程中，法律是必要条件，也是表现形式，文化法本身也具有意识形态属性。

美国人类学家克利福德·吉尔兹在其代表作《文化的阐释》中，明确提出一个论断，即“作为一个文化体系的意识形态”，突出强调了意识形态这一范畴的文化象征意蕴和性质。文化属性作为意识形态自身所容纳的属性之一，决定了教化和输出功效必然要由意识形态承担起来。意识形态为了实现它对社会的影响力和支配力，必须依托文化内在的向心拒异的凝聚和同化力量，将自身所确证的观念和价值输送给全体社会成员，然后借助文化特色的感召力和渗透力，形成普遍的话语塑造和政治共识，把握主导权，并将社会的价值认同凝聚和整合形成社会的核心价值观，塑造成社会的主流文化。意识形态对文化实践活动具有能动的重塑作用，其功能还表现为三个方面，分别是：对落后和糟粕文化的批判功能、对多元文化的整合功能、对文化精神和形式的建构功能。

第一，社会主义意识形态对文化具有批判作用。文化具有阶级性和民族性的特点，它是人类社会实践过程中的精神财富，是社会意识形态及其相应的文化体制和组织机构，它反映了一定的社会政治经济状况。一个国家的文化意识形态多样，既有同时代所倡导的主流文化，也有落后的文化残余，还

① 相关内容，参见［日］绫部恒雄编：《文化人类学的十五种理论》，中国社会科学院日本研究所社会文化室译，国际文化出版公司1988年版；夏建中：《文化人类学理论学派》，中国人民大学出版社1997年版。

包括敌对势力输入与渗透的文化意识形态。基于此，需要反思和批判那些特定的文化思想理念和文化价值，这体现的就是意识形态对文化的批判作用。通过意识形态的批判，文化可以实现剥离、更新、创造与发展。在公共文化服务工作中要注意发挥社会主义意识形态的文化批判功能，既要严厉批驳中国传统封建的落后文化和糟粕文化，又要坚决抵制西方敌对势力腐朽思想文化意识形态对我国文化的渗透。

第二，意识形态对文化具有整合作用。当前，我国正处在一个文化多元与思想碰撞、各种思想文化相互融合与斗争、相互吸收与相互排斥的时代，健康文化和腐朽文化共生，先进文化和落后文化并存，主流意识形态和其他意识形态相互交织。在经济全球化和信息化的时代背景下，不同文化之间的斗争和竞争也越来越激烈，文化内容呈现出明显的丰富性和多样性。文化冲突必然导致社会的不和谐，文化竞争的背后其实就是国家和民族的综合国力的竞争。文化整合就是按照时代的要求和社会的需要将不同文化要素重新建构成一个具有内在的有机联系的文化整体，它是一个由文化敌对走向文化融合、由文化封闭走向文化开放的过程，通过整合文化资源实现社会和谐。在公共文化服务中要注重强化社会主义意识形态的文化整合功能，基于我国社会主义意识形态建设的需要，按照经济全球化、管理信息化的时代要求，把传统文化和现代文化、开放文化和保守文化、物质文化和精神文化、网络文化和虚拟文化等不同文化形式，重新建构成一个内在的有机联系的社会主义文化整体，立足于平等地对待精神文化、批判地继承传统文化，加大公共文化演绎和传播优秀传统文化和精神文明的力度。

第三，意识形态对文化具有建构作用。马克思主义文化批判坚持批判与建构的统一，它除了要求严厉地批判异化了的文化，还要求在此基础上主动建构新的文化形式和文化精神。文化建构所要解决的是价值目标、追求、观念和取向的问题，其关键是对价值体系的建构，要主动建设观念形态的文化。在公共文化服务中要注重发挥社会主义意识形态的文化建构功能。通过公共文化产品塑造引导科学的、具有时代特色的文化，参与建构思想文化意识形态发展的参照体系。通过塑造具有中国元素、时代精神的文化产品，从观照每个个体的内心世界和切身利益出发，通过感性、具体的人文话语向公众传递社会主义核心价值体系的本质内涵。这样才能增强国家文化软实力，培养社会主义文化的自觉和自信，实现建设社会主义文化强国的目标。

意识形态工作具有特殊性，这是由意识形态作为整个上层建筑中的核心和灵魂的特殊地位决定的。新时代背景下我国意识形态建设的首要任务是巩固马克思主义在意识形态领域的指导地位。马克思主义的指导地位容不得半点削弱和动摇，否则，就会破坏整个中国特色社会主义事业发展的思想基础，严重影响我国社会主义上层建筑的巩固。社会主义意识形态在本质上具有社会主义国家属性，是国家意志的集中体现。① 我国公共文化服务体系建设的根本目标是，弘扬社会主义核心价值观，发挥文化的感召力、引领力、凝聚力，让人民群众深切感受到社会主义制度优越性所带来的获得感和幸福感，团结一心，在中国共产党的领导下，把我国建设成为富强民主文明和谐美丽的社会主义现代化强国，实现中华民族伟大复兴。实现这一目标的实践有两个重要维度，一个是满足人民群众日益增长的文化需要，另一个是发挥社会主义意识形态的引领作用，两个维度服务于这一根本目标。要实现这两个维度在实践中的互动作用，就要充分发挥二者的双向功能。

公共文化服务同样也具有国家属性，是国家治理体系的重要组成部分。因为我国的根本制度是社会主义制度，所以在构建中国国家公共文化服务体系中，国家概念中其实已经包含了意识形态原则和价值诉求。② 公共文化服务是以满足公民基本文化需求为主要目的，由政府主导、社会力量参与，共同为全社会提供文化产品、公共文化设施、文化活动以及其他相关的服务。在我国，公共文化服务体现为各级党委、政府为广大人民群众提供的文化产品和服务，其基本功能是保障公民的基本文化权利。因此，在基本功能上，公共文化服务体现了国家意志。在为公民的基本文化权利提供保障的同时，加

---

① 参见梁建新：《论马克思主义意识形态理论的基本属性》，载《湖南社会科学》2015 年第 5 期。马克思主义意识形态的本质属性是阶级性，在无产阶级掌握国家政权以后无产阶级的意识形态就成为国家意志的集中体现，成为社会主义意识形态。

② 参见王列生：《论构建公共文化服务体系的意识形态前置》，载《文艺理论与批评》2007 年第 2 期。

入社会主义意识形态引领的内容与作用；在满足文化需求层面，通过文化产品与服务以社会主义意识形态加以引导。在构建国家公共文化服务体系的制度设计和体制运行之中，加入社会主义意识形态引领的基本内涵，与公共文化服务融为一体，成为公共文化服务体系建设的题中之义。

所以说，社会主义意识形态与公共文化服务在本质上统一的。从二者的关系上看，社会主义意识形态是公共文化服务的内在属性，公共文化服务作为外在形式，起到了载体和工具的作用，将作为国家意志的社会主义意识形态通过各种文化产品和文化服务传输给人民群众。

四、文化传承理论

当前，我国文化观念的共享性受到了社会结构的转型、经济和产业的升级、城市化进程、人口的空间流动等变化因素的冲击和影响。从这个意义上说，保持文化的传承和一贯性有助于维持社会的基本人际交往规范，有助于在迅速变化的环境中维护社会稳定和国家安定团结。另外，我国在国际事务中随着综合国力的增强，开始发挥越来越重要的作用。在国际交往中，我们讲的中国故事是否以及如何反映中国自身的文化特色，这是讲好中国故事的关键。因此，构建国家身份认同的重要面向就是要做好文化的延续和传承工作。习近平总书记指出："中华优秀传统文化是我们最深厚的文化软实力，也是中国特色社会主义植根的文化沃土。"① 鉴于此，我国已将中华优秀传统文化的传承提升到了战略性高度。②

（一）文化分化、文化调适、文化冲突与文化变迁

文化分化，是指新的文化体系、形式或内容在文化创造和发展的过程中，从旧文化体系中衍生出来，这是文化发展过程中经常出现的问题。一方面，

---

① 全国干部培训教材编审指导委员会组织编写：《推动社会主义文化繁荣兴盛》，人民出版社、党建读物出版社 2019 年版，第 129 页。

② 参见胡安宁：《社会学视野下的文化传承：实践—认知图式导向的分析框架》，载《中国社会科学》2020 年第 5 期。

文化分化是一些文化衰落的象征；另一方面，文化分化也是文化延续的必要条件。文化分化表现为社会、民族、国家等群体文化体系的分化，它表现在各种物质、精神领域的文化系统的分化。例如，宗教派别的划分与形成；又如，战国时期的文化之争，就是后世地域文化的源头。文化融合是不同体系的文化因素和内容之间趋于一体化的过程，促进其相互调和、吸收和融化。

文化调适包括两个方面的动态平衡过程：一是指不同地区、不同民族的文化在长期接触和交流中的相互协调与影响过程；二是指在一定的时空条件下，人的行为方式与特定的自然生态环境和文化环境相互作用的过程。文化调适的意义在于，它体现了作为文化载体的人的价值意识的觉醒和主体性的发挥。其表现形式：一是汉唐时期佛教在中国的传播，通过吸收魏晋玄学产生禅宗、天台宗、华严宗等派别，逐渐实现佛教的本土化；二是宋明以后儒、释、道三教思想的全面融合；等等。

文化冲突是指在社会变迁过程中，两种或两种以上的不同文化之间所发生的相互矛盾和排斥的现象。对此，需要辩证地看待。文化冲突过程中，合理的文化因素通过竞争得以保存下来，并通过融合和比较促进文化的变迁与发展，这个过程是文化发展的重要动力。文化冲突的多样性包含 5 个方面，分别是区域性、阶级性、集团性、时代性、民族性文化冲突。①

文化变迁是文化本质内容的增加或减少，从而导致文化系统的结构变化，它包括文化渐变和文化突变。文化渐变包括自然变迁和有计划变迁，前者指无意识的文化自然增长或累积，后者指有意识的变迁，如历史上的维新、变革（像赵武灵王胡服骑射）等，带有文化特质的变化多属于文化渐变。文化突变是一种结构性的变化，它是指从文化母体中迅速产生新质变化的过程，如西方的启蒙运动和中国的新文化运动等。②

---

① 参见［美］塞缪尔·亨廷顿：《文明的冲突与世界秩序的重建》，周琪等译，新华出版社 2002 年版，第 3 页。

② 参见［英］托尼·本尼特：《文化、治理与社会》，王杰、强东红等译，东方出版中心 2016 年版，第 25 页。

（二）文化传承的类型、层次与对象

将文化社会实践论与意义系统论和工具箱论相结合，可以形成文化传承的三维模式。这个模式对文化的三种本体论定义予以呈现，即个体文化对应于对文化的策略性使用；图式文化对应于个体实践背后的结构化认知图式；制度化文化对应于个体外部和内在一致的文化意义体。需要注意的是，我们是为了强调文化在人与人之间的共享性，所以采用的不是图式概念而是图式文化。图式具有“社会属性”，图式文化强调的就是个体可以在相似的图式基础上形成共同体，而图式概念因其心理学渊源则带有很强的个体性。

文化传承的抽象层次，是指不同类型的文化在传承过程中抽象程度的差异。这种差异性直接决定了不同文化类型之间的派生性。回到前述所列举的例子，相关的解释围绕着儒家经典文本已经形成了一套逻辑一致、内在自洽的伦理体系。例如，人们就是因为“伦”的差异所以要遵循具体的五服丧葬制度，而“伦”是儒家“仁”的基本内涵。这些概念之间自洽性的有机联系构成了一个意义系统，在这个系统中，个体的行为都要受到这个伦理体系的规范，如《礼记》中就记载着若干个体行为规则。毋庸置疑，这种意义系统具有最广泛的范围和最高的抽象性，且具有相对稳定性，不会随着特定式空间的生活情境而改变。例如，不同时代的儒家伦理体系的内容是相对稳定的。因此，我们可以把儒家伦理体系看作是一种高度抽象的文化。正是这种高度的抽象性，使其具有了派生性而成为其他类型文化的原点。相比之下，图式文化的抽象程度较低。它与人们的日常生活息息相关，不再是一个独立于个体的意义系统。这种实践模式是建立在儒家伦理体系的基础之上的，就是以儒家经典的伦理原则为基础，构建出诸如子女应该孝敬父母之类的“恰当”的代际关系模式。然而，与制度化的儒家伦理体系不同，图式文化中的孝道并不高度抽象，情境因素是在其实施过程需要考虑的。例如，孝道在一定的历史时空中可以保持也可以被打破。因此，图式文化是一种适度抽象的文化，它兼具稳定性和可被重塑性。最后，关于个体文化与如何解释行为的问题，个体文化对具体行为的解释是赋予其意义，这种解释并不是抽象的。例如，

善待父母的行为被解释为“孝顺”。这与斯维德勒对爱情概念的分析的基本逻辑是一致的。

任何一种文化，我们都可以区分其内容和结构。对于图式文化来说，文化的内容，是指个体认知中特定意义单元的意义（如什么是长者），其结构，是指意义单元之间相互关联的模式（如长者和后辈的关系）。回到上面的例子，制度化的文化调节着内容和结构，如五服制度中涉及长辈与晚辈的范围和内涵以及彼此之间的关系等，所以制度化文化的传承内容与结构应同步进行。相比之下，图式文化的本质就是更注重文化的结构，即文化意义单元之间的关系模式。再回到孝道的例子，虽然孝道的对象随着社会的发展逐渐从家族长辈压缩到父母，但代际连接模式保持不变。因此，图式文化的传承更注重结构的维护而不是内容的维护，制度化文化的传承注重内容与结构同步。但是，个体文化的传承通常不涉及意义体之间的结构特征，这是因为文化的战略运用赋予了行动特定的内容，因此个体文化的传承涉及并非意义单元的结构而是具体文化单元的内容。

第四节　文化法基础理论的结构与内容

不同于其他部门法，文化法是由多个不同性质的法律组成，不仅需要法学基础理论的建构，还需要在多个学科的基础理论上进行文化法的理论建构。文化法学应当构建“一顶点、两基点”的基础理论结构。意识形态理论、国家意志论居于顶点位置，文化事业理论和文化经济理论则居于两个基点位置，形成一个类三角形的结构。

一、文化法基本理论的层次与组成部分

文化法学的基础理论是分层次的，在国家治理层面的文化治理理论居于较高层次，关于文化权利、公共文化服务和文化产业的理论则居于较低层次。公共文化服务具有公共服务理论属性，文化产业则具有经济学理论属性，二

者的内在机制也是截然不同的。这些特点使文化法的基础理论呈现出层次性和结构复杂性，形成了由多学科的理论支撑的基础理论体系。整合这些理论并进行层次提升和层次划分，明确各自的功能地位，才能形成较为科学的理论体系。

（一）意识形态领导权在文化法中的地位

自葛兰西提出无产阶级意识形态领导权理论以来，中国共产党人已经在多年来的实践中不断丰富意识形态领导权的实践方式。意识形态领导权与建设文化强国、增强文化自信、实现文化治理现代化融为一体。《中国共产党宣传工作条例》明确了我们党宣传思想工作的根本任务：高举中国特色社会主义伟大旗帜，巩固马克思主义在意识形态领域的指导地位，巩固全党全国人民团结奋斗的共同思想基础，建设具有强大凝聚力和引领力的社会主义意识形态，建设具有强大生命力和创造力的社会主义精神文明，建设具有强大感召力和影响力的中华文化软实力。意识形态领导权与文化治理现代化的理念与实践也是深入学习贯彻党的二十大精神的具体体现。意识形态领导权关系到我党执政地位和执政能力建设，需要放在至关重要的位置。在推进文化治理现代化的进程中，采用层次分析框架，在国家、市场和社会的不同层面，一方面要在公共文化服务领域发挥党的领导作用、起到引领功能，另一方面在文化产业发展中要坚持政府主导、正确引导，并加以必要的规制。

目前学术界对文化治理的研究采取文化事业和文化产业的二分法，或者采用国家、市场与社会的三层次法，虽然取得了一定的成果，但是仍然未能准确把握在新时代国家治理体系和治理能力现代化的大背景下，意识形态与文化治理的关系。只停留在将文化治理作为政府治理的一个部门性治理来认识，或者只在国家、市场与社会三分的固有范式中徘徊，未能在战略和政策层面有所突破，对当前的各类意识形态问题和文化治理问题回应不足。加强意识形态领导权，推进文化治理现代化，需要从更高战略层面、更具系统性的角度进行研究，并提出政策建议。

（二）层次与结构

在很多文化治理的研究中，将文化领域划分为文化事业和文化产业的二分法存在较大问题。这种二分法只是关注了文化治理的社会性和市场性，而忽视了文化治理的意识形态属性。[①] 首先要在理论框架上明确意识形态—国家意志维度，并且居于领导地位，这一维度对于理解意识形态对公共文化服务和文化产业的引领和引导具有关键性意义。文化权利—文化事业法是突出文化治理的人民性，实现均等化、规范化。文化经济—文化产业法突出创新性，解决差异化需求，促进文化产业的发展。

在传统文化事业与文化产业二分法的理论模式上，有人提出了国家意志、文化事业和文化经济“一顶点、两基点”三角架构的理论模式，由此构建文化法学新的理论体系。在文化法领域突出了意识形态领导权和国家意志的“一顶点”，在理论层次上居于统领地位，对文化事业理论和文化产业理论“两基点”都具有引领和引导功能。这就提升了文化法的研究层次和研究视野，不是将文化法仅仅等同于一个部门法，而是要上升到意识形态领导权的层面，通过文化法治实现国家意志。将意识形态领导权贯穿融入文化治理的各个方面，从而形成系统性的文化法律规范体系。

意识形态发挥其作用，往往需要以文化为载体，采用文化的外在形式，从而产生意识形态的文化性。这是由意识形态概念的复杂多样性、批判性和否定性的独特特性以及文化的相对中立性决定的。文化代表着意识形态的理论特性，意识形态是文化核心价值的最终走向。文化构成中的意识形态基因指导着文化的外在呈现，包括文化为谁而存在，文化为何而存在，文化如何发展，这由文化发展的目的、路径和方向以及文化发展什么等构成。在某种

---

① 传统的文化事业和文化产业二分法是将文化法学视为一种部门法学，这种划分方法在相当长的时期内对文化法学产生了很大影响，很多学者都持此观点。（参见熊文钊、杨凡等：《文化法治基本理论研究》，中国社会科学出版社 2021 年版，第 19 页。）但这种划分方法也存在相当大的问题，因为二分法是用行政法和经济法的属性进行划分的，而这二者又不能整合到文化法学的统一体内，以至于长期以来文化事业法领域和文化产业法领域各说各话、界限分明、交集不多。这也使文化法学的基础理论层次性不高、系统性不足、整体性不强。

意识形态特别是某种民族文化控制下的文化行为，表现出该民族特有的价值观，成为这个民族或国家的思想灵魂或精神支柱。在法律规范上，意识形态领导权则以国家法为表现形式，在多个文化领域成为诸多具体文化法规的上位法。

当前，对文化权利的法律保护研究和对文化产业的法律促进研究更加深入。这是文化法体系中两个重要组成部分，也是与人民群众密切相关的文化领域。在文化权利理论—文化事业法领域中，公民权利与政府服务形成一个互动关系，公共文化服务法就是要调整这种关系。而在文化经济—文化产业法范围内，企业、资本与政府又形成另一种互动关系，文化产业促进法和相关治理性法律为调整企业、从业人员、资本方和政府之间的相互关系提供法律支持。既是约束与管理，也是促进和保障。

二、国家意志论与国家法理论

由于文化治理在国家治理体系中占据了重要地位，文化法学就不能等同于一般的部门法学。在新时代“五位一体”的总体布局中，文化法必须要有顶层设计的上位法，需要以法治的方式、以法律的形式把意识形态领导权体现为国家意志，在政府主导的文化治理中层层推进；改进完善公共文化服务，对文化权利给予充分保障；引导促进文化产业发展，通过文化法律规制，节制资本、反对垄断，治理资本对文化产业的控制，又在文化治理中加强意识形态领导权，提升执政能力和治理能力。

（一）国家意志论

国家意志包括国家行为，具有宏观管理和长远规划的能力，它能否和民众的意志保持一致决定了其能否形成民族步伐和行为的统一。因为普通民众不可能有高瞻远瞩的能力，只有在个人意识和国家意志一致的情况下，才可能实现统一的民族步伐。

国家意志是个人意志的集合，个人意志由个体诉求形成。国家意志，是指国家为了维护存在、推动发展而产生的诉求，它体现了整个社会的意愿，其诉求整体性、行动统一性、执行公共性的特征决定了它是人民所期待的目标追求。国家意志在现实中表现为国家主权，即统治阶级管理国家事务的最高权力。人民性，就是指国家意志与人民意志是否统一，人民性标准体现了中国特色社会主义核心价值观与当代中国国家意志主体统一的原则，它是判断当代中国国家意志正义与否的根本标准。

国家意志的表现形式就是国家权力。国家权力体现的是国家意志对人民意志反思的最高权威，它要维护社会正常运转的基本力量在现实生活中的绝对重要地位。国家意志只有坚持中国特色社会主义核心价值观才能与时俱进，只有根据人民意志做出调整，才能不断向前发展。我国国家权力具体表现为立法权、行政权、司法权、检察权、审判权，其中立法权制约和影响其他各项国家权力，在国家权力中起着决定性作用。在国家社会生活中，公民权利和国家权力之间存在一种双向互动的过程：一方面，人们会因为相关之间利益关系的变化而通过公民权利将个人意志表达出来，此时人民意志由个人意志凝聚而成，最后发展为国家意志；另一方面国家权力在履行过程中，可能会直接影响到包括公民权利在内的政治、经济、文化等各方面的利益变化。

党作为政治组织，其主张经过法定程序才能上升为国家意志，这是国家意志形成的重要途径，是党的主要执政方式，也是坚持党的领导的基本保障。党向国家机关提出建议，这些主张和重大决策通过法定程序获得国家权力机关的认同，最终被确定为决议或法律，并成为国家和全体人民的意志，这是实现党对国家和社会领导的基本方式之一。中国特色社会主义核心价值观反映的是人民意志和利益，它集中体现了党的路线、方针、政策等各种主张。国家的宪法和法律是党的主张与国家意志的统一，国家的宪法和法律与党的路线、方针和政策在本质上是一致的，前者是后者的条文化和定型化。①

（二）国家法理论

国家法，是宪法在一些国家的称呼。17、18 世纪，英、美、法等国的资

---

①　参见丁粮柯：《党的主张成为国家意志的转化机制的构成要件分析——基于政府过程理论的研究》，载《四川行政学院学报》2019 年第 1 期。

产阶级法学家，将其革命胜利后相继制定的根本法称为宪法。至19世纪，德国、奥匈帝国和帝俄等国的资产阶级法学家，把他们汇编的根本法总称为国家法。此后“宪法”和“国家法”二词通用，成为宪法性法律的统称。有的国家所称的国家法更广泛一些，即除宪法外，还包括一切有关社会制度和国家制度等方面的法律，如选举法、国家机关组织法等。

随着国家职能的不断扩张和宏观经济管理的出现，经济法也成为国家法的重要组成部分。经济法旨在促进社会经济稳定和协调发展，维护社会整体经济利益，从其产生就与国家密不可分。经济法产生的客观条件就是，在社会化生产条件下，国家被动或主动地作为一个强有力的主体担当起了协调社会经济生产的重任，在法治轨道上日益发挥重要作用。经济法作为一门新兴的法律部门，它对以往经济法现象的学理进行概括、对日益丰富的经济法现象进行抽象从而提炼出法学学说，以及为了更好地指导未来国家管理社会经济的法治实践而对社会经济发展中的国家问题展开研究，这些都是其获得学界认可的重要方面。① 经济法对于宏观调控、产业发展、收入分配和公共服务等方面的规范平衡作用，随着国家对经济社会干预的日益深入而不断强化，经济法体系也在不断完善，经济法学也成为一门独立的法学学科。

20世纪上半叶，世界上各大国展开了干预经济社会的实践，以美国罗斯福新政、德日在两次大战中的经济统制、苏俄战时共产主义政策以及苏联的计划经济最为典型。国家干预有两种主要形式：一是指导经济活动的统制经

---

① 经济法中所体现的国家对经济社会的干预，使“国家”的作用扩展到各个领域。经济法自产生时起就与私法不同。在反思私法对社会经济调整的“尺短寸长”之后，发现私法与国家对经济的调整密切关联。蒲鲁东作为人类历史上最早提出经济法理念和学说的思想家，他在其1865年出版的《论工人阶级的政治能力》一书中指出，“公法和私法都无法实现这一目标：一个会造成政府过多地限制经济自由的危险，另一个则无法影响经济活动的全部结构”。德国学者在考察本国的经济法产生历史时总结道：“《德国民法典》中被法典化的私法上的不完善现在已经特别明显了，与之形成鲜明对比的公法却具备了占据主导地位的调节作用，这离不开1914年至1918年期间战争经济的推动和影响。私法对经济及管理新旧形式的处理不够充分，对法律和国民经济相互依赖的认识不够，这对我们需要对两个学科的领域做更进一步的根本性分析提出了新要求。19世纪下半叶，‘历史学派’从研究方法上将私法和国民经济学联系起来，但是彼时潘德克顿私法的地位很孤立，受到了国民经济学的批判和反对。为了回应当时新经济的要求，1874年古斯塔夫·施莫勒提出了复合概念‘经济法’。后来，关于经济及其法律秩序的‘社会问题’也演变成关于自由和国家干预这两种法律立场之间的讨论焦点。”姚海放：《经济法国家观研究：基于社会本位与国家概念的展开》，载《政治与法律》2016年第12期。

济；二是国家的直接经济活动……前一种形式中，对经济实施统制在宏观经济方面和微观经济方面起到越来越大的作用，宏观经济即整个经济生活，微观经济即表现为个人和企业方面。后一种形式中，宪兵国家既是制定计划，又要参与经济活动。企业在经营中则必须以供货商、客户甚至竞争者的角色与国家打交道，这样才能开展经济活动。政治学、经济学领域将这类国家介入社会经济的实践称为从经济自由主义向国家干预学说的变迁，法学研究领域对这类实践的回应表现为经济法学的产生。

在社会法和经济法的视域中，"21 世纪经济上的竞争将体现为以民族国家为主体、民族国家层次上的，在全球化背景下，国家要义不容辞地承担一系列职能，即组织协调经济、参与市场活动、提供公共产品、创造和维护良好经济环境等"。经济法旨在保证经济平稳协调发展而由国家介入经济生活，它奉行社会本位，法律手段中既有控制权也有激励刺激措施，注重平衡和协调。[①] 经济法的理论与实践也为文化法学的发展提供了支撑。意识形态领导权和国家意志的实现都需要国家法予以制度支持，经济法为文化产业发展中的国家力量干预提供了依据，反垄断法、反不正当竞争法等经济法也为规范文化产业健康发展、制定相关文化产业法律规范提供了诸多的法律制度设计。

因此，文化法学在构建新的理论模式时，国家法已经在相当多的方面形成了较为成熟的理论体系和法律规范体系，能够为文化法学提供充足的理论和实践基础。

三、文化权利论与文化事业法

文化权利论是文化法学基础理论的重要组成部分，甚至有学者将文化权利视为文化法学的基石。基于文化权利论而形成的法律规范是文化事业法，以保障和实现文化权利。

---

① 参见姚海放：《经济法国家观研究：基于社会本位与国家概念的展开》，载《政治与法律》2016 年第 12 期。

（一）文化权利论

文化权利是人人享有的基本权利之一。“二战”结束以后，文化权利日益得到各个国家的重视，或在国家宪法中得到体现，或以加入国际公约的方式被认可，并在具体权利内容上实现了一定程度的共识。人的文化权利具体包括但不限于：科学研究和创造性活动所不可缺少的自由、参与文化生活的权利、作者享有对其本人的任何文学、科学或艺术作品所产生的物质和精神上的利益受保护的权利、享受科学进步及其应用产生的福利的权利等。《世界人权宣言》第27条规定：“（一）人人有权自由参加社会的文化生活，享受艺术，并分享科学进步及其产生的福利。”“（二）人人对由于他所创作的任何科学、文学或艺术作品而产生的精神的和物质的利益，有享受保护的权利。”《经济、社会及文化权利国际公约》第15条第1款规定：“本公约缔约各国承认人人有权：（甲）参加文化生活；（乙）享受科学进步及其应用所产生的利益；（丙）对其本人的任何科学、文学或艺术作品所产生的精神上和物质上的利益，享受被保护之利。”①

我国《宪法》和国家政策性文件等也对公民文化权利作了专门性规定，如《宪法》第47条在阐述我国公民所享有的基本权利时，还特别规定了公民“有进行科学研究、文学艺术创作和其他文化活动的自由”。不仅我国《宪法》明确规定了发展文化事业和群众性文化活动是国家的基本职能，党和政府有关决定、报告、文件等也明确了国家保障公民基本“文化权利（权益）”和满足公民基本文化需求的基本职责。特别是2005年以来，我国在传统文化事业的基础上提出了“公共文化服务体系建设”的概念，并采取了一系列政策措施来推动公共文化服务体系建设，把维护、保障和促进公民文化权利作为我国公共文化服务体系建设的重要出发点。例如，《中共中央关于制定国民经济和社会发展第十一个五年规划的建议》首次明确提出要“加大政府对文化事业的投入，逐步形成覆盖全社会的比较完备的公共文化服务体系”；中共

① 参见杨凡：《公民文化权利的基本义理》，载《云南大学学报（法学版）》2016年第6期；蔡武进：《我国文化权利保障法体系建设的进路》，载《学习与实践》2014年第8期。

中央办公厅、国务院办公厅《关于加强公共文化服务体系建设的若干意见》初步提出了国家保障的公民基本文化权益的范围，强调要“切实保障人民群众看电视、听广播、读书看报、进行公共文化鉴赏、参加大众文化活动等基本文化权益”；《中共中央关于深化文化体制改革推动社会主义文化大发展大繁荣若干重大问题的决定》再次强调“加强公共文化服务是实现人民基本文化权益的主要途径……以保障人民群众看电视、听广播、读书看报、进行公共文化鉴赏、参与公共文化活动等基本文化权益为主要内容，完善……公共文化服务体系”；中共中央办公厅、国务院办公厅《关于加快构建现代公共文化服务体系的意见》再次明确提出，“按照一定标准推动实现基本公共文化服务均等化，切实保障人民群众基本文化权益，促进实现社会公平”。由此可见，根据我国宪法和相关法律法规，文化权利是我国公民的一项基本权利，公共文化服务体系建设是我国政府履行保障公民基本文化权利这一国家基本职责的重要方式与途径。①

作为国家保障的文化权利，基本文化权利的范畴确定了，才能更好地确定公共文化服务的范围。现阶段，国家层面以公共财政形式给予保障的公民基本文化权利包括5项，分别是共享文化成果的权利、参与文化活动的权利、接受基本文化教育和培训的权利、传承本民族或本地区文化生活方式的权利、文化成果收益得到保护的权利。②

文化权利理念是公共文化服务的逻辑起点和理论归宿，一般都将文化事业的公益性和社会性归于文化权利的基本属性。通过宪法和单行法律对文化权利给予保障，政府所提供的公共文化服务则保障文化权利的实现。探究文

---

① 参见宋慧献：《保障并落实公民文化权利：文化促进法初探》，载《河南大学学报（社会科学版）》2018年第2期。

② 我国法律文本与政策性文件中对文化权利的称谓有些不同，前者使用的是“文化权利”概念，后者更多使用的是“文化权益”概念。政策性文件中所强调的“文化权益”除了“文化权利”外，还有“文化利益”，其内涵更广。通过考察“权利”这一概念发现，它一般包含五个要素，即利益、资格、权能、自由和主张，其本身的确蕴含着“利益”。所以，我国政策性文件中关于文化事业与基本公共文化服务的相关表述中，所涉及的“文化权益”与“文化权利”几乎等同，二者并无本质差别。参见吴理财、王前：《文化权利导向下的国家基本公共文化服务保障范围研究》，载《湖北大学学报（哲学社会科学版）》2015年第5期。

化权利的内涵，对于理解公共文化服务具有重要意义，同时，也将为公共文化服务政策体系的制定提供基本遵循。

（二）公共服务理论与文化事业法

20世纪80年代以来，英美等西方国家出现了一种指导行政改革的理论，即新公共管理理论。它是对当代西方行政改革实践经验的基本总结，是经济全球化时期政府的公共服务形态。在新公共管理理论基础上又发展出新公共服务理论。

新公共管理理论主要有以下五种代表性观点：其一，政府应该承担起控制而不是助推职能，它可以通过民主程序设定社会需要的优先目标，建立一种制定决策和执行决策相分离的管理体制，同时，可以利用非政府组织和私人部门的力量提供公共服务。其二，公共管理是在提供公共产品和公共服务的过程中，由公共部门、准公共部门及部分参与公共服务的私人部门等多元主体共同治理和处理公共事务。其三，公共管理部门对公共机构应该达到的公共服务目标予以明确规定，将公众是否满意作为政府绩效考核的标准，注重结果与产出，并对最终的工作结果进行绩效评估，将为公众提供质量最好、费用最少的服务作为绩效考核的导向原则。其四，新公共管理理论对政府、社会公众的角色定位有着新见解，认为政府不再是自我服务、高高在上的官僚机构，政府和公共组织要以“顾客满意”为宗旨，坚持“顾客导向”，公开承诺公共服务的质量，政府服务需要提高回应社会公众需要的能力；政府的公务人员应是负有责任的“公共企业经理和管理人员”；认为社会公众作为向政府提供税收的纳税人，社会公众应被视为享受政府服务的“客户”或是“顾客”。其五，要在公共部门引入企业管理的理念和方法，如绩效评估、全面质量管理、目标管理等。①

新公共服务理论是由罗伯特·登哈特提出来的，它所代表的是公共行政理论发展的一种新趋，是建立在对新公共管理理论继承、批判和反思上的。

① 相关内容，参见谭功荣：《西方公共行政学思想与流派》，北京大学出版社2008年版；彭未名等编著：《新公共管理》，华南理工大学出版社2007年版。

与传统的公共行政理论、新公共管理理论不同，新公共服务理论强调以下 5 个方面：第一，政府的主要目的和任务是提供公共利益和公共服务。政府的目标是致力于树立起共享的、集体的公共利益观念，最大限度地追求公共利益，这个目标是要创造共同责任和共享利益，而不是要在个人选择的驱使下找到快速解决问题的方案。第二，政府的职能不在于控制而在于服务。政府在公共文化服务管理中应该扮演中介人、裁判员或调停员的角色，不再是公共服务的直接供给者；而政府公务员也不再是控制社会朝着新方向发展的“掌舵人”角色，而应该承担起帮助公民表达并满足其共同利益需求的职责。第三，提供公共服务的对象是公民而不是顾客。新公共服务的提倡者认识到，政府与公民的关系和商人与顾客之间的不同，公共利益产生了关于价值共享的对话，而不是个体私利的集合，强调和公民以及在公民之间建构一种协作与信任关系。第四，政府责任的复杂性。不能简单地定义政府的责任和义务，政府的责任并不简单，包括法律责任、道德责任、经济责任等各方面，其基本理念就是：政府在一切情况下，都应该能够为了公共利益而为公民服务，政府是公共利益的引导者、服务员和使者。第五，重视人，而不只是重视生产效率。新公共服务理论认为，如果公共组织对所有人给予尊重，与其进行良好互动沟通和合作的话，那么政府的行政效率会更高，政府与公民的互动中，应充分尊重人，关怀市民，这不仅能赢得市民的信任与支持，而且对良好的服务氛围的形成大有裨益。①

新公共服务理论作为一种新的理论选择，更加适合现代公共社会和公共管理实践的需要，这主要因为其更加关注民主价值与公共利益。主要体现在以下 4 个方面：一是它在某种程度上能够替代目前占主导地位的管理主义公共行政模式和传统的公共行政理论；二是它在公共利益、民主、社区等更广泛的框架中植入了效率和生产力；三是它有助于一种新型的以公共利益和公共协商对话为基础的公共服务行政模式的建立；四是它摒弃了新公共管理理论尤其是企业家政府理论的固有缺陷，承认新公共管理理论在改进当代公共

① 相关内容，参见［美］珍妮·V. 登哈特、［美］罗伯特·B. 登哈特：《新公共服务：服务，而不是掌舵》（第 3 版），丁煌译，中国人民大学出版社 2016 年版。

管理实践中的重要价值，同时吸收了传统公共行政的合理内容。

综合考察上述关于公共服务的理论研究发现，随着时代日新月异的发展，政府的职能和作用也在发生变革，政府在公共服务中的职能逐渐由管理社会向服务公民转变，公共服务需求由政府主导为导向转向以公众需求为导向，重视公众的公共利益和公共服务，强调公民和社会力量参与社会治理中，淡化政府的主导作用。公共文化服务法正是基于文化权利论和公共服务理论，保障公民的文化权利，规范政府的公共文化服务。还有一些公益性、社会性文化机构，如图书馆和博物馆，也需要专门的法律加以规范，它们也构成了文化事业法的一部分。另外，文化事业法除了公共文化服务法以外，还包括对一些文化项目规划、传统文化传承、文艺院团管理等方面的法律规范。

因此，构建文化事业法的规范体系时，公益性、社会性是必须坚守的原则，实践中的公共文化服务和文化事业项目则可采取多种形式，这需要在相关文化事业法律中以促进发展的条款加以规范。政府主导、社会力量参与是完善公共文化服务体系、丰富文化事业发展的必要方式，也是公民文化权利充分实现的必要途径，需要相关的法规对具体实施方式、实施效果加以规制，确保文化权利实现的标准化、均等化，确保公益性和社会性的基本属性不会改变。

四、文化经济理论与文化产业法

文化经济理论是从经济学基础理论中发展出来的，以文化需求和文化供给等基本经济学概念为基础，对二者的关系变化加以分析，并形成文化产业理论。文化产业法正是对文化产业的规范、促进和治理，在基本属性上属于经济法范畴，是国家对经济宏观管理的重要组成部分。

（一）文化需求、文化消费与文化产业

文化需求是人们旨在满足各种精神生活需要，通过一定的量表现出来的对文化产品和商品的要求。文化需求无论从其作为人的本质的一种自我确证，还是作为人类社会生产的精神现象来看，它既是人的自身发展的必然表现形

态，又是社会经济发展的必然产物。人们的生活需要随着社会的现代化发展，不同开支所占比重出现了变化，其中用于享受和发展需要的文化开支部分呈现逐步上升趋势，而用于生存需要的开支部分呈现逐步下降趋势。这说明文化需求正日益成为人们生活中的普遍需要，衡量一定文化区域现代化程度高低的标准，也逐渐由文化需求量的大小和文化需求品位的高下所决定。现代化的文化需求依据精神需求的构成不同，分为两种类型，即商品性文化需求和非商品性文化需求。前者是文化经济学研究的主要对象之一，它是指可以通过支付一定价格的购买手段，以货币交换方式实现的需求；后者是指无须支付价格就可以实现的需求。

人们文化需求的实现就称为文化消费。文化消费是人类社会发展的一种基本动力心态，它是衡量人类文明存在的一种尺度，是人类社会存在的方式之一。它是对承载于一定物质和服务之上的精神的获取行为，它也是一个过程，是旨在满足人们的精神生活需要，使其通过不同方式享受文化劳务和消费品的一个过程。[①] 文化消费的功能在于它至少可以促进商品的再生产，它是社会生产中必不可少的环节。

文化产业的发展因受到经济全球化的影响，也产生了诸多负面效应和困境难题。资本的无序扩张已经严重地影响了文化产业的健康发展。文化产业的发展需要文化法具有更多的国家法属性，对文化经济进行宏观管理和法律规制，同时还要促进文化产业的发展。在国家治理层面，要加强宏观调控、加强正向引领，在积极开发国内文化消费市场的同时，适度开放国内市场，大力拓展国际文化消费市场。要尽快适应国际文化市场的需要，助力我国文化产品走在世界文化消费市场的前列。从市场角度出发，要建立有利于文化消费的市场激励和刺激机制；从消费者的角度出发，要加强对文化消费者的指导，不断提高其文化消费能力。

---

① 参见孔柳淋：《阿多诺文化工业理论新探：消费者之维的再思考》，载《南京理工大学学报（社会科学版）》2022 年第 4 期。

（二）文化产品与文化经济

从整体上看，文化是满足人类物质文明和精神文明需求的产物。这种文化产品在社会发展的过程中表现为商品化，不断流通。文化产品具有社会实践的性质，与社会现实脱节的文化产品最终会被淘汰。文化因素一般都凝结于人们最基本的日常生活之中，文化产品流通的基础正是文化因素所蕴含的普遍性。人们在一定的社会文化基础下，选择相应的生活方式，建立和完善一套相应的社会文化制度。其实，自然也并不是一个与人类完全分离的独立客体，而是一种被人类赋予了一定意义、贯穿着精神脉络的社会存在。整个人类的生产系统就是一个充满文化意图的领域。人与自然的关系包括人与人的关系，人与人的关系也是人与自然的关系，这是由自然性与社会性的统一决定的。人类经济发展的过程具有自然属性和社会属性。它既真实又具有象征意义。因此，物质生产既是客观的、实用的，同时也带有文化意义；文化范畴既是抽象的、自我控制的，也有其物质基础。

一般来说，经济决定文化的发展，它是文化的基础。文化作为上层建筑，影响着人类社会的发展。文化与经济存在共生关系，体现为二者的产生和发展的过程。马克思指出，思想、观念和意识的产生，本来是与人的物质活动直接交织在一起的，与现实生活的语言直接交织在一起的，与人的物质交往直接交织在一起的。它们是人的本质存在的体现，文化和经济是人类作为自然界本身的一部分，这是在维持和繁衍自身生命存在所必需的消费品的历史过程中产生的必然结果。

文化和经济都有其自身的结构，两者正在共生的基础上走向融合。例如，农耕式文化对应自然经济，工业文化对应工业经济。经济结构的每一次质的革新都必然伴随着文化结构的革新。同理，每一次人类文化思想的解放和提升，都必然推动经济结构的变化，两者是一一对应的。

历史文化和经济结构两者共生，相互影响，前者推动后者，后者改变前者，二者逐渐融合为一个整体。在现代社会，商品增加了更多的文化符号和价值，体现了以人为本的理念，既形成了文化商品的产业链，也形成了工程、美学等学科的融合。一切关于知识与美的精神文化创造会在精神文化消费需求实现对物质消费需求的本体超越时产生，在获得了财产与财富的价值认同的同时，将发展为追求文化的经济价值的文化产业。由此，最终将形成文化与经济在新的意义和层次上的融合。

文化经济作为一种新型经济，它是建立在科技高度发展、人文精神和知识不断更新基础之上的，它从本质、功能、地位和作用等方面准确揭示了人类社会未来发展的新趋势和新动向。文化经济作为农业经济、工业经济和知识经济的后续发展阶段，其迅猛崛起标志着人类社会发展到了新阶段。文化经济是一个代表全新文明、具有鲜明时代特征的发展阶段，其主要的外在特征表现为人文精神和知识技术的有机结合。

文化经济学作为一门新兴学科，离不开社会的进步与发展。国际上文化经济学权威杂志《文化经济学》将文化经济学定义为：它是一门将经济学分析方法应用于所有公共和私营的创作艺术、表演艺术、文化遗产和文化产业的学科。文化经济学的出现标志着文化与经济学的融合与发展。它关注文化部门的经济组织以及文化生产者、消费者和政府部门的行为，其研究主题的范围广泛，包括主流和新兴的经济学、福利经济学、新古典经济学、公共政策和制度经济学。文化经济学一般包括五个方面的内容：文化在经济发展中的地位、文化资本的可持续性、文化产品的生产和文化产品的消费、文化产品的价值和文化遗产的分析。

（三）文化经济管理与文化产业法

世界各国政府基于自身的政治和经济需要，通过不同的文化经济法规和政策建立起了不同的文化经济管理体制。西方国家的文化经济管理体制可以归纳为三种管理模式，即美国模式、日本模式和法国模式。

美国模式，即以美国为代表的文化经济管理模式，其主要特征可以概括为分配资金、提供服务。1965 年、1976 年，美国先后通过国会立法，成立了国家艺术基金会、国家人文基金会和博物馆学会，作为主要负责对相关文化团体和个人资助的联邦政府的文化机构，其中主要包括非营利性的文化团体和个人，其自主数额虽小但象征意义较大。政府对文化并不直接干预，政府机构的设置中也设有文化部。各级地方政府下设各州郡文化艺术委员会，它们各自独立，且以民间形式存在，对文化艺术团体的行政或业务都不直接管理。

日本模式，即以日本为代表的文化经济管理模式，其主要特征可以概括为直接扶持，间接管理。日本中央政府对都市文化的扶持和管理主要通过行政预算拨款的形式，实行优惠税制和实施文化法制等方式进行。

法国模式，即以法国为代表的文化经济管理模式，其主要特征可以概括为大权集中，有序管理。几个世纪以来，法国一直保持着文化大国的地位，其文化十分发达。“二战”后，法国政府成立了文化部，作为集中管理全国文化事业和文化事务的中央机构。在每个大区文化部又会设立一个派出机构，即“文化事务管理局”；同时，每个大区也会选举成立一个文化部门来管理文化事务。由此可见，法国政府自上而下地建立了较为完善的文化管理机构。除此之外，法国政府还十分重视文化事业的发展，建立了较为完善的政策扶持资金投入机制。

我国的文化经济管理体制经历了一个历史过程的转变，即从计划经济下的行政指令性管理体制转变为市场经济下的新型文化经济管理体制。新中国成立后，我国适用的是行政指令型文化管理体制，主要是由各级政府及主管行政部门管理文化产业的运行，其主要通过指令性计划和行政手段进行调节。党的十一届三中全会以后，文化经济管理体制的改革逐步随着经济体制的改革而全面推开。在改革进程中，为了指导文化经济领域的改革，党和政府适时制定了一系列的规定和条例。在社会主义现代化的大背景下，文化经济正在走向社会新格局的进程被加快了，这是被文化产业同国民经济的其他产业的联结渗透所影响的。①

---

① 参见王曙光、雷雪飞：《中国文化产业发展：打造强大文化资本的模式创新与制度支撑》，载《艺术评论》2020 年第 2 期；蔡晓倩：《改革开放以来中国文化治理的历程考察与经验启示》，载《理论导刊》2021 年第 6 期；陈希颜、陈立旭：《改革开放以来我国完善文化政策的实践与历程》，载《观察与思考》2021 年第 8 期。

基于文化经济理论和文化经济管理的实践，文化产业法律规范体系具备坚实的理论与实践基础。如同其他经济法一样，国家法是文化产业法的基本属性，需要体现国家意志、进行宏观管理，加强意识形态引领。规制与促进是文化产业法的基本功能，也成为两种基本类型。与其他经济法律的协同一致，是文化产业法所必须具备的法律协调性特征，文化产业法中的反垄断、反不正当竞争、知识产权保护等相应法律规范与各个对应的单行法律一定是相互一致、相互协调的，不应出现法律冲突。

当前，迫切需要尽快颁布“文化产业促进法”，对我国文化产业的性质、定位和发展方向以法律的方式进行制度化规定。需要整合各类关于文化产业的行政法规，形成系统性、整体的法律规范体系。对文化产业发展中出现的问题，如垄断问题、混业经营问题、不正当竞争问题、权利保护问题等，需要出台专门法规或进行司法解释加以规范。

第二章　文化法的实践基础

摘要：中国的国情和文化发展的现实基础和实践要求是文化法的实践基础。文化法是国家意志的体现，民族复兴也是文化复兴，传承弘扬中华优秀传统文化需要文化法治。在国家治理体系中，文化治理需要文化法治。文化法为公民文化权利的实现提供法律保障。文化产业的健康发展也需要文化法进行规范和促进。

关键词：实践基础　国家意志　文化自信　文化安全

文化法的实践基础包括两个方面：一是我国实现民族复兴和优秀文化传承，坚定文化自信和建设社会主义文化强国，满足人民群众日益增长的文化需求和充分保障公民文化权利的发展实践和发展要求；二是文化治理的实践需求以及文化活动的实践经验积累，如文化产业的快速发展，对文化市场的规制及文化资本的节制，文化治理现代化和文化法治建设实践等，这些实践基础既为文化法提供了现实需求，也提供了实现条件。

第一节　国家意志的体现

意识形态领导权作为国家意志，需要文化法来体现。社会主义核心价值观的引领贯穿文化法体系，民族复兴与文化传承作为国家意志的具体内容相互促进和相互融合，需要文化法在引领、促进和规范中不断加强文化自信，改进文化治理，构筑文化安全防线，抵御外来的文化侵蚀。

一、民族复兴与文化传承

党的十九大在全面总结经验、深入分析形势的基础上，从经济、政治、文化、社会、生态文明5个方面，制定了新时代统筹推进“五位一体”总体布局的战略目标，作出了战略部署。中华民族的复兴是全方位的复兴，从“五位一体”的总体战略布局来看，中华民族的复兴必然是文化的复兴，文化复兴就需要文化传承。这就使文化发展上升为国家意志，进入国家战略的顶层设计。

中华优秀传统文化积淀着中华民族最深沉的精神追求，代表着中华民族独特的精神标识，是中华民族生生不息、发展壮大的丰厚滋养，是中国特色社会主义植根的文化沃土，是我们在世界文化激荡中站稳脚跟的根基。习近平在中共中央政治局第三十九次集体学习时强调：“我们坚持把马克思主义基本原理同中国具体实际相结合、同中华优秀传统文化相结合，不断推动马克思主义中国化时代化，推进了中华优秀传统文化创造性转化、创新性发展。要坚持守正创新，推动中华优秀传统文化同社会主义社会相适应，展示中华民族的独特精神标识，更好构筑中国精神、中国价值、中国力量。”①

新的时代条件下，要传承弘扬好中华优秀传统文化，深入挖掘其中的价值内涵，进一步激发中华优秀传统文化的生机与活力，为中华民族伟大复兴筑牢深厚文化根基、提供强大精神力量。党的十九届四中全会决议中明确指出，我国治理体系的13个显著优势之中，文化方面的重要优势便是坚持共同的理想信念、价值理念、道德观念，弘扬中华优秀传统文化、革命文化、社会主义先进文化，促进全体人民在思想上、精神上紧紧团结在一起。因此，十九届四中全会给新时代的文化建设提出了一个非常明确的任务，就是要围绕这样的优势构建全民共同的理想信念、价值理念和道德观念，这既是我党执政的优势，也是文化建设的重要方向和任务。党的二十大报告提出，“推进

① 《习近平在中共中央政治局第三十九次集体学习时强调　把中国文明历史研究引向深入　推动增强历史自觉坚定文化自信》，载中共中央党校（国家行政学院）网，https：//www. ccps. gov. cn/xtt/202205/t20220528_ 153992. shtml？eqid = faca0ea1000607a9000000026459f7e0。

文化自信自强，铸就社会主义文化新辉煌”。文化自信是支撑道路自信、理论自信、制度自信的基础，是更基本、更深沉、更持久的力量，是把我国建设成社会主义文化强国和实现中华民族伟大复兴的内在要求。坚持中国特色社会主义文化发展道路，推进文化自立自强对于激发全民族文化创新创造活力，建设社会主义文化强国具有深远的意义。①

同时，文化在国家治理体系和治理能力现代化的全局中，具有非常重要的意义。国家治理体系和治理能力现代化的重要目标就是繁荣中华文化。我国社会主义文化繁荣一般体现为“发达的公共文化服务体系”“繁荣发展的哲学社会科学”“更多优秀文艺作品”“良好的新闻舆论”“优秀传统文化传承体系”“健康向上的网络文化”“现代文化产业体系”等。为了实现文化繁荣，必须推进国家治理体系和治理能力现代化，这是由中国社会主义文化大发展大繁荣的基本经验和文化发展繁荣的普遍的、客观规律决定的。

用法治方式保护与传承文化是现实要求。中国优秀传统文化、革命文化与社会主义先进文化是中国国家治理体系和治理能力现代化的文化根基之所在，也是我们坚持道路自信、理论自信、制度自信的文化基础之所在。② 中华文化是中国的国家治理体系和治理能力进一步现代化的文化根基。中国特色社会主义制度是以马克思主义为指导，拥有五千年文化历史底蕴的中华文化为根基制度。中国共产党从成立之初，就坚定地以马克思主义为信仰，同时积极传承、弘扬优秀的传统文化，并倡导和发展中国的先进文化。国家治理体系就是法治体系，文化治理也一定是文化法治。在文化法治中体现民族复兴和中华优秀传统文化的传承，提高文化治理能力与水平，推进我国文化领域法治建设是文化法的题中应有之义，也是实践需求，更是必由之路。

二、文化自信与文化规制

文化自信是中国共产党领导中国人民传承与发展中华优秀传统文化、革

---

① 参见王学斌：《推进文化自信自强　建设社会主义文化强国》，载《旗帜》2023 年第 5 期。

② 参见许继红、乔瑞金：《试论当代中国特色公共文化治理的现代化转型》，载《马克思主义与现实》2020 年第 3 期；莫凡、谭培文：《从“国家文化治理”走向“全球文化治理”——中国化马克思主义的跨意识形态传播问题研究》，载《理论学刊》2020 年第 4 期。

命文化与社会主义先进文化的坚定信念和重要动力。党的十八大提出的社会主义核心价值观，是我国社会主义文化的灵魂，也是我国软实力建设的重点，更是我国坚定文化自信的核心内容。将社会主义核心价值观融入整个文化立法的过程中，特别是文化产业促进立法，有助于增强中华民族的文化自信。党的十九大强调"文化是一个国家、一个民族的灵魂""意识形态决定文化前进方向和发展道路"。价值观是文化最深层的核心，价值自信是文化自信最重要的体现。只有坚持以社会主义核心价值观为引领，使之在意识形态领域占据主导权，才能确保文化法治建设朝着正确方向发展和完善，才能推动文化事业和文化产业的繁荣发展。

文化自信与培育和践行社会主义核心价值观有着密切的联系。文化的核心是价值观，文化自信的核心和灵魂在于核心价值观。核心价值观决定着文化自信的前进方向和发展道路。任何一个国家的文化都内含某种特定的价值观念，体现了其尊崇的价值准则，其对于国民文明行为与文明习惯的形成至关重要。

国家治理体系和治理能力现代化的重要成果之一是文化自信。中国治理体系中的13个显著优势是我们道路自信、理论自信、制度自信和文化自信的基本依据。我们坚持文化自信，不仅因为中华优秀传统文化在历史长河中所展现的持久生命力，更是因为由中华优秀传统所支撑起来的中国治理体系和治理能力在现代化的发展过程中展示的强大无比的生命力。

社会主义核心价值观是文化法治建设的精神意蕴和价值导向，当然成为文化法治建设与发展的目标，是我国文化法律制度建设的价值引领。以"富强""民主"价值观引领文化产业法制与公共文化服务法制建设。[①] 营利性的文化产业不能任由资本"野蛮生长"和市场"无序竞争"，需要用文化法治贯彻社会主义核心价值观加以引导，用文化法治规范资本行为和市场行为；公益性的文化事业（主要是公共文化服务）需要用文化法治加强保障，实现公民的文化权利。在文化法治中，文化自信和文化规制实际上是一个问题的

---

① 参见许继红、乔瑞金：《试论当代中国特色公共文化治理的现代化转型》，载《马克思主义与现实》2020年第3期。

两面，体现了对立统一性，文化自信是文化法律规制的内核，文化规制是文化自信以文化法治为形式的外在表现。所以，完善的文化法治必然具有文化自信和文化规制两种特性。

三、外来文化与文化安全

中华文化不可能孤立地存在于世界之上，必然要与其他文化形态共存、交流和相互影响。因此，就需要通过文化法对外来文化表明立场，加以规范，同时为保护中华传统优秀文化，要对文化安全作出制度性规定。

在交流融合的过程中，我们有必要通过文化法治对外来文化表明立场，加以规范。这既是对中华优秀传统文化的保护，也是对国家文化安全做出的制度性规定。作为人类精神产品的结晶，文化兼具民族性和世界性，既没有完全超越民族文化之上的世界文化，也没有完全游离世界文化之外的民族文化。文化的民族性和世界性意味着任何文化都具有双重性，是共通性与差异性的统一。一方面，由于各民族文化都根植于自身不同的土壤之中，语言系统、概念术语、话语方式、主体感受、价值取向、人生追求等的不同使它们在内容上、形式上具有了各自的特点和标志。在经济全球化进程中，中华文化与其他民族文化进行广泛的接触和交流，必然会产生碰撞、误解与冲突。另一方面，由于文化本身具有的世界性，使它们在接触和交流的过程中，有更多的互鉴、包容与理解。在经济全球化过程中，外来文化通过多渠道、多领域对人们原有的生活方式和消费习惯产生影响，进而对思想观念的变化产生影响，这种影响对于民族文化的核心价值体系而言，是一种挑战，应该值得警醒。

文化安全作为国家安全的一个重要领域，其前提是必须保护传统文化价值。传统文化价值是通过社会领域的道德、宗教、精神、历史等体现的。文化安全是指民族文化身份不受内外部因素的威胁，这种内外部因素存在破坏文化安全根基的可能性。文化安全是国家安全的重要保障，它是国家身份认同和具有国际话语权的基础和前提。[①] 关于文化安全的具体外延，有的学者提出，国家文化安全涵盖 4 个方面，即价值观安全、语言安全、生活方式安全、风俗道德安全。本书认为，文化安全是指一国的“文化特征”“文化主权”（往往表现为主流的价值体系、理想信念、民族精神等观念形态）处于不受内外威胁和相对没有危险的状态，以及持续保持其为安全状态的能力。

在经济全球化的同时，文化传播和文明互鉴的过程中，可能存在文化入侵和文化霸权等外来威胁，因此文化安全的概念被提出来。在国家安全领域，文化可以是国家安全的工具，文化也能成为国家安全的目的。在外交层面上，文化对国家经济发展和政治安全方面的作用影响着外交政策。文化安全还同文化身份存在一定的关系，全球化、移民等因素会对国家的文化身份构建形成威胁，从而可能被感知为“文化不安全”。全球化一方面要求各国人民一起集体解决全球共同面临的问题，另一方面也带来了更多的冲突和矛盾以及竞争。这样，随之会兴起诸如新殖民主义、反智主义、民粹主义、宗教原教旨主义等议题，文化安全也是其中之一。

文化是一国人民的精神家园。文化安全是国家政权稳固、各族人民团结、精神文明传承的重要保障，是中国国家安全体系的重要内容。维护文化安全是协调推进“四个全面”战略布局的重要支撑，是发展和延续价值观念、民族精神、信仰追求的重要保障，是建设社会主义文化强国的重要基础。

第二节　文化权利的实现

一、文化权利的明确与规范

文化权利不仅是国际法所承认的基本人权，也是宪法和法律所保障的基本权利。[②] 根据《经济、社会及文化权利国际公约》第 15 条第 1 款的规定，

---

① 参见孙英春：《逆全球化趋向下的文化安全与文化治理》，载《浙江学刊》2021 年第 5 期。
② 参见江国华：《文化权利及其法律保护》，载《中州学刊》2013 年第 7 期。

所谓文化权利（culturalrights），是指人人享有的“参加文化生活、享受科学进步及其应用所产生的利益以及对其本人的任何科学、文学或艺术作品所产生的精神上和物质上的利益，享受被保护之利”[①] 等诸项权利的总称。

（一）文化权利的平等与保障

“文化”本身乃是一种人的社会化活动或社会化结果。因为基于人和文化的社会属性，人的文化必定是一种人的社会行为。这种社会行为本质上是一种人的参与活动。无论是科研创造与文艺创新，还是对文化设施与服务的享用；无论是对文化观念与人文价值的传递与表达，还是对文化事务的管理与决策，都是一种人的文化参与，均体现为一种“参加文化活动的权利”。[②] 另外，文化权利的保障与实现，也都离不开权利主体参与文化活动的身份与机会平等。更何况那些所谓“集体性的文化权利”，诸如少数民族文化权利等，其根本目的便是给自己争得一个平等的文化地位，或者说一个平等的发展机会。那么，作为文化权利的制度保障，其制度原则应当首推“平等”。[③] 文化平等权指每个个体或每个群体，特别是处于弱势的个体或群体都有平等表现自己、平等享受文化产品和服务、平等参与国家文化生活的权利。[④] 通过宪法中的诸项文化权利，对公民文化权利的平等保障又可类型化为“文化创作活动的平等支持”“文化设施与服务的平等共享”“文化活动的平等参与”“文化成果的平等保护与发展”，且皆具各自独有的精神义理。[⑤] 首先，平等支持文化创作体现了国家对待公民文化创作活动的基本态度。对研究和创作主体，国家都应一视同仁予以尊重。不得以社会身份、地位、

---

① Art. 15（1），International Covenanton Economic，Socialand Cultural Rights，G. A. res. 2200A（XXI），21U. N. GAORSupp. （No. 16） at 49，U. N. Doc. A/6316 （1966），993U. N. T. S. 3，Enteredintoforce-Jan. 3，1976.

② 参见蔡建芳：《论参加文化生活权利的权利内容与国家义务》，载《法制与社会发展》2011 年第 2 期。

③ 参见杨凡：《公民文化权利的基本义理》，载《云南大学学报（法学版）》2016 年第 6 期。

④ 参见贾宸浩、相焕伟：《宪法上的文化权利：我国文化政策法治化的根基》，载《山东大学学报（哲学社会科学版）》2014 年第 3 期。

⑤ 参见杨凡：《公民文化权利的基本义理》，载《云南大学学报（法学版）》2016 年第 6 期。

种族、性别、信仰、教育程度区别对待之。同时，国家应平等地促进各地区、各领域科研设施和创作条件的改善与发展；或为落后地区科研创作水平的提高适当倾斜物质支持或政策支持，以期实现科研创作领域中的实质平等。其次，平等共享文化设施与服务，要求政府或其他公共权力部门须以平等的理念和手段，保证全体公民都能享受必要的文化设施和文化服务，包括文化机构或组织、文化产品、文化媒体、特定人群的物质文化生活方式及文化遗产等。再次，平等参与文化活动体现了公民平等参与文化事业管理的权利。最后，平等保护与发展文化成果尤其体现了尊重文化多样性、平等保护不同文化群体的诉求。

（二）文化权利的法治保障

文化立法是中国特色社会主义法律体系的一个重要组成部分。中国的文化法律体系是以宪法为核心，以文化法为主要内容，横跨行政法、社会法、民法、经济法、刑法、诉讼法等多部门、多层次的规范体系。据不完全统计，中华人民共和国成立至今，国家已制定了有关文化的法律、法规、规章和规范性文件900余件，已出台的法律有《公共文化服务保障法》《慈善法》《电影产业促进法》《著作权法》《公益事业捐赠法》《广告法》《体育法》《文物保护法》《非物质文化遗产法》等；此外，全国人大常委会还通过了有关文化法律修改决定，如修改《文物保护法》的决定（1991年、2007年、2002年、2013年、2015年）、修改《档案法》的决定（1996年）、修改《著作权法》的决定（2001年、2010年、2012年）；国务院行政法规有《出版管理条例》《互联网上网服务营业场所管理条例》《娱乐场所管理条例》《音像制品管理条例》等；在国务院部门规章和规范性文件中，有文化娱乐类法规228件，新闻出版类法规449件，影视类法规181件。各省、市、自治区人大及其常委会根据各地实际情况制定的地方性文化法规和决定200多件，涉及文化市场、文化遗产、公共文化、图书馆、出版、印刷、书报期刊等诸多方面。从中可以看出我国文化权利立法基本建立起了以行政法为主干，以行政规章和地方性法规为补充的体系。① 从近年来的立法动向来看，文化权利立法力度进一步增强。尽管如此，我们仍不可忽视我国在文化权利立法领域起步晚、发展快、基础相对薄弱的基本现实。

（三）文化权利立法存在的问题

目前我国文化立法相对比较滞后，在大部分文化领域中都缺少相应的法律规范。现有法律规范也多数为行政机关的行政法规、行政规章。因此，文化立法工作中存在立法总量偏少、层次偏低等问题。由此导致，由于立法的不完备，文化保护活动中的各种问题集中显露出来。②

一是文化权利立法滞后且效力层次偏低。据不完全统计，截至目前，我国立法总数约 3.8 万件，在整个立法中文化权利立法仅占 2.7%。不同领域法律在全部现行法所占比例分别是政治领域为 52.1%、经济领域为 31.5%、社会领域为 7.56%、生态环境领域为 7.56%、文化领域为 1.68%。③ 从整体上看，我国文化权利立法总体上比较滞后，相关内容散见于一些单项的法律、法规、规章中。从文化权利的立法实践来看，文化权利立法多数为行政规章、地方性法规及规范性文件，有效政策未上升至法律层面，法律、行政法规数量偏少，法律效力层次偏低。同时，由于缺乏上位法的规定，下位法的制定处于无序或混乱的状态，最终导致规则立法的权威性和规则的稳定性受到冲击，与当前文化管理实践极不适应。

二是文化权利立法体系不完善。文化法律法规在文化建设中发挥着基础性与全局性的作用，是中国特色社会主义法律体系中必不可少的重要内容。但是目前我国文化方面的立法较分散，规划缺乏前瞻性，没有对国家文化发展的宏观总体考虑，而是有需要则制定。通过国家立法机关制定的法律数量比较少，大多为部门规章、政策性文件，甚至只是社会团体制定的规范性文

① 相关内容，参见何佩：《我国公民文化权利保障立法研究》，中南林业科技大学 2017 年硕士学位论文。

② 相关内容，参见何佩：《我国公民文化权利保障立法研究》，中南林业科技大学 2017 年硕士学位论文。

③ 参见章可：《我国文化立法的路径探究》，载《学习与实践》2013 年第 8 期。

件，使我国目前的文化权利立法体系出现了文化基本法的欠缺、立法不协调等问题。

三是文化权利立法内容不完善。由于我国文化权利立法工作滞后，故文化法律的创制落后于社会的实际。我国文化权利立法的内容还存在许多空白和盲点。一方面，因缺少明确的立法指引，我国文化建设无整体性的构建方案，一些与公民文化权益密切相关、必不可少的文化基本法律仍停留在较低的立法层次，文化权利保障立法相对缺失；另一方面，文化权利立法不同于其他领域的立法，文化的发展速度快，特别是随着现代科学技术的不断进步，新的文化现象如雨后春笋般出现。现行立法涵盖面较窄，对新形势下文化领域出现的新问题无法及时解决，造成法律的真空地带。

此外，还存在对文化权利的认知严重不足，文化权利的相关制度不完善，如相关文化财政法规制度未形成体系，文化权利的法律救济制度不完善等问题。

二、公共文化服务的均等化和规范化

公共文化服务是保障公民文化权利实现的有效途径。2016 年 12 月 25 日，《公共文化服务保障法》发布，并于 2017 年 3 月 1 日起实施。《公共文化服务保障法》的颁布和实施使公民的文化权利保障有法可依。《公共文化服务保障法》以保障公民的基本文化需求为目的，规定了政府、文化设施单位，个人、单位及社会组织的责任，以及违法承担的责任，体现了以人为本、公益服务、普遍均等、便利可及和内容多样化服务理念。①

在公共文化服务的均等化、规范化和保障公民基本文化权利方面，我国目前面临思想观念滞后、法律法规不健全、政府资金投入不足、市场管理体制不灵活、投资融资渠道单一等问题。② 其中最为突出的问题表现为以下几个

---

① 参见朱国萍、杨学锋：《〈公共文化服务保障法〉中政府对公民文化权利之责任研究》，载《图书馆研究》2022 年第 3 期。

② 参见邓如辛、周宿峰：《论公民基本文化权利的内涵及保障》，载《学术交流》2014 年第 3 期。

方面。

（一）文化产品和服务供给总量不足

文化产品和服务的供需矛盾是社会主义初级阶段我国政府在文化建设领域将长期面临的一个基本矛盾。保障公民基本文化权利必须建立在文化生产能力极大提高、文化产品和服务极大丰富的基础之上。但是长期以来，多元化的文化供给主体结构没有建立起来，文化产品和服务供给不足的问题没有得到根本解决。①

（二）公共文化产品和服务供给失衡

政府保障公民基本文化权利的重要途径是提供满足公民需求的公共文化产品和服务。目前，我国公共文化产品和服务供给中存在三方面失衡现象：一是城乡失衡。国家文化基础设施建设重点和基本公共文化服务网络覆盖重点均偏向城市，对于农村地区文化事业经费投入、税收优惠、人才支持、资源保护力度明显不足。在推进新型城镇化、城乡一体化发展的过程中，如何弥合城乡文化差距、加大对农村基础文化设施和基层文化组织的支持、切实保障农民基本文化权益成为政府保障公民文化权利的重要内容。二是地区失衡。由于我国改革开放执行的是非均衡的国土空间开发战略，东部地区比中西部地区享受更多的文化政策优惠、财政支持，加上原有良好的文化基础设施和得天独厚的文化发展自然地理环境，形成了东南沿海大城市、东部地区和广大中西部地区差别巨大的“三个文化世界”。东部地区具有一流的国际文化都市、先进的公共文化基础设施、健全的公共文化服务网络，人均文化事业经费较多，人均文化产业增加值较高，与中西部地区拉开了较大差距。三是结构失衡。由于公民需求表达机制不畅通、地方政府财政支出能力有限等问题，地方政府更倾向于提供带动地方经济发展、增加国内生产总值（GDP）的营利性文化产品和服务，加之有些文化产品制作粗糙、科技含量不高、创意陈旧等

---

① 参见王列生：《论公民基本文化权益的意义内置》，载《学习与探索》2009 年第 6 期。

问题，这往往与人民群众的真实文化需求相悖，很难兼顾社会效益和经济效益的统一。

（三）知识产权保护不力

大量优秀文艺作品和高端优质文化服务的涌现是公民实现文化权利的重要内容和目标。大量优秀文艺作品和高端优质文化服务的涌现必然要通过创作激励机制和完善的成果保护制度吸引具有文化艺术天赋的人才从事艺术工作。完善的成果保护制度要求在文化产品上保护公民的知识产权。当前，我国在知识产权保护上面临着知识产权保护意识较为薄弱，以及对盗版侵权问题禁绝力度不够等问题。知识产权保护不力会严重损害文艺工作者和文化企业的创作积极性，从而影响公民基本文化权利的实现。

三、文化权利进一步实现的需求

伴随全球化进程，国家之间综合国力的竞争既包括硬实力也包括软实力。国家软实力注重文化的凝聚力和影响力。基于此，中国政府开启了文化体制改革，促进文化法治建设，以实现文化崛起。文化权利的法律保护正是文化崛起和文化法治建设的核心。

统一立法模式更符合我国当前的国情。结合我国的文化历史演进以及政治、经济发展现状，笔者认为采用统一立法模式更有利于我国文化权利保护法律制度体系的建立。一是我国现行立法体制能够弥补统一立法模式的缺陷。统一立法模式的弊端主要是缺乏对不同情形的差异化对待，而我国立法“一核心、多主体”的特色正好弥补了这一弊端。二是统一立法模式能够充分实现当前我国文化权利立法大框架下的各项立法目标，暗合了我们单一制国家“集中力量办大事”的优势。在我国，单一制的国家结构形式要求地方立法不得与中央立法相冲突，各级地方人大与较大的市分别享有地方立法权，在这一背景下，可以由中央出台一部保护文化权利的基本法，地方各级立法主体根据各地不同的地域特色，依据基本法的要求进一步细化文化权利立法，加强文化权利立法的执行力度，从而避免统一立法模式不够灵活的潜在弊端。

三是统一立法模式是立法体系化、制度化、统一化要求的集中体现。四是统一立法模式有助于加强文化权利立法方面的国际交流与合作。世界上多数国家和国际组织都采用了统一立法模式来保护文化权利，我国采用此模式顺应国际潮流，能够促进国际的交流与合作。

第三节　文化产业和文化市场

一、文化产业的快速发展

根据国家统计局发布的《文化事业繁荣兴盛文化产业快速发展——新中国成立70周年经济社会发展成就系列报告之八》《2022年全国文化及相关产业发展情况报告》以及对于全国规模以上文化及相关产业企业监测调查数据显示，自2003年文化体制改革试点到全面展开，我国文化产业从探索、起步、培育的初级阶段，进入快速发展的新时期，虽受疫情影响出现短暂增长减缓或下降，疫情后迅速恢复快速发展。[①] 具体表现为：

一是文化经济总量明显增加。2018年我国文化产业实现增加值38737亿元，比2004年增长10.3倍，2005—2018年文化产业增加值年均增长18.9%，高于同期GDP现价年均增速6.9个百分点；2020年全国文化及相关产业增加值为44945亿元，较2019年增长1.3%；2021年全国文化及相关产业增加值为52385亿元，较2020年增长16.6%（未扣除价格因素）。文化产业增加值占GDP的比重由2004年的2.15%、2012年的3.36%提高到2018年的4.30%、2020年的4.43%、2021年的4.56%，在国民经济中的占比逐年提高；从对经济增长的贡献看，2004—2012年，文化产业对GDP增量的年平均贡献率为3.9%，2013—2018年进一步提高到5.5%。[②] 随着各类文化市场主

① 《文化事业繁荣兴盛文化产业快速发展——新中国成立70周年经济社会发展成就系列报告之八》，载国家统计局网，http：//www.stats.gov.cn/sj/zxfb/202302/t20230203_1900392.html。

② 《文化事业繁荣兴盛文化产业快速发展——新中国成立70周年经济社会发展成就系列报告之八》，载国家统计局网，http：//www.stats.gov.cn/sj/zxfb/202302/t20230203_1900392.html。

体发展壮大，我国文化及相关产业规模持续扩大，2022 年，我国文化产业实现营业收入 165502 亿元，比 2021 年增加 1698 亿元，增长 1.0%；2022 年年末文化产业资产总计为 315945 亿元，比 2021 年年末增加 18451 亿元，增长 6.2%；文化产业实现利润总额 12707 亿元，比 2021 年增加 341 亿元，增长 2.8%，利润率为 7.7%，比 2021 年提高 0.2 个百分点①。2023 年上半年，文化企业实现营业收入 59357 亿元，按可比口径计算比 2022 年同期增长 7.3%；文化企业资产总计 187927 亿元，比 2022 年同期增长 7.7%；2023 年上半年实现利润总额 4785 亿元，比 2022 年同期增长 35.4%；营业收入利润率为 8.06%，同比提高 1.67 个百分点。② 文化及相关产业规模持续扩大，资产总量保持增长并实现利润平稳增长。

二是文化市场繁荣发展。2018 年年底，全国共有各类艺术表演团体 17123 个，为 1978 年的 5.4 倍；艺术表演场馆 1236 个，为 1978 年的 1.1 倍；2018 年全国艺术表演团体从业人员 41.6 万人、演出 312 万场次、全年演出收入 152.3 亿元，分别比 2012 年增长 72.0%、131.5% 和 137.4%，演艺市场规模呈现井喷式增长③；至 2022 年年末，各类艺术表演团体 19739 个，比 2021 年年末增加 1369 个；艺术表演场馆 3199 个，比 2021 年年末增加 106 个，是 2018 年的 2.5 倍；全国艺术表演团体从业人员 41.52 万人，比 2021 年年末减少 3.81 万人；全年演出 166.07 万场次，比 2021 年下降 28.6%；全年演出收入 80.95 亿元，较 2021 年下降 28.4%。④ 艺术表演团体演出受疫情影响较大，但疫情过后文化市场快速恢复繁荣发展，文化消费也大幅攀升。中国演出行业协会发布的数据显示，2023 年前三季度，全国营业性演出达 34.24 万场次，较 2022 年同期增长 278.76%；演出票房收入 315.41 亿元，较 2022 年同期增

① 《2022 年全国文化及相关产业发展情况报告》，载国家统计局网，https：//www.stats.gov.cn/sj/zxfb/202306/t20230629_1940907.html。

② 《2023 年上半年全国规模以上文化及相关产业企业营业收入增长 7.3%》，载国家统计局网，https：//www.stats.gov.cn/sj/zxfb/202307/t20230728_1941597.html。

③ 《文化事业繁荣兴盛文化产业快速发展——新中国成立 70 周年经济社会发展成就系列报告之八》，载国家统计局网，http：//www.stats.gov.cn/sj/zxfb/202302/t20230203_1900392.html。

④ 《中华人民共和国文化和旅游部 2022 年文化和旅游发展统计公报》，载文化和旅游部网，https://zwgk.mct.gov.cn/zfxxgkml/tjxx/202307/t20230713_945922.html。

长 453.74%，2023 年以来，全国演出市场延续上行趋势，供给需求旺盛，文化市场活跃。①

三是文化新业态发展势头强劲。文化产品和服务的生产、传播、消费的数字化、网络化进程加快，数字内容、动漫游戏、视频直播、视听载体、手机出版等基于互联网和移动互联网的新兴文化业态成为文化产业发展的新动能和新增长点；2016 年、2017 年，全国规模以上文化信息传输服务业营业收入分别增长 30.3% 和 34.6%，文化创意和设计服务业营业收入均增长 8.6%。② 随着国家文化数字化战略的深入实施，以数字化、网络化、智能化为主要特征的文化新业态行业快速发展，已成为推动我国文化产业高质量发展的重要支撑。2022 年，文化新业态特征较为明显的 16 个行业小类③实现营业收入 50106 亿元，比 2021 年增长 6.7%，增速快于全部文化产业 5.7 个百分点。文化新业态行业营业收入占全部文化产业营业收入的 30.3%，占比首次突破 30%，比上年提高 1.6 个百分点。④ 2023 年文化新业态特征较为明显的 16 个行业小类实现营业收入 23588 亿元，比 2022 年同期增长 15.0%。⑤

四是文化产业集群趋势明显。随着文化体制改革的不断深入，我国文化产业集群化发展特征日渐明显，许多有竞争力和实力的规模以上文化及相关

---

① 《今年前三季度全国演出票房收入 315.4 亿供需两旺》，载新华网，http：//www.news.cn/fortune/2023－11/21/c_1129985216.htm。

② 《文化事业繁荣兴盛文化产业快速发展——新中国成立 70 周年经济社会发展成就系列报告之八》，载国家统计局网，http：//www.stats.gov.cn/sj/zxfb/202302/t20230203_1900392.html。

③ 新业态特征较为明显的 16 个行业小类是：广播电视集成播控，互联网搜索服务，互联网其他信息服务，数字出版，其他文化艺术业，动漫、游戏数字内容服务，互联网游戏服务，多媒体、游戏动漫和数字出版软件开发，增值电信文化服务，其他文化数字内容服务，互联网广告服务，互联网文化娱乐平台，版权和文化软件服务，娱乐用智能无人飞行器制造，可穿戴智能文化设备制造，其他智能文化消费设备制造。

④ 《2022 年全国文化及相关产业发展情况报告》，载国家统计局网，https：//www.stats.gov.cn/sj/zxfb/202306/t20230629_1940907.html。

⑤ 《2023 年上半年全国规模以上文化及相关产业企业营业收入增长 7.3%》，载国家统计局网，https：//www.stats.gov.cn/sj/zxfb/202307/t20230728_1941597.html。

产业企业（以下简称文化企业）[①] 数量大幅增加，文化产业园区和基地规划建设稳步推进；2018 年，全国文化企业共计 6.0 万家，比 2012 年增长 64.3%，2013—2018 年年均增长 8.6%；2022 年文化企业增至 6.9 万家，至 2023 年上半年全国文化企业共计 7.2 万家，是 2018 年的 1.2 倍。2018 年年底，全国共有 10 个国家级文化产业示范园区，10 个国家级文化产业实验园区和 335 个国家级文化产业示范基地，至 2023 年 3 月，全国共有 34 个国家级文化产业示范园区，332 个国家级文化产业示范基地；2022 年 6 月，文化和旅游部编制印发的《"十四五"文化产业规划》明确提出，实施国家级文化产业示范园区（基地）提升计划，到 2025 年国家级文化产业示范园区达到 50 家左右，国家文化产业示范基地达到 500 个左右，[②] 标志着我国文化产业进一步向规模化、集约化、专业化的方向发展。[③]

建立健全现代文化产业法律体系，是弥补现阶段我国文化产业领域立法短板问题的基本要求，是提升文化产业发展法治化水平的重要基础。[④] 近年来，随着我国文化产业治理现代化的不断深化，我国文化产业领域的立法工作取得了显著成绩。然而，我国在文化产业领域的法律体系还不够完善，主要体现在，第一，文化产业领域的立法存在滞后性。我国现行的文化领域法律占全部现行法的比例不到 2%；换言之，我国文化产业领域的立法仍然存在薄弱点问题，不能适应发展相关产业的实际需要，具有滞后性。第二，基础性法律和专门性法律不足。截至目前，并未出台一部正式的、真正的，能够调整文化产业领域各方面关系、使各方面运行有序、可以指导促进文化产业

---

① 规模以上文化及相关产业企业包括年主营业务收入在 2000 万元及以上的工业企业；年主营业务收入在 2000 万元及以上的批发企业或年主营业务收入在 500 万元及以上的零售企业；年营业收入在 1000 万元及以上的服务业企业，其中交通运输、仓储和邮政业，信息传输、软件和信息技术服务业，水利、环境和公共设施管理业的年营业收入在 2000 万元及以上，居民服务、修理和其他服务业，文化、体育和娱乐业的年营业收入在 500 万元及以上；未达到上述标准的为规模以下文化及相关产业企业。

② 《文化和旅游部关于印发〈"十四五"文化产业发展规划〉的通知》，载文化和旅游部网，https://zwgk.mct.gov.cn/zfxxgkml/cyfz/202106/t20210607_925033.html。

③ 《文化事业繁荣兴盛文化产业快速发展——新中国成立 70 周年经济社会发展成就系列报告之八》，载国家统计局网，http://www.stats.gov.cn/sj/zxfb/202302/t20230203_1900392.html。

④ 相关内容，参见郭云娇：《我国文化产业治理现代化研究》，河北师范大学 2022 年硕士学位论文。

发展的基础性法律，与之相配套的文化产业专门法律数量偏少。第三，缺少文化产业管理的专门法律。从目前来看，我国对文化产业的管理仍处于依据政策法规和部门规章进行管理的阶段，具有权威性、行之有效的文化产业管理的法律法规还未确立，由此就会导致管理界限不明确、管理“缺位”和管理“越位”的问题，不利于形成文化产业多元主体合作协商共治的模式。这说明我国的文化产业立法还处于初级阶段，文化产业法律体系还不健全，缺乏基础性、全局性和高层次的法律法规。“十三五”时期和“十四五”时期的发展规划中，都明确强调了必须充分发挥文化产业的治理性功能，加强其对经济社会发展的带动作用。总的来讲，文化产业立法滞后和法律体系不健全等问题，与“十三五”时期和“十四五”时期对文化产业的发展要求不符合，在一定程度上影响着我国文化产业治理法治化水平，影响着我国文化产业的稳定发展。①

二、文化市场的规制需求

文化市场的发展有其内在规律，文化事务亦具有根源于社会的自由开展的性质，所以国家的有限干预与价值引导不可能取代社会与市场的基础作用，应让市场自由地发展，社会自由地形成，社会文化主体与市场主体可以自行发展的，国家不应越俎代庖；如果社会文化主体与市场主体无法自行发展，国家则应适当介入，给予引导和扶助。我国文化产业的发展与政策推动的作用息息相关，但必须认识到，就长远发展而言，法律的促进是更为重要、基础的方式，有利于构建良好的文化市场制度，形成稳定的制度化、规范化的文化市场秩序，让文化市场主体能够依据法律作出合理的预期和判断，有利于提高文化市场主体参与文化创造和消费的积极性，其推动效果要远远优于政策推动的方式，且其决策失误的成本更低，对文化市场的负面影响更小。法治手段是文化市场管制的必然要求。

法律法规的制定对公共文化服务市场化进程的有效推进同样具有重要意

---

① 相关内容，参见郭云娇：《我国文化产业治理现代化研究》，河北师范大学 2022 年硕士学位论文。

义，近年来颁布了许多文化产业的政策，但是目前我国尚未有一部关于公共文化服务市场化的现行法律法规，因此建立健全公共文化服务的法律法规是亟待解决的重大问题。从现实情况来看，公共文化事业单位改革具有相对滞后性，大部分政策的制定和执行是由多个部门分管的，加上地域和行政隶属关系等原因，阻碍了政府社会公共文化职能的发挥。由此看来，有必要制定文化事业发展的政策和法规，将所有与公共文化事业发展相关的法律法规进行整合，形成一套系统的公共文化服务的法律法规，从而保障公共文化服务市场化的正常推进。①

因此，政府干预经济的手段必须转为法律手段，政府干预文化市场的政策必须法律化，形成以“法律为基础，政策为补充”的管制模式，这是改善我国文化市场管制方式的必然选择。

三、节制资本的需要

（一）文化生产控制力及其控制模式

文化生产的控制植根于文化产业所关联的政治、经济的利益动力中。控制的力量既有以国家为代表的并常常被表述为社会权力的体制权力，也有通常以利益形式得到表达的阶级权力。控制的方式既有直接显露的法律威严，也有隐含的话语权力，更有现实的功利诱惑与权衡。控制的对象既包括生产者，也包括消费者；对于前者，主要是通过对文化产品的直接控制达致的；对于后者，则主要是以对文化产品意义附加的意图控制实现的。这些不同的社会力量的互动造就了文化生产的结构化状况，并由此产生了文化生产控制的两大基本力量：制度权力和资本权力。②

文化生产的资本控制，首先表现为对文化生产所有权的控制。有资料表明，最大的 4 家美国报纸公司，控制了大约全美 1/4 的报纸流通量，而最大

---

① 参见陈莹：《我国公共文化服务市场化中的政府规制研究》，载《青年与社会》2015 年第 28 期。

② 参见陈庆德：《文化生产的双重控制》，载《湖南师范大学社会科学学报》2007 年第 3 期。

的 20 家美国杂志公司的年收益则是杂志界总收益的一半。[①] 在文化生产是由文化工作者直接进行的这一基本事实上，从文化生产中受益最大的主导控制群体，其获益方式并不必然是对权力的直接使用，而受控者或边缘群体也并不必然被排除对文化生产机制的参与。但是，资本基于对文化生产所有权的控制，建立起一套无所不在的、极具渗透力的体系，把文化生产植入社会的日常生活中，建构了现实文化生产的实际权力。资本控制的集中化，加大了文化生产"一体化"的可能性。例如，在这种资本的集中化控制下，传媒产品可以轻易地从这一媒体转移到另一媒体，由文化生产所有权联系而建立的生产联系，使在一个资本控制下的几种媒体的生产与营销同时得到了相互加强。这样，资本对文化生产所有权的控制所带来的文化生产的组织集中化，不仅是经济利润在资本垄断保护伞下的集合，更重要的是，这种趋势实际上重组了不同文化产品之间，以及整个文化生产总体商业组织的关系结构。可以说，现实文化的生产在根本上正是由资本权力控制的这种制度化模式所塑造的。[②]

（二）现今文化资本控制的典型——文化娱乐产业的资本控制

各媒体相继报道的劣迹艺人事件的负面新闻层出不穷，劣迹艺人产生的根源在于资本对娱乐产业的过分控制。在资本控制娱乐产业的情况下，艺人的产品及艺人本身都被商品化。资本只关注艺人市场的价值变现，很少会思考艺人个体发展的真实现状，只在乎怎么获取利益。在这种氛围之下，艺人无法得到很好培养，劣迹艺人及其劣迹事件报道频繁出现。

1. 资本对娱乐产业过分控制的表现

一是文化娱乐产业混业经营趋势加剧。经过 20 余年的发展，文化娱乐产业的经营模式在投资、制作和经纪方面出现了集中的趋势，随着资本的不断介入，经营规模逐渐庞大，资本控制了当前文化娱乐产业发展的走向。"投制经合一"（投资、制作和经纪）的混业经营模式趋向主流，容易导致资本控制

---

① 相关内容，参见［美］罗伯特·G. 皮卡德：《媒介经济学：概念与问题》，赵丽颖译，中国人民大学出版社 2005 年版。

② 参见陈庆德：《文化生产的双重控制》，载《湖南师范大学社会科学学报》2007 年第 3 期。

文化娱乐产业的局面，形成几家独大的市场格局，出现垄断市场和文化产品的情况，对我国文化娱乐产业的健康发展产生较大危害，也是劣迹艺人产业的根本原因。

二是艺人经纪运作生硬照搬资本主义市场模式。目前国内娱乐市场存在的艺人经纪运作模式多是照搬资本主义娱乐市场的运作模式而来。“艺人经纪 + 内容制作”模式是资本主义娱乐市场的传统模式。在这种模式下，公司与艺人签订长周期、全约协议，以工业化经纪模式对艺人进行包装定位、宣传、造型、商务代言等全方位打造，产出所谓的“一线明星”。“练习生标准造星流水线模式”起源于日韩的练习生培养模式。在这种模式下，娱乐公司定期在全国范围内选秀，根据新人的条件对其进行培训，按照市场的需要打造成具有人气的偶像团体，通过音乐制作与推广、商业演出、品牌代言、影视表演等形式获得高额回报。“泛娱乐 IP 整合营销大平台模式”源自国外传媒和互联网联合资本运作。在这种模式下，互联网大企业成立自己的经纪公司，利用自身在多领域 IP 资源储备方面的优势，为艺人提供多维跨界运营的平台，通过强势渠道保障获取高额利润。“垂直细分型艺人经纪模式”源自国外娱乐市场在垂直领域的细分，出现了直播领域的经纪公司、泛娱乐互联网产品供应商等。娱乐直播营销培养不同类型的网络红人获取粉丝。通过与艺人的深度合作，依托互联网，为粉丝提供包括偶像应援、偶像周边等一系列产品。4 种主要市场运作模式的资本主义特征过分明显，资本导向过分严重。

三是资本方诱导粉丝经济的畸形发展。新媒体时代社交平台的衍生和开放为明星和粉丝打开了沟通渠道，二者的前台互动数据，为艺人经纪工作的开展提供了清晰且具时效的一手资料，可以更加直接地了解粉丝群体的喜好，同时还能知晓艺人当下的状态在文娱市场中的用户反馈。资本方觊觎粉丝群体中的巨量效益，开始通过同媒体平台的合作，散布与艺人的相关消息以炒作粉丝的热情，从而帮助艺人获取更多的关注，榨取粉丝的娱乐消费能力。①

① 相关内容，参见郝芮：《透析艺人经纪的运作模式及行业发展规范》，中国音乐学院 2019 年硕士学位论文。

2. 资本对娱乐产业过分控制对艺人的影响

一是混业经营下急于获得利益，不注重艺人培养。混业经营使这三方成为一个利益联合体，其中投资方占主导地位，因为急于获得超级收益，而着重于挣“快钱”。所以制作方的专业性投入不够，导致高质量专业制作不足，娱乐产品低质量、低品位的情况愈发严重。近年来，国内传统经纪公司意图全方位控制投资、制作和影视作品发行，让艺人和作品按照工业产品的方式进行规模生产，产出大批烂片、烂剧。由于资本过分追求利润，偶像培养过程大大缩水，培养的偶像质量堪忧。网络公司平台对艺人管理不足，导致一批素质低下的“网红”出现。资本方把群众文化需求当成获得利润的来源，通过虚造人设、洗脑营销等方式控制消费者，试图进行全方位的娱乐产品倾销。

二是艺人经纪运作过度倾向资本，缺乏艺人管理的专业性。总体来看，国内大多数艺人经纪公司的运作照搬资本主义市场模式，但在专业化水平方面又有所欠缺。停留在帮助资本快速消费艺人流量的阶段，其业务能力基本局限于根据娱乐市场的需要，签订相应的艺人合约，俗话形容为“吃现成的”，对艺人的价值榨取竭泽而渔。艺人经纪产业没有形成规范的专业培训体系，也没有形成规范的管理制度。只注意提高知名度，过度炒作和博人眼球等机制使一些艺人和经纪公司对劣迹行为缺乏正确的认识和足够的矫正能力。

三是粉丝成为利润榨取工具，无法与艺人正向互动。粉丝经济的出现，使投资方和艺人经纪公司不再注重专业本身，制作方也产生粉丝热度依赖。粉丝经济的兴起使流量艺人、流量明星带来惊人的利益，“超强带货能力”很大程度上源自粉丝的消费能力，但也滋生了虚假代言、虚假带货的劣迹行为。资本方对粉丝经济的导向，使艺人承受了自己无法承担的粉丝管理压力，如“饭圈非法集资”等情况的出现，使得与资本方捆绑在一起的艺人也成为劣迹的共同实施者。为了保持粉丝和艺人之间的黏性，资本伙同艺人在技术性诱导方面投入成本，通过各种方式在精神上控制粉丝。最终使粉丝群体认知产生偏差，甚至影响三观。

第四节 文化治理实践

一、文化领域的治理

文化治理以对文化的治理为起点，以文化的价值与功能在国家与社会中的彰显为使命，不仅是对文化进行治理，或者为了文化而治理，同时还是通过文化达成国家和社会的全面治理。改革开放以来，特别是党的十八大以来，我国推进文化治理带来的不仅仅是文化本身的发展，更重要的是，随着现代文化治理理念和方式的发展，我国在推动中国特色社会主义文化发展繁荣的基础上，通过文化自信的确立，文化凝聚力、塑造力的提升，以及文化之结构性力量的发挥，进一步集成中国特色社会主义道路、理论、制度的力量，进而推动国家和社会的全面治理。①

我国文化治理所指向和保障的是与社会主义政治、经济、社会、生态领域相并列的体现人们之精神需求、价值期待、思想认知的观念领域。具体而言，文化治理所定位的文化之内容涵括三个层面：一是直接表达人们观念认知的知识、信仰、艺术、道德、习俗、习性等非物质性文化领域；二是间接蕴含人们某种情感需要、思想认知的文化遗址、现代艺术品等物质性文化领域；三是承载着人们价值诉求、精神消费期待的公共文化服务、文化产业领域等。实质上，就中华人民共和国成立70多年来的文化治理实践而言，我们也是在上述意义上指涉文化治理所指向的“文化”。即我国文化治理所涵摄的文化范围主要包括新闻出版、广播电视电影、网络信息、表演艺术、文化遗产、图书馆、博物馆、文化馆、文化娱乐、文化市场、体育、旅游等与公民的精神文化相关的领域。

文化治理是治理理念与方法在文化领域的运用，将治理的方式运用于文

---

① 参见蔡武进：《我国文化治理的理论意涵及现实经验》，载《文化软实力研究》2019年第5期。

化单位的管理或者公民道德素养的提升等。文化治理强调政府、企业、社会组织、公民等多元主体在法律规则保障下共同参与文化建设，打造出稳定有序的文化秩序，实现社会主义文化的繁荣。也就是说，综合运用人民利益导向、多元主体协同发力等治理理念，运用法律规则保障等方式，这是文化治理为了实现繁荣和发展中国特色社会主义文化，营造良好的文化秩序的基本要求。

二、文化治理现代化的现实需要

中国文化治理现代化的过程很大程度上就是文化领域治理法治化的过程，即文化治理必然越来越注重通过现代法治精神及普遍适用的法律规则去规范文化行政主体的权力行为、保障市场和社会的文化创造活动，从而切实满足公民的自我认同，维护每一个公民的文化权利与尊严，回应公民对美好生活的期待。正因如此，改革开放以来，特别是党的十八大以来，我国文化立法得以快速发展。党的十八大之后，除已有的《著作权法》《档案法》《广告法》《非物质文化遗产法》等文化法之外，我国又陆续出台了《旅游法》《公共文化服务保障法》《公共图书馆法》等文化专门法。2019 年 6 月《文化产业促进法（草案)》公布，公开征求意见。可以说，随着我国文化法治建设的深入推进，我国文化治理必将迈入现代化的新时代。这是因为文化法治建设与文化治理有着密切而现实的联系。

其一，文化法治建设是推进文化体制改革，提升文化治理能力的基本力量。中国文化体制仍带有计划经济的深重烙印，严重阻滞了社会主义文化的发展。只有通过文化法治建设，构筑程序严密、权责明确、方式科学的文化管理法律制度，形成鼓励竞争、规范运营、“激励创新发展的文化产业法律体系”,[①] 建立回应民众诉求、推进治理机制现代化、促进竞争参与的公共文化服务法律体系，才能建立健全适应社会主义文化发展需要的现代文化体制。与此同时，也唯有构筑起系统的文化法律制度体系，才能在引导这些文化领

---

① 蔡武进、彭龙龙：《法国文化产业法的制度体系及其启示》，载《华中师范大学学报（人文社会科学版)》2019 年第 2 期。

域的权利行动、规范权力行为的基础上，在推动中华文化传承、创新、发展的过程中，全面推进文化在国家治理过程中价值与功能的发挥。

其二，推进文化法治是提升主体文化自信及文化治理行动能力的重要举措。一方面，近代中国发展的滞后，对人们的文化自觉与文化自信造成了极大冲击；而科学的文化法制体系之建立，促进社会主义文化发展繁荣的法治环境之形成，无疑是加强文化权利保障，促进文化自信和文化自觉之提升的重要途径。另一方面，我国文化治理法律机制建设能够在形成价值导向机制和制度保障机制的基础上，促进公民、法人与其他组织参与文化治理活动的积极性与自觉性，进而对文化治理之主体素养与主体能力的提升发挥重要作用。

其三，文化法治建设是提升我国文化安全维护能力的重要路径。在日益频繁的国际文化交往中，西方国家凭借其先发优势，“借助文化全球化的东风，在不平等交流的基础上”,① 推行文化霸权主义，对我国社会主义文化建设形成了较大的侵蚀与冲击。在此情势下，“推进文化安全法治建设，加强文化安全领域的法治保障，是维护我国文化安全的根本之策”。② 毕竟，只有依托文化法治，特别是文化安全法治，建构起维护中国文化主权的法律制度体系，才能有效回应外来文化侵袭，并在此基础上提升文化开放水平。

---

① 吴明君：《论全球化时代的国家文化主权问题》，载《东华大学学报（社会科学版）》2008 年第 1 期。

② 蔡武进、王蕾：《我国文化安全法治建设的理论进路与现实走向》，载《学习与实践》2019 年第 6 期。

第三章　文化法的基本原则

摘要：文化法的目的在于保护和促进文化的发展，同时确保文化的传承和创新，为社会提供丰富多彩的文化生活。作为规范文化活动和文化法律实践的法律法规，依赖一系列基本原则来确保文化的保护、传承、发展和合理利用。本章从文化法的基本问题入手，阐明文化发展主体、文化权利归属以及文化价值体现等内容。对文化法的基础原则和分类原则予以界定，并分别对文化法的基本原则中的核心价值观原则、社会优先性原则、文化多样性原则、公益性原则、产业促进原则等进行论述。

关键词：文化法　基本问题　分类准则　基本原则

第一节　文化法的基本问题

一、文化发展的主体

文化发展的主体是指那些在文化形成、演变和传播过程中起到核心作用的个人、集体或者机构。这些主体不仅表达、创造、维护和发展文化，同时也是文化互动和传承的参与者。文化发展的主体构成了一个复杂的网络，他们在不同的层面相互作用，共同塑造文化生态。马克思主义认为，人是实践的主体，基于此，文化作为社会实践发展的产物，其演进和发展的主体也是人。“文化主体表现为文化的主体性，也可以被称为主体文化和本位文化。”[1]文化发展在整体的历史截面中，以主流文化为主线，是社会整体风貌和文化特质的写实。人们能够自觉将主流文化置于主体地位，是文化主体意识的表现，是对主流文化自觉自愿的认同。“所谓文化的主体意识就是对本国文化的认同，包括对它的尊重、保护、继承、鉴别和发展等。”[2] 因此，文化的人民性在民族认同的基础上，以具有本民族的特色在延续。随着社会的不断发展，文化的革新和再造也在人民主体意识的影响下，以更加理性和多元的方式向前发展。

我国文化发展的主体是人民，我国文化建设过程中的人民性是其最根本的特征。我国一贯的文化政策和实践强调发挥人民群众的主体作用，尊重人民的创造性活动，保护人民的文化权益，促进文化与经济社会的全面协调发展。通过这种方式，人民不仅是文化发展的参与者，也是受益者。一方面，民众在对本民族文化认知和认同的基础上，天然形成的文化自觉是建构文化发展主体意识的基本前提。在全球化浪潮下，面对各种文化的冲击，我们依旧能够在这种文化自觉的指导下，保有本真和自信，自觉将中华优秀传统文化作为根本精神支撑，自觉抵制各种腐朽文化的震荡，自觉虚心学习借鉴其他民族的优秀文化。我们本着“各美其美，美人之美，美美与共，天下大同”的文化自觉方针对待外来文化，既要汲取中华优秀传统文化和社会主义文化的营养，也要本着开放包容的文明互鉴、文明交流心态。在文化建设的过程中不断满足人民对于精神文化的需求，坚持文化发展依靠人民，为了人民，始终坚持人民的主体地位，这都是社会主义文化发展的意旨。另一方面，文化主体意识还有赖于民众对本民族文化的高度自信。文化自信是文化主体意识发挥的必然要求，只有高度的文化自信才能有文化主体主动的意识发挥，这才是文化发展进步的源源动力。缺少文化自信的民族，文化主体的创造性就会受阻，如果对标中华优秀传统文化，就难以实现创造性转化和创新性发

---

① 周建新、王梁宇：《中华优秀传统文化现代转型与中华文化主体意识建构》，载《河南大学学报（社会科学版）》2022 年第 6 期。

② 楼宇烈：《国学百年争论的实质》，载《新华月报》2007 年第 3 期。

展。因此，坚守中华优秀传统文化的鲜红底色，是奠定我们文化自觉和文化自信的基石，是构建当代中华文化主体意识的保障。

“优秀传统文化是一个国家、一个民族传承和发展的根本，如果丢掉了，就割断了精神命脉。”① 中华文化之所以能在历史的长河中绵延前行，离不开代代相传的华夏儿女在文化自觉和文化自信的支撑下对本民族文化自立自强和繁荣发展的坚守。文化自立自强离不开每一位中国人的文化面貌，每一位中国人都是讲好中国故事、传播好中国声音的使者。在世界文化之林中，能够真正让中国文化枝繁叶茂、林立生枝的是中华儿女的坚守和信仰，我们肩负着将中华文脉赓续传承的伟大使命，同时也为创造人类文明新形态贡献中国智慧和中国方案。

二、文化权利的归属

文化权利是个人和集体享有参与文化生活、表达文化身份、发展和传播文化以及保护和享有文化遗产的权利。这一概念不仅包括传统艺术和文化表达的权利，也涉及科学和教育领域。尽管联合国在 1948 年通过的《世界人权宣言》中将之确认为基本人权之一，并在随后的国际人权法和多项地区人权文件中得到进一步阐述和保障，但“关于文化权利，国际人权专家曾将其称为‘一种被忽视的人权’、人权中的‘不发达部门’，相对于其他种类的人权，文化权利在范围、法律内涵和可执行性上最不成熟。它们的确需要进一步的阐明、分类和强化”②。这种观点的提出并不是在强调文化权利作为一种新的权利需要被认识，而是意在表明文化权利没有受到应有的重视，需要在法律层面为其正名。文化权利作为一项法律权利，其尚未具备明确且完备的法律依据。因此，我们需要对文化权利的法律规范进行梳理和归纳。

我国《宪法》第 47 条规定：“中华人民共和国公民有进行科学研究、文

① 习近平：《从延续民族文化血脉中开拓前进　推进各种文明交流交融互学互鉴——在纪念孔子诞辰 2565 周年国际学术研讨会暨国际儒学联合会第五届会员大会开幕会上的讲话（2014 年 9 月 24 日）》，载《党建》2014 年第 10 期。

② 黄觉、雅努兹·西摩尼迪斯：《文化权利：一种被忽视的人权》，载《国际社会科学杂志（中文版）》1999 年第 4 期。

学艺术创作和其他文化活动的自由。国家对于从事教育、科学、技术、文学、艺术和其他文化事业的公民的有益于人民的创造性工作，给以鼓励和帮助。”应当说，该条款虽未直接就文化权利的内涵做出明确规定，但其本质上是对公民从事文化活动的自由权予以肯定。从内容上看，该条款所规定的对象是文化活动，具体包括科学研究、文学艺术创作和其他文化活动，且其中有关于其他文化活动的概括性规定，也为有关主体进行法律解释留有足够空间。该条款不仅明确了文化权利属于中华人民共和国公民，同时在法律层面对有益于人民的创造性工作给予鼓励和帮助的肯定，包括从事教育、科学、技术、文学、艺术和其他文化事业。需要注意的是，这里的国家“给以鼓励和帮助”，并不是强制性义务，但又有促进文化权利实现的意味。无论如何，文化权利的《宪法》规定，既能够有效地肯定文化权利的存在和所属，又为相关立法活动提供了较为广泛的空间，在法律层面上积极地为文化权利的实现做好必要保障。此外，在《宪法》其他条款中虽然没有明确涉及文化权利，但是也从其他角度对第 47 条进行了有效地拓展和丰富。在宪法的指引之下，文化权利在各项部门法中也有明确的体现，如《著作权法》保护公民的著作权，在促进文学艺术创作和传播方面为文化权利的充分实现创造有利条件。

三、文化价值的体现

“中国社会主义法治文化根源于中华法治文明和中国特色社会主义法治建设伟大实践，摄取于全球法治文明优秀成果。”① 在新时代，推进国家治理体系和治理能力现代化的过程中，文化和法治相互促进，既通过文化浸润推进国家治理进程，又以法治思维解决道德之殇。在此基础上，逐步形成“良法善治”的发展格局，促使法治文化建设以动态化呈现，在规范相关制度和实施过程中更具象且生动。“它是关乎怎样考量国家治理体系是在党领导下管理国家各领域（如政治经济、文化社会等）的有关法律法规的制度体系，其实质是密切联系、相互协调的国家规章制度。这一解释为确定法治与国家治理

---

① 张文显：《法治的文化内涵——法治中国的文化建构》，载《吉林大学社会科学学报》2015 年第 4 期。

的相关性增添了理论依据。”①

文化通过滋养和渗透的方式优化法治传播方式。法治观念、法治逻辑、法治文化在国家治理的各个领域、各个环节和具体实施中不断丰盈，促进法治文化建设深入人心，促使人们的价值理性不断提升，这对全社会的法治文明生态意义重大。在文化和法治融合的过程中，通过文化的传播途径带动了法治文化的进一步发展。随着互联网、电子产品、智能手机、物联网等技术的高度普及，人们通过各种途径接触到多样化的信息，依法经由各种平台和渠道参与到治理的过程中，既有利于提升人们对新时代法治文化建设的认识，又有益于快速提升我国治理主体的素养，认识和实践的双向互动形成促进人们自觉消化和接受法治文化的过程。在建设新时代法治文化的进程中，要不断以文化涵养的方式将法治思维灌输到人民的意识中，强化法治思维本领，理性地依法约束和规范自己的行为。

文化通过淳化和濡染的理念强化法治功能效用。通过构建法治文化的整体框架，促进国家治理生态系统的完善，在文化自然而然影响人们思维的过程中，完成法治思维范式的转化，弘扬协商民主和全过程民主，积极营造民主法治的良好社会氛围，进一步彰显法治文化观念与民众自觉形成的文化素养之间张力，更好地解决社会分歧，发挥法治文化引领社会风尚的积极效应。在这样的要求之下，我们需要明确法制文化在法治文化建设中的重要作用，只有健全的法律制度才能有健康的法治运行，两者之间是相辅相成的关系。因此，我们对文化法的建制就是充实和完善法制体系的一部分，从法律制度方面为法治社会建设继续添砖加瓦，至此形成和发展的法治文化是系统性兼具动态化的功效，推动文化法治的传承和创新，保障国家和人民的文化安全和文化权益。

---

① 李林：《坚持在法治轨道上推进国家治理体系和治理能力现代化》，载《暨南学报（哲学社会科学版）》2021 年第 1 期。

第二节　文化法的法理原则

一、文化法的基础原则

原则是经过长期经验总结得出的合理化现象。文化法的原则是指文化法体系经过长期实践经验发展形成的体现文化法价值理念的法律原则。由此可知，文化法的基础原则也就是它的首要原则，是在长期发展过程中首要考虑的问题。鉴于文化自由是一切文化活动的前提和基础，因此，我们将文化法的基础原则界定为确保公民的文化自由。保护公民的文化自由就是在法律层面上肯定公民作为“行为人”有自己的文化发展权利和文化活动的选择，是文化自由的深层诉求，也就是尊重每个人的自由且全面的发展。

我们将文化自由视为文化法的基础原则，凸显文化法在保障人的文化权利中的重要位置。因为文化自由属于基本人权，无论文化法所要保障的文化权利如何变化，文化自由始终都是其最为核心的权利。从马克思开始注意现实社会时起，他就将目光投向了“自由”，并通过政论处女作《评普鲁士最近的书报检查令》严厉斥责普鲁士王室假借自由主义之手，加剧和重新确认了反动的普鲁士书报检查制度，以更加严苛的内容控制书报出版自由。在此，追溯至马恩时期，他们已经将“自由”作为法律所要保障的问题。时至今日，自由权利和法律之间的张力依旧是人类一直探索的课题。当然，文化自由权也在此范畴之内。因此，在文化法中，“文化自由”在法律层面上看始终是最受争议和最需要考虑的首要问题。

从全世界范围来看，文化自由已经被大多数国家重视，被纳入国家宪法中成为一条基本权利。学术界通常认为最先提出文化自由权的是德国。德国1919年《魏玛宪法》，在其第142条规定，人民享有“艺术科学及其学理的自由”，国家应予以保护并培植。同时，其第118条规定，公民有用语言、文字、印刷、图书馆或其他方法，自由发表其意见的权利。我国《宪法》第47条规定：“中华人民共和国公民有进行科学研究、文学艺术创作和其他文化活动的自由。国家对于从事教育、科学、技术、文学、艺术和其他文化事业的公民的有益于人民的创造性工作，给以鼓励和帮助。”

“文化法是国家保护文化权利、规范文化现象的一切法律规范之总和。”①因此，文化法就是国家意识形态在文化权利保障方面的写照，反映了文化法确立的逻辑起点，即文化权利，进一步来说就是文化自由权。文化法和其他法律的直接或者间接目的是相同的，均以保障权利为宗旨，即使涉及市场调控、行为管制、产业促进等方面，但最终意旨必定将其归结为对公众的权利与利益的守护。在文化产业和文化事业活跃与发达的当代社会，国家有关部门重视文化立法，逐步开展相关研究，并将其视为文化权利能够得到保障的积极反馈。

文化自由更多是指人们的文化活动自由，是指有从事科学研究、文学艺术创作以及从事其他文化活动的自由。这对于现代人来说至关重要，我们对文化的诉求已经不再仅仅是文化的接纳者，我们每一个公民既是文化的享用者，也是文化的创造者，我们有能力要求获得文化自由的权利。文化自由和表达自由之间有着紧密的关系，可以说只有文化自由得到保障，表达自由才能得以实现。我们可以通过多种方式进行文化表达，可以通过人与人之间的口头相传和各种媒介实现。我们在进行文化表达的同时，自觉地或不自觉地采用各种媒介，通过书写、音乐、画画等各种方式进行演绎，凝结而成的就是文化成果，即各种艺术作品和表演。所以，文化自由的外在表达方式就是表达自由，这也是文化创新的重要来源，表达自由意味着文化自由，也可以解释说，文化是表达的结果，所以文化自由也是自由的重要组成部分，是人类全面发展的诉求。在实践中，如没有表达自由，就无从达到文化自由；如反对自由，也等于不要表达自由。因此，各国宪法有关于思想、良心和宗教以及教育自由的规定，也都可以作为文化自由的辅助性保障。

二、文化法的分类原则

关于文化法的分类，学者们站在不同的审视角度自然会得出不同的见解，

---

① 肖金明：《文化法的定位、原则与体系》，载《法学论坛》2012 年第 1 期。

在认识上尚未达成统一。例如，有学者主张，我国文化法的基本原则构想分为四个部分，文化主权原则、文化人权原则、文化和谐原则、文化公序原则；[①] 有学者认为，文化法包括八个基本原则，即为人民服务原则，为社会主义服务原则，尊重文化发展规律、繁荣文化事业原则，保护文化产品生产者、经营者和消费者的合法权益原则，以社会效益为主、经济效益与社会效益统一的原则，以管理促繁荣的原则，政策与法律并重原则以及保护中华民族优秀的传统文化原则；[②] 有学者认为，文化法应包括三项基本原则，即文化权利保障、政府主导与社会参与结合、市场化与政府规制协调和综合效益原则；[③] 还有学者则认为，文化法应包括五个基本原则，文化自由原则、切实公平享用原则、产业促进原则、文化多样性原则以及精神价值优先原则；[④] 又有学者将文化法的原则分为两部分，即"文化形式法治原则"与"文化实质法治原则"[⑤] 等。还有很多学者对此有不同的观点，可谓"见仁见智"，各有所长。

有学者曾说过，"在'文化国'框架下，无论极度破坏固有的文化还是将固有文化奉为至尊都会对文化多元的发展产生相当消极的影响。就前者而言，破坏固有文化会使得国家腐蚀了其本身得以存立的土壤，这也是对人民在文化上自我决定和自我实现的最为严重的侵犯；就后者而言，极力甚至强力推行固有文化，则泯灭了社会上各种文化间平衡和交融的自然发展，这是对土著文化或者弱势文化最为严重的侵犯。因此，在文化国的框架下，法治无疑是对文化政策进行规范的最佳选择"。[⑥] 文化法的基本内容，应该体现"文化"与"法律"的基本关系，即文化权利应该受到法律尊重、文化服务应该受到法律保障、文化产业应该获得法律扶持，文化发展应该得到法律肯定，

---

① 参见石东坡：《文化立法基本原则的反思、评价与重构》，载《浙江工业大学学报（社会科学版）》2009 年第 2 期。

② 参见刘普生、翟中鞠、田国宝：《文化立法之法哲学研究》，载《法商研究（中南政法学院学报）》1997 年第 1 期。

③ 参见肖金明：《文化法的定位、原则与体系》，载《法学论坛》2012 年第 1 期。

④ 参见周艳敏、宋慧献：《文化法学导论》，北京大学出版社 2017 年版，第 27 页。

⑤ 周刚志、李琴英：《论"文化法"：契机、体系与基本原则》，载《江苏行政学院学报》2018 年第 6 期。

⑥ 秦前红：《法律能为文化发展繁荣做什么》，中国政法大学出版社 2015 年版，第 108 页。

文化遗产应该受到法律保护等。这些关系总结起来就是文化需要法律的尊重、保障、扶持、肯定和保护，文化法的基本原则的构建也是从这几方面入手，从而构成文化法体系的基本原则。所以，文化法的基本原则的确立和遵守都是至关重要的。作为对文化活动——人们从事的一切文化事项，尤其是文化市场行为和文化行政行为——进行调控的法律规范，加之对法律行为——尤其是立法和执法的约束，确定文化法的原则体系是文化法有效发挥作用的保障。

文化法作为新兴的法律部门，尚未有统一的法典以供参考，加之文化法规范的分散性，文化法想要发展成为一个相对独立而且完整的法律部门，需要通过行之有效的协调和整合。作为贯彻文化法的规则制定和实施的准则，首要考虑的是其核心法律宗旨，同时要尊重文化现象自身的发展规律、合乎公共管理的原则、遵守产业与市场准则，并需要体现一定时期的文化政策和价值目标。因此，我们在这里将文化法的分类标准按照层次性和社会性标准进行综合论述，将其概括为：以基础原则为首要，核心价值观原则、社会优先原则、文化多样原则、公益性原则、产业促进原则为基本的原则体系。

第三节　文化法的基本原则

我们认为文化法的基本原则包括以下五个方面，即核心价值观原则、社会价值观原则、文化多样性原则、公益性原则、产业促进原则。

一、核心价值观原则

核心价值观原则建立在我国社会主义发展的主旋律基调上，文化建设的方向一定要遵循社会主义发展规律，文化法所遵循的核心价值准则也是坚持社会主义发展方向不动摇。坚定不移把握文化强国建设的核心，在新时代新征程中实现社会主义核心价值理论与实践创新的双向互动。当然，文化法作为调整文化发展相关事项的法律规范更应该遵循社会主义核心价值观的要求，避免文化发展方向的偏颇，在中国式现代化进程中洞明文化法发展的逻辑进路。

党的十八大以来，社会主义文化建设就一直受到党中央的重视，在意识形态、文化发展方向等方面牢牢将主动权握于手中，把握全民文化建设动态，继续推进培植社会主义核心价值观，大力推进文化事业全面繁荣和文化产业快速发展，为实现中国梦助力文化软实力支撑。党的十九届四中全会审议通过的《中共中央关于坚持和完善中国特色社会主义制度、推进国家治理体系和治理能力现代化若干重大问题的决定》提出，“坚持以社会主义核心价值观引领文化建设制度，要在推动理想信念教育常态化、制度化，完善弘扬社会主义核心价值观的法律政策体系等方面下功夫”。[①] 在广泛践行社会主义核心价值观，推进文化法契合文化发展方向上，牢牢坚守核心价值观原则，抓好实践的着力点，将社会主义核心价值观制度化融入法治建设全过程，将社会主义核心价值观规范化融入社会治理全过程。

从宏观视角来看，坚持依法治国和以德治国相结合，完善社会主义核心价值观的法律政策体系，把社会主义核心价值观要求融入法治建设和社会治理的全过程，体现在国民教育、精神文明创建、文化产品创作生产等各个方面。这有益于确保法治建设在社会主义大方向下有序发展，充分认识我国社会主义法治文化的优越性，着力塑造人民更加坚定的理想信念，发展人民更为先进的精神力量，培育人民更加向上向善的道德修养，真正做到为了人民而发展法治文化，不断提高公民素质和全社会的文明程度。

从具体维度考察，文化法所强调的遵循文化发展规律是在社会主义文化发展规律的基础之上的，在新时代，在我国突出表现为要坚持中国特色社会主义文化发展方向。首先，明确坚持马克思主义在意识形态的指导地位，文化法的设立和规范都要与正确的社会意识形态相一致。坚持把马克思主义理论研究和建设工程落到实处，从思想理论建设到哲学社会科学发展再到教育实践，每一处都需要深入加强。其次，以习近平新时代中国特色社会主义思

---

① 《中共中央关于坚持和完善中国特色社会主义制度　推进国家治理体系和治理能力现代化若干重大问题的决定》，载《人民日报》2019 年 11 月 6 日，第 1 版。

想尤其是习近平法治思想为指引，适应新时代、新形势，尤其是在思想道德建设过程中，以法治文化推进为重点，切实加强文化与法治的高度融合。在高等教育阶段，从教材设计到教育教学，以法治文化为主要内容的片段和章节在不断加强，这既是迎合文化建设和法治建设的重要举措，也是文化法所希望到达的理想的文化法治普及目的。用道德滋养法治，用教育达到法治要求，使法治建设在文化建设的涵养中成长，使文化建设在法治维度下更加健康。这些美好愿景的实现必须牢牢遵循核心价值观的要求，必须把握好正确的发展方向。

因此，核心价值观原则在这里也可以称作方向原则，是把握文化建设始终沿着中国特色社会主义的文化发展道路的决定性因素。只有在法律层面认可这种坚定的方向性，才能使文化发展具有法治思维的理性因子和强有力的约束；才能实现文化法建设在党的领导、人民当家作主和依法治国三者之间找到最大公约数。

二、社会优先性原则

在社会主义市场经济发展的维度下，文化建设面向市场是不可阻挡的趋势，市场的调控作用刺激了文化消费市场的发展，同时也促进了文化创作的繁荣。文化建设和发展需要把握社会效益和经济效益两者之间的平衡，无论时代如何变迁，文学艺术绝不能做市场的奴隶，而是应当坚持将社会效益放在首位，坚持社会效益与经济效益的统一。这也是文化法需要社会性优先原则指导的重要原因。

习近平总书记《在文艺工作座谈会上的讲话》中指出，文艺工作者要“创作生产出无愧于我们这个伟大民族、伟大时代的优秀作品。”① 一部好的作品“应该是把社会效益放在首位，同时也应该是社会效益和经济效益相统一的作品。”② 文化产品与服务的提供者，不仅要注重自身文化产出的商品属性，更应该将焦点集中于其意识形态属性上，在追求经济效益的同时还应该

① 习近平：《在文艺工作座谈会上的讲话》，人民出版社 2015 年版，第 7 页。
② 习近平：《在文艺工作座谈会上的讲话》，人民出版社 2015 年版，第 20 页。

自觉承担更多的社会责任。对社会效益和经济效益有效统一的论述中，应该格外注意社会效益和经济效益的共同发展，牺牲任何一方都不能称为有效统一。因此，促进社会效益和经济效益的共同提升是文化事业和文化产业高质量发展的内在要求，体现了社会性优先的准则，也是文化法所要坚持的一项基本原则。

文化法之所以要坚持社会优先性这一基本原则，是因为经济向文化领域拓展这一深度问题。对此，法兰克福学派有深入的探讨，他们在文学艺术创作和合法性问题方面深度推断了工业时代下文化本身的特质，就此阐释到，“不断发展的技术现实不仅使某些艺术‘风格’失去其合法性，而且还使艺术的要旨失去其合法性”。[①] 经济原本在文化视域中的调控是为了更好地推进优秀文化的再生和发展，但是随着利益化的文化侵蚀，文化创作不可避免地遭受到商业主义的影响，甚至是改变。大众文化的发展本应该是希望受众更好地接受文化熏染，但实际上，所属属性并不明确，大量文学艺术产品涌入文化市场，一些人将文艺作品完全当成商品，忽视了文艺工作者付出的“最复杂、最独特的创造性精神劳动”。[②] 从当下的文化市场来观察，由于消费主义的引诱，大规模的批量的文化产品肆意流入市场，这和生产流通规律密不可分，文学艺术创作已经面临社会效益和经济效益两难的选择困境。这种现象产生的一个重要因素就是媒介技术的突破。互联网技术迎来了属于它的时代，我们每个人几乎都是互联网的受众，它不可避免地影响着当前文化市场的走向。一些优秀的文学艺术作品有良好的社会效益但是经济效益并不理想；然而一些不具有良好社会效益的文学艺术作品，却产生了较高的流量，上演着溢价表演。习近平总书记《在文艺工作座谈会上的讲话》中指出：“优秀的文艺作品，最好是既能在思想上、艺术上取得成功，又能在市场上受到欢迎。”[③] 我们所论述的优秀的文学艺术作品并不是将高雅文化和大众文化相对立，而是强调艺术本身的美好，我们尊重多元格局下，每一种文化态势的发展。现

---

① ［美］赫伯特·马尔库塞：《单向度的人》，刘继译，上海译文出版社2008年版，第51页。

② 李准：《论商品经济与文艺发展的关系（续）》，载《文艺争鸣》1990年第1期。

③ 习近平：《在文艺工作座谈会上的讲话》，人民出版社2015年版，第20页。

如今，只有深刻认识文艺与市场的关系，才能在新时代发展中既能够兼顾艺术价值又能够获得不错的收益，使社会效益与经济效益、商业价值与艺术价值统一起来。

因此，中共中央办公厅、国务院办公厅印发《关于加强社会主义法治文化建设的意见》中着重指出："坚持以人民为中心的工作导向，把社会效益放在首位，创作生产与精神文明建设'五个一工程'等文艺精品工程有机衔接的优秀法治文艺作品。落实媒体公益普法责任，综合运用'报、网、端、微、屏'等资源和平台，推动法治融媒体建设，建立以内容建设为根本、先进技术为支撑、创新管理为保障的法治全媒体传播体系，创建法治品牌栏目、节目。"① 在国家层面上，坚持将社会性优先原则贯穿和落实到实处，带动文化法坚定落实这一原则。从人民的基本需要出发，对文学艺术创作、文化事业和文化产业等进行正确指引，真正将法治和文化有效结合，在体系建设和内容发展上双向前进。

三、文化多样性原则

文化多样性原则就是要求文化表达领域的价值多元化、思想自由得到尊重、保护甚至鼓励，防止由于任何原因或力量（包括商业、政治势力）造成的文化表达领域的单一化、趋同化。随着 2001 年《文化多样性宣言》和 2005 年《文化多样性公约》的通过，文化多样性已经成为国际社会的共识。文化多样性的本质是指价值观念、思想方式等文化内涵的丰富程度，既存在于一个国家或者一个地区，也可以存在于整个世界。究其根本，从人类诞生以来，全球文化就是丰富多彩的，文化多样性就一直存在，也不需要法律保护。但是，随着文化产业的全球扩张，文化面临一个重大的问题——文化单一化和趋同化的危险，文化侵蚀和文化渗透成为文化霸权的手段，文化多样性变成了一个紧迫的问题，亟须法律的捍卫。

---

① 中共中央办公厅、国务院办公厅印发《关于加强社会主义法治文化建设的意见》，载《中华人民共和国国务院公报》2021 年第 11 号。

“文化的多样性确认了各种文化之间是平等的，没有占统治地位的文化。”① 2001年11月2日联合国、科学及文化组织大会第三十一届会议通过《世界文化多样性宣言》。大会重视实现《世界人权宣言》和1966年《公民权利和政治权利国际公约》及《经济、社会及文化权利国际公约》等其他普遍认同的法律文件中宣布的人权与基本自由的相关问题。特别指出，“文化在不同的时代和不同的地方具有各种不同的表现形式。这种多样性的具体表现是构成人类的各群体和各社会的所具有的独特性和多样化。文化多样性是交流、革新和创作的源泉，对人类来讲就像生物多样性对维持生物平衡那样必不可少。从这个意义上讲，文化多样性是人类的共同遗产，应当从当代人和子孙后代的利益考虑予以承认和肯定”。② 承认文化多样性的存在就是肯定不同民族文化的特殊性与发展性，如果我们的文化趋于统一，那么这个世界也将失去一切色彩。世界文化本来的面貌就是多样的，文化的多样性本身就是文化发展的样态，并不是通过法律保护才具有的特性。我们在此强调文化多样性原则是为了将文化的这一属性更好地维持下去，在法律的理性框架下，避免因外界冲击导致文化色彩的缺失。

维护文化多样性依靠国家化的政策保护、本土化的自我意识、个体化的自由选择等途径，③ 而最为有力、奏效的，还是由国家制定法律和政策。如今很多国家和地区的宪法和法律都明确规定了有关文化多样性以及文化遗产保护的国家义务。我国《宪法》第22条第2款规定，“国家保护名胜古迹、珍贵文物和其他重要历史文化遗产”。同时，我国专门制定《文物保护法》，该法第1条规定：“为了加强对文物的保护，继承中华民族优秀的历史文化遗产，促进科学研究工作，进行爱国主义和革命传统教育，建设社会主义精神文明和物质文明，根据宪法，制定本法。”我们肯定自己的文化发展，就是在推动世界文化多样性的建构，只有民族的才是世界的，只有民族文化丰富多

---

① 肖云上：《法国为什么要实行文化保护主义?》，载《法国研究》2000年第1期。

② 《世界文化多样性宣言》，载联合国网，https：//www. un. org/zh/documents/treaty/UNESCO－2000，最后访问日期：2023年4月19日。

③ 参见单世联：《全球化时代的文化多样性》，载《天津社会科学》2005年第2期。

彩，世界文化才能异彩纷呈。

保护文化多样性，首先就是要实现文化主体之间平等的文化交流，并且给予一定的政策支持。从国际视角来看，在2005年颁布的《保护和促进文化表现形式多样性公约》中首条就阐述了文化多样性指导原则，明确提出了公平享有原则，即“平等享有全世界丰富多样的文化表现形式，所有文化享有各种表现形式和传播手段，是增进文化多样性和促进相互理解的要素。”因此，不同的国家和民族的文化都应该得到尊重，同时不同的国家和民族也有享有获得其他民族文化的权利，相互理解，共同促进。从我国视角来看，在宪法的指引之下，我国制定的《文物保护法》《非物质文化遗产法》等都是对我国保存和活用文化资源，发扬多元文化做出的法律层面的努力。当然，我们对本国文化多样性的保护是发展本民族艺术形式，促进文化多样性，是正向发展。同时，还需要对违背文化多样性原则、通过文化强制达到文化入侵目的等行为在法律层面上做出规定。

四、公益性原则

文化的“公益性”是文化事业建设的灵魂。由于受市场经济大背景的影响，文化产品在创作生产方向上产生模糊认识，文化的“公益性”与文化衍生的“市场化”“产业化”发生意识形态上的错乱混淆。现实或网络中不断出现繁衍的所谓“新文化产品”或“新文化现象”等不良思想对创作生产主体逐步侵蚀。因此，如果没有一条基本原则指导创作生产，那么文化发展就会受到阻碍，对经济利益的过分追逐，则会导致公益性为先的文化事业建设迟滞，公共文化事业很容易沦为文化产业的附庸，这其中重要的因素便是文化事业建设中文化立法的缺失以及文化法所强调的公益性尚未能得以贯彻。

为了实现公民的文化权利，将文化法的公益性原则作为基本原则是引导文化建设主体和文化享用主体正确对待文化发展中公益性和社会性属性。《公共文化服务保障法》第1条明确规定：“为了加强公共文化服务体系建设，丰富人民群众精神文化生活，传承中华优秀传统文化，弘扬社会主义核心价值观，增强文化自信，促进中国特色社会主义文化繁荣发展，提高全民族文明素质，制定本法。”因此，公共文化服务的法律性保障通过法律的形式表现出来，并且规定了政府在提供公共文化服务过程中的使命，该法第2条规定：“本法所称公共文化服务，是指由政府主导、社会力量参与，以满足公民基本文化需求为主要目的而提供的公共文化设施、文化产品、文化活动以及其他相关服务。”该法第4条还规定：“将公共文化服务纳入本级国民经济和社会发展规划，按照公益性、基本性、均等性、便利性的要求，加强公共文化设施建设，完善公共文化服务体系，提高公共文化服务效能。”这既提出了公共文化服务体系完善过程中的重要引导主体——政府，又提出了公共文化服务体系的公益性、基本性、均等性的要求。

“公益性文化事业也称为全社会提供非竞争性、非排他性的公共文化产品和服务的领域，它涵盖广播电视、电影、出版、报刊、互联网、演出、文物和哲学社会科学研究诸多文化领域。”[①] 公共文化服务是为了让广大公民更好地享有和行使自身的文化权利，更好地推进社会的文明与进步。从当前的文化事业建设来看，在满足公民公共文化需求方面取得了长足的发展，但是总体的公共文化事业建设立法仍滞后于社会发展。当然，这也是重点提及公益性原则的重要原因。只有足够重视文化公益性原则，将其提升到法律层面，将理性化、制度化的规范以法律的形式呈现出来，才能在促进公共文化事业发展中，以系统的眼光审视全局。从具体来看，一些相关于公共文化事业发展的法律规范零散于其他法律条文中，尚未形成体系化，不能从整体视角着眼于文化事业建设的全局。从国家角度设计相应的文化法律法规到地方因地制宜设计当地的文化法律法规做起，都是为了更好地提升公共文化服务质量，带给广大公民便捷的文化享用和自我发展，这体现了坚持文化法公益性原则的重要作用，在推进文化公益发展方面发挥着强有力的支撑。

五、产业促进原则

文化产业促进原则，即国家通过法律或者政策措施，积极推动文化产业

---

① 贺善侃：《国际大都市公益文化比较研究》，学林出版社2010年版，第4页。

的发展和文化市场的繁荣。由于国家直接提供公共文化服务的能力有限，文化产品与服务的市场供应和调节就需要借助社会市场资源来满足人们的文化需求。除了应有的社会属性之外，营利性也是重要属性之一。文化产业作为近年来新的经济增长点，其重要性也越来越被人们重视。虽然政府在文化市场运行的过程中不能随意干预，但是，为了优化文化产品与服务的供需结构，进行合理的调配，这是符合社会主义市场经济运行准则的。其中，在合理合法的情况下，一般是以财政支出和收入的方式进行资源的合理配置。其中，财政收入阶段的自主形式包括优惠税制、豁免国有资产受益、免除部分行政费用等，包括所得税、营业税和增值税在内的税收优惠是最主要的。财政支出领域主要通过专项资金实现资助，如在欧洲国家，专项资金主要包括文化产业投资基金、融资担保基金、奖励基金以及海外市场拓展基金等。[①] 在我国，政府推进文化市场发展的现行重要举措，就是加快构建覆盖城乡、便捷高效、保基本、促公平的现代公共文化服务体系，是当前各地各级文化部门的重要战略任务。为此，无论是与文化产业直接相关的立法，还是与文化产业存在间接关联的立法都得到了不同程度的发展，立法质量和数量都有显著提升。

国务院办公厅转发文化部等部门《关于做好政府向社会力量购买公共文化服务工作的意见》并下发通知，该意见中做出了三点指示，一是指导思想、基本原则和目标任务；二是积极有序推进政府向社会力量购买公共文化服务工作；三是营造政府向社会力量购买公共文化服务的良好环境。其中监督管理方面，体现高效、严格的法律律令在政府进行文化调配中的重要作用。文化部等部门《关于做好政府向社会力量购买公共文化服务工作的意见》中规定，严格监督管理。建立政府向社会力量购买公共文化服务信用档案。对在购买服务实施过程中，发现承接主体不符合资质要求、歪曲服务主旨、弄虚作假、冒领财政资金等违法违规行为的，记入信用档案，并按照相关法律法规进行处罚，对造成社会重大恶劣影响的，禁止再次参与政府购买公共文化

① 参见郭玉军、李华成：《国际文化产业财政资助法律制度及其对中国的启示》，载《河南财经政法大学学报》2013 年第 1 期。

服务工作。凸显了高效、严格的法律规范在政府进行文化调配中的重要作用。此外，政策先行，为顺利开展法治发展铺设路径，但目前存在将法律等同于政策的现象，甚至更偏重政策，只认红头文件不认法律规范的现象，这对我国文化产业发展的法治化产生不利影响。总之，政策的原则性和方向性不能脱离法律的实施。

通过上述内容，我们知道只有强有力的法律保障才能为政府的公共文化服务提供正确的发展方向，确保其按照公开、透明的方式进一步培育市场主体，丰富服务供给。这正是产业促进原则首要调节的问题，在法律发挥原有职能的基础上，越来越强调突出法律的服务职能。长久以来，我国文化产业已有的法律法规在总体上体现出重视管理和责任等义务性倾向，而忽视法律应有的保障和服务功能。在产业促进原则的指导下，这种观念的偏差可以得到有效调整，进一步强化执法过程中服务理念的提升。我们已经逐步意识到促进文化发展离不开高效的法律保障，这也是我们在倡议制定一部具有较高效力、发挥统筹作用的文化基本法的重要原因。这样，就可以有效地解决相关文化产业的法律法规、各部门法、地方性法律的重复问题，避免资源的浪费，也可以更好地处理各部门法与章程在适用时产生的矛盾。

同时，应该注意到，产业促进原则是一种工具性原则，用以辅助其他原则的实现，如透过文化产业促进原则的实现，我们能够看到政府既发挥调配作用又在积极促进文化公益原则的实现，既坚守文化自由原则又做到促进文化产业发展，既明确社会主义方向又确保社会效益和经济效益的兼顾。由于文化产业化本质上是文化发展过程中可能发生异化的产物，故必须注意该原则与其他原则的关系。

第四章　文化法的功能

摘要：文化法的功能分为两个层面。在国家治理层面：文化法具有文化治理功能，成为国家治理体系中的重要组成部分。在社会与经济层面：在社会层面，文化法具有规范和发展文化事业的功能，推动公共文化服务体系不断完善，实现中华优秀传统文化的传承和发展；在经济层面，文化法具有规范和促进文化产业发展的功能，调整文化产业领域的文化经济关系。

关键词：基本功能　文化治理　文化事业　文化产业

第一节　文 化 治 理

文化治理既是文化法的一项重要功能，也是文化法律体系的重要内容。文化治理是国家治理体系的重要组成部分，国家治理体系和治理能力现代化也包括文化治理现代化。文化治理体现国家意志，具有最高的权威性，而法治是文化治理现代化的基本内涵，文化治理的法治属性就是其基本属性之一。可以说，文化法律体系就是文化治理体系和治理能力现代化的法治表现。

文化法律体系是国家治理在文化治理上的重要体现。文化法律体系中的很大一部分都是文化治理的内容，而文化治理又是国家意志的体现。文化法律体系不仅要实现调整文化领域各类社会关系的功能，更重要的是要实现文化治理中的国家意志。在国家意志的诸多表现形式中，核心价值观是最为集中、最为首要的文化内核，也是文化治理的基本准则。2012 年 11 月，党的十八大首次完整地阐述了社会主义核心价值观的层次结构和丰富内涵。2013 年，中共中央办公厅印发《关于培育和践行社会主义核心价值观的意见》，要求一切文化产品、文化服务和文化活动，都要弘扬社会主义核心价值观。2018 年社会主义核心价值观写入宪法，正式体现为国家意志。完善文化产业和公共文化服务法律体系，进一步将社会主义核心价值观融入文化法治建设，为在文化领域实现良法善治指明了方向和路径。

一、国家意志的文化内涵

从国家角度思考文化治理是文化治理的现实前提，文化治理意识指的是将文化治理作为国家治理体系和治理能力现代化的有机构成内容。功能主义理论把社会结构中的整合力作为一个关键环节，国家的稳定发展和进步需要统一的指导思想、强大的精神支柱、共同的理想信念和基本的道德规范，这是支撑国家发展的一套核心价值观，在文化发展的协调上可以部分体现出来。文化治理如果没有国家层面的价值导向，就会失去其发展的基础，最终导致意识形态的混乱，文化的健康发展也将无从谈起。

（一）将文化治理上升为国家意志

2019 年，党的十九届四中全会通过的《中共中央关于坚持和完善中国特色社会主义制度，推进国家治理体系和治理能力现代化若干重大问题的决定》明确提出，“坚持以社会主义核心价值观引领文化建设制度，将社会主义核心价值观要求融入法治建设和社会治理”。在各国的文化法治实践中，将核心价值观上升为法律、转变为国家意志，是文化立法、执法与司法的普遍现象。社会主义核心价值观具有文化属性，是中华民族优秀传统文化、革命文化与社会主义先进文化的集中体现，也是中华民族在当代的核心价值追求，体现了中华民族的文化特质。社会主义核心价值观入法的实质是：将社会主义核心价值观上升为国家意志，并以法律形式固定下来，使之成为全体公民遵守的规则。国家立法宣示核心价值观，既是捍卫核心价值观的需要，也是立法修法实践的需要。因此，在文化立法中融入社会主义核心价值观，是党的主张上升为法律意志的逻辑必然。

国家的制度建设形成的物质与精神成果转化为大众对核心价值的认同，在这个层面，核心价值观的践行确保了文化治理价值实现的可能性。文化发展的内在驱动力在很大程度上源于人们对社会核心价值的认同状态。在这种认同状态下，文化治理充分融入国家治理体系，国家治理的各种方式也就具有了文化属性，社会治理中也融入了文化内涵和文化力量。社会是介乎公民与国家的中介，而社会层面的价值取向也源于公民和国家的作用力，那么社会层面的价值取向就是实践核心价值观的重要标准。因为只有建设好社会主义的和谐社会，才会有安定团结有序的社会生活，一切的社会活动才能展开，才能为实现自由、平等、公正、法治创造有利环境，才能使每一个人在安居乐业的基础上实现爱国、敬业、诚信、友善的价值追求。如果说“自由、平等、公正、法治”是社会的应然状态，那么施行文化治理就是从应然到实然的必然举措。①

文化治理发掘社会主义核心价值的文化资源，充分发挥以人为本的治理价值。②“爱国、敬业、诚信、友善”则吸取了中华民族优秀传统文化的精华，集中体现了人应具备的文化素质。文化治理最大化利用社会主义核心价值观的文化因素，将社会主义核心价值观深入日常生活。在弘扬社会核心价值层面上，文化治理能够做到坚持以人为本，就能将治理价值最大化，从而最大限度弘扬人的核心价值观。③

（二）国家意志的文化内涵是意识形态

社会主义意识形态是以马克思主义为指导思想，以中国特色社会主义理论体系为主要内容，以社会主义核心价值观为核心价值诉求，反映广大人民

---

① 参见丁粮柯：《党的主张和国家意志的内涵和转化探析——基于比较和过程视角下的研究》，载《安徽行政学院学报》2019 年第 1 期。

② 参见刘东超：《习近平文化治理思想：新时代文化实践的指南》，载《治理现代化研究》2018 年第 3 期。

③ 参见张思军：《从中国特色社会主义核心价值观看当代中国国家意志》，载《天府新论》2009 年第 5 期。

群众的根本利益、切身利益和长远利益，论证社会主义现实制度的合理性、合法性、先进性、优越性以及符合时代发展要求并不断随着经济社会发展而完善的理论化、系统化的思想观念体系，构成反映社会主义经济基础并为其服务的思想上层建筑或观念上层建筑。这种思想上层建筑并不是空洞的理论体系，而是有着坚实而丰富的文化基础。我国的社会主义意识形态深植于中国的文化基础之中，与文化体系深度融合，既是文化特性的上升，又反映了中华民族的文化属性。

发挥社会主义意识形态影响和整合多元文化价值观的功能，以社会主义意识形态中的价值观影响和整合多元文化价值观，以达到在价值认同基础上获得价值共识从而起到价值引领的目的，就能体现出意识形态决定文化前进方向和发展道路的作用。社会主义意识形态中的价值观主要表现为社会主义核心价值观。

以社会主义核心价值观为主体内容的社会主义意识形态中的价值观尽管处于主导地位，但是也受到价值取向多样化的挑战，更受到一些意欲否定社会主义制度的错误文化价值观的挑战。随着社会阶层结构的深刻变化带来的利益多样化，人们思想观念的多样化成为一种必然现象，这是一种客观的不必过于担忧的现象。建立在利益多样化基础上的个人价值取向的多元选择和多样性取向，推动社会主义意识形态和多元文化价值观的同时并存与双向构建，是社会文明进步的一种表现。但是，要想使现实中的多样化思想观念朝着健康的方向发展，起到推动观念更新、形成价值共识和启迪创造性思维的作用，就必须在促进思想观念多样化的同时，在全社会进行正确的舆论引导和推行正确的价值导向，以增强社会主义意识形态的凝聚力、向心力以及引领力。①

为此，加强社会主义意识形态建设，特别是加强对社会主义核心价值观的培育和践行，强化教育引导、实践养成、制度保障，发挥社会主义核心价值观对国民教育、精神文明创建、精神文化产品创作生产传播的引领作用，

---

① 参见孙英春：《逆全球化趋向下的文化安全与文化治理》，载《浙江学刊》2021 年第 5 期。

把社会主义核心价值观融入社会发展各方面，强化基于价值认同的价值共识，形成行为习惯，从而奠定主流文化价值观的思想根基，立起民族复兴的强大精神支柱，构筑社会主义精神文化高地，固守立德育人的道德防线，促进中华民族精神文化的健康持续发展。

文化是意识形态表现的主要形式，对意识形态主导权的掌握方式必然会反映在文化建设的过程之中。党的十九大强调“文化是一个国家、一个民族的灵魂”和“意识形态决定文化前进方向和发展道路”的价值观是文化最深层的核心，价值自信是文化自信最重要的体现。只有坚持以社会主义核心价值观为引领，使之在意识形态领域占据主导权，才能确保文化法治建设朝着正确的方向发展和完善，才能推动文化事业和文化产业的繁荣发展。[①] 文化自信与培育和践行社会主义核心价值观有着密切的联系。文化的核心是价值观，文化自信的核心和灵魂在于核心价值观。核心价值观决定着文化自信的前进方向和发展道路。任何一个国家的文化都内含某种特定的价值观念，体现了其尊崇的价值准则，其对于国民文明行为与文明习惯的形成至关重要。[②]

二、国家治理体系中的文化治理

在推进国家治理体系和治理能力现代化的进程中，文化治理是极为重要领域。文化治理现代化是一项相当复杂的系统工程，不可能立竿见影，因此要主次明确、有所侧重，找准突破点或着力点。中国共产党要掌握文化领导权，就必须对中国文化加强治理，实现治理体系和治理能力的现代化。

（一）文化治理是国家治理体系的重要组成

我国的文化治理就是在党的领导之下，政府、市场和社会三大主体共同投身中国文化的建设工作，推动其不断走向创新、繁荣、发展之路。习近平指出：

---

① 参见肖北庚、李泽中：《论社会主义核心价值观融入文化法治：理据、内涵与规范表达》，载《湖南大学学报（社会科学版）》2022 年第 3 期。

② 参见颜玉凡、叶南客：《践行文化自信的公共文化治理：价值内涵、实践场域和行动取向》，载《南京社会科学》2019 年第 2 期。

"国家治理体系……包括经济、政治、文化、社会、生态文明和党的建设等各领域体制机制、法律法规安排"。[①] 由此可见，文化治理体系的建立和治理能力的提升是国家治理现代化的重要内容。文化治理是通过熏陶、引导的方式，多元并举、协同共治的实践，最终实现价值整合和文化认同，是从民族精神、时代精神、文化价值体系的构建和发展切入的根本性治理。当前，加快实现中国文化治理体系和治理能力的现代化，就要着眼于国家民族发展大局，弘扬民族精神和时代精神，用中国精神凝魂聚气，在全社会树立和培育共同理想，努力通过文化产品不断增强民族认同的精神纽带和自强不息的精神动力，从根本上引导人民聚集在实现中华民族伟大复兴的旗帜之下。这不仅需要构建文化治理的体制机制和法律法规，还需要文化治理的主体不断提高运用法律制度促进文化事业和文化产业良性运转的能力。推进中国文化治理体系和治理能力的现代化，是一项相当复杂的系统工程，不可能立竿见影，因此要主次明确、有所侧重，找准突破点或着力点。[②]

从党的重要文件中不难看出，文化治理的基本逻辑起点在于，它作为国家治理的一个环节而存在，是治理理念与方法在文化领域的运用，包括将治理的方式应用于公民道德素质的提升、运用于文化单位的管理等方面。治理理念与方式在文化领域的贯彻和运用，就是强调通过政府、企业、社会组织、公民等多元主体在普遍适用的法律规则保障之下共同参与文化建设，从而打造稳定有序的文化发展秩序，进而实现社会主义文化的大发展大繁荣。或者说，通过人民利益导向、多元主体协力、法律规则保障这些治理理念与方式的运用，致力于良好文化秩序的营造和文化的发展繁荣是文化治理在中国得以运用与发展的基本要求。在这一基本要求之下，中国文化治理现代化，主要担负着"健全现代市场体系、构建现代公共文化服务体系、推进文化管理

---

① 全国干部培训教材编审指导委员会组织编写：《社会主义民主政治建设》，人民出版社 2015 年版，第 26 页。

② 参见邓纯东：《当代中国文化治理体系和治理能力现代化的理论反思》，载《湖湘论坛》2018 年第 6 期。

体制机制创新三大任务”。[①]

（二）文化治理是国家意志的全面体现

我国的国家制度和社会性质决定了我国文化治理不能未经审思和批判地照搬西方的治理理论，而应探索适应本国发展需求的理论构建和治理实践。根据我国的社会发展现状，社会力量发展还不充分，体制改革、公共政策制定、宏观经济调控、社会秩序维持等方面都有赖于在政府主导下稳步推进，政府、市场和社会难以作为并行治理主体和形成均衡关系格局，这决定了我国在现阶段以及较长一段时期内，文化治理都要在政府主导的文化体制改革框架下进行。由于党政协同治理，确切地说，应采用“党政主导—社会参与”的治理模式实现文化善治的目标。

为确保文化建设向民众有效传播国家所推崇的文化价值观，要坚持党在公共文化治理中的核心地位，坚持党管意识形态。政府要随着社会和市场的发展逐渐释放权力，逐渐转变职能。从这个意义上讲，在文化治理过程中，政府既是治理的主体，也是治理的对象。文化治理所致力实现的公共性，不仅需要涉及直接可见的生活现象，更需要触及这些现象背后的制度性实质。对公共文化及其生活的构建，必须进行政治性的批判。比如，文化政策和导向是否具备解决现实问题的能力、政府是否始终以公共利益为首要责任等，这些都需要对政府进行公共文化和公共价值的培育，形成一种政治文化，否则就难以化解公共行政效率与公共性的矛盾问题。文化治理要“深刻意识到国家概念所给定的内在制度要求，那就是根本意义上的社会主义价值观”，倡导“意识形态前置的处置方案”。[②]

文化治理可以视为国家治理在文化空间的表现形态，中国共产党是国家治理的核心主体和领导力量，因而党对文化治理的领导可以看作党领导国家治理在文化空间的延伸。党对文化治理的领导主要是由其基本性质及面对的

① 参见蔡武进：《我国文化治理的理论意涵及现实经验》，载《文化软实力研究》2019 年第 5 期。

② 参见孟耕合：《新时代公共文化治理的三重维度》，载《湖北社会科学》2020 年第 10 期。

形势与任务决定的。文化治理能够为执政党领导下的各项事业发展打造一个相对稳定的文化环境，培养人民群众对执政党执政地位、执政能力的认同感，也能够推动加强党的自身建设。党对文化治理的领导主要体现在确保文化发展的正确方向，把握、研究和制定文化治理的整体战略方针，发挥各级党组织的保证和监督作用等方面。在中国的政治制度和社会制度条件下，政府天然地具备制定规则、承担政治责任的职能，这种职能的不可替代性和市场主体、社会组织主体的非核心地位使其毋庸置疑地在国家治理和文化治理中占据主导地位。政府的文化治理职能主要围绕贯彻落实党有关文化治理的路线方针政策，制定具体规划和相关政策，开展文化立法、文化执法和行政管理等。随着国内外形势的发展和治理环境的变化，政府需要在保证主导性地位的基础上搭建互动平台、加强与市场和社会组织等主体的合作。①

三、文化治理的法治化路径

文化为国家治理方式创新提供了软化和缓冲的空间，文化对国家治理的能动性和治理性构成了文化融入国家治理的前提条件。“在‘五位一体’发展理念的指导下，文化治理能力和体系现代化建设需要在顶层设计中统筹文化与其他因素的关系，注重发展的系统性、整体性、协同性，在多元的发展中努力寻求发展文化和发展产业之间的关系，寻求历史与现实的平衡点。”

（一）文化治理的合理性与合法性

在马克思主义看来，“一个阶级是社会上占统治地位的物质力量，同时也是社会上占统治地位的精神力量”。文化的阶级性、相对独立性和建构性，决定了文化必然是国家将其意识形态和核心价值体系渗透于民众日常生产生活的重要载体，发挥着社会思想黏合剂的作用。统治阶级通过文化将自身的意识形态渗透到社会的方方面面，规训着人们的认知系统和价值体系，并在此过程中塑造自身的合法性，行使对社会和民众的控制，维护其统治秩序。

① 参见蔡晓倩：《新时代推进文化治理现代化的多维路径》，载《哈尔滨工业大学学报（社会科学版）》2022 年第 4 期。

1. 文化治理的合理性

文化治理并不仅仅是从政策、法律层面对公民文化权利的维护，而是基于公共精神规约以避免公共性的消解。因为对公民文化权利的维护并不是仅由政治因素所能决定的，如果国家的主流意识形态缺位，未经公共精神、公共伦理的涵养来唤醒行政主客体的公共责任意识和权利义务意识，那么就难以实现这一目标。这意味着文化治理不能简单地按照经济学所强调的产品供需来谋划，它其实是以主流意识形态引领和规范文化建设，以主流意识形态实现文化观念整合与价值意义融合的复杂过程。一方面，文化治理这一具有公共性、公益性的文化建设，其政策引导和实施本身就体现着国家意志，渗透着国家的主流价值观念和人文主义关怀；另一方面，文化因与公民的日常生活紧密相连，文化治理其实是有效连接国家宏观治理与公民微观文化生活的纽带，是国家主流意识形态融入公民日常生活的有效途径。我国以往虽然认知到文化与国家意识形态之间的内在关联，但偏重主流意识形态对文化建设的指导作用。我们也应看到文化与主流意识形态的内在一致性，要实现以文化引领民众公共生活的治理转向。

在全面建设小康社会的历史进程中，物质文明和精神文明的同步建设内蕴在中国特色社会主义的现代化事业之中。但是，物质文明和精神文明的发展不均衡，构成了后小康时代“文化治理”“未尽”之业的重要议题。要通过“治理”文化形成公民对中国特色社会主义文化的认同，构建中国作风、中国气派和中国话语特色的文化治理模式。当前，中国正处于世界百年未有之大变局和中华民族伟大复兴的战略全局之中，中国的文化产业和文化市场与世界的交融性越来越强。这种交融加速了中国经济增长，但同时也给文化治理带来了一定的风险和发展的不确定性。党的十九大报告中指出：“文化兴国运兴，文化强民族强。没有高度的文化自信，没有文化的繁荣兴盛，就没有中华民族伟大复兴。要坚持中国特色社会主义文化发展道路，激发全民族文化创新创造活力，建设社会主义文化强国。”①

---

① 参见郑济洲：《后小康时代“文化治理”现代化研究》，载《湖北行政学院学报》2021 年第 2 期。

2. 文化治理的合法性

“法律的权威源自人民的内心拥护和真诚信仰。”人民的法律信仰是确立法律权威的重要基础。法律权威只有赢得了民众普遍的心理认同，才会化作人们内心的守法自觉，人们才会从内心深处坚守法律准则，应用法律解决各种社会问题。法律信仰体现的是法律价值理念的崇尚，需要以正确的价值观作为前提和基础。

任何一种制度的建构都离不开对社会信仰功能的关注和应用，好的制度在运行当中应当能够充分体现与传播这一制度所信仰的核心价值。法律信仰是一种内在的心理信仰，是社会主体对法的一种特殊的主观把握方式和在理性认识的基础上油然而生的一种神圣体验，是对法心悦诚服的认同感。文化信仰支配着底层人民的日常生活，在世界各国都是重要的社会基础问题。文化法治是法律信仰与文化信仰融合的重要领域。社会主义核心价值观融入文化法治建设，既是法治社会中坚定人民之法律信仰的现实需要，也是文明社会中强化人民之文化信仰的现实需求。

习近平总书记强调：“核心价值观，其实就是一种德，既是个人的德，也是一种大德，就是国家的德、社会的德。国无德不兴，人无德不立。”[①] 我国传统文化历来重视道德的教化功能，将“立德”置于文化涵养之首。道德不仅是法律与法治之外部的伦理基础，也是法律规范内在的价值指针。从这种意义上说，社会主义核心价值观不仅是“社会主义道德体系”的价值内核，其本身也是社会主义法律体系的价值目标与内在品德。社会主义核心价值观作为文化法律体系的“灵魂”，以及社会精神生活领域占主导和引领地位的价值观念，将其融入文化法治能够在一定程度上弥补法律的缺陷，而且还可以使司法裁判更符合人性，使符合社会主义核心价值观的法律行为得到法治的认可，同时能够对当事人进行法治和道德教育，达致法律效果和社会效果的

---

① 参见中共中央宣传部宣传教育局编：《崇德向善的引领——新时代公民道德建设理论文章汇编》，人民出版社 2020 年版，第 15 页。

统一。[①]

获得民众的认同和支持是现代国家保障社会秩序和执政合法性的基础，也是国家治理现代化的一个重要发展目标。文化治理作为继政治治理、经济治理之后的新治理，在文化层面消除分配不均衡的同时，它更能直面社会需求的多面性和反映民众的意愿，能有效促进文化与政治、经济的良性循环，弱化社会分层和强化社会联系，从而形成稳定的集体认同感。新时代公共文化治理的认同逻辑就是在文化自信、文化认同的基础上，转变国家主流意识形态的传播方式和方法，强化民众对社会和国家的认同感，构建社会主义集体意识的公共文化生活。[②]

（二）文化治理的法治化路径

文化治理的内容包含以意识形态属性为基础的党政关系的治理、政府立足自身能力提升的内部治理、对“经营性”文化市场的治理、对“公益性”文化事务的治理等领域，在每一个治理领域都凸显党委领导、政府主导的特征。对具有单纯意识形态属性的文化领域，由党宣系统直接领导和管理毋庸置疑，如社会主义核心价值观宣传教育；对既具有意识形态属性，又具有公益性或经营性的文化领域，党宣系统不仅负有履行文化方针政策的制定和执行的监督等领导职能，还与政府共同负责文化政策的落实。

对不具有意识形态属性的文化领域，即单纯的公益性或经营性领域，党履行文化政策的制定和对执行的监督等领导职能，政府履行文化政策的落实等管理职能，并尽可能减少直接干预而赋予政府以管理权限，并在这一领域推动社会主体参与形成多元治理格局。需要指出的是，这种区分在实践中往往表现出极其复杂的状态，不仅体现在文化三种属性的相互交叉，还体现在意识形态属性界定的困难。这就增加了理论的运用难度，需要进行严格而又

---

① 参见肖北庚、李泽中：《论社会主义核心价值观融入文化法治：理据、内涵与规范表达》，载《湖南大学学报（社会科学版）》2022 年第 3 期。

② 参见孟耕合：《新时代公共文化治理的三重维度》，载《湖北社会科学》2020 年第 10 期。

细致的分类改革才能推进。①

法治化在文化治理当中体现为法治精神在制度和行为中的渗透，对于文化治理现代化来说，文化治理的法治化既是重要评判指标之一，也是实现的前提条件和必要条件。在多元主体治理的现状下，中国文化治理的法治化诉求主要表现为解决多元主体在协商过程中可能出现的协商成本高和行动效率低的问题、为多元主体的责任划分提供法律依据并从法律上保障各个治理主体的权利和义务、在文化治理的实践过程中通过文化法治的途径实现治理主体间矛盾的有效调和。

这就要求在推动文化治理基本实现现代化的进程之中加强文化治理的法治化建设，具体包括：第一，在立法实践中坚持以人为本、完善文化立法，通过法定程序把党和政府的宏观政策主张以及各主体文化治理实践中形成的新成果、新经验用法律的形式固定下来，切实保障公民的文化权利。除了构建文化立法框架，即以宪法为根本指针、以文化基本法统筹全局、各法规规章相协调的文化法律体系之外，转变立法理念、强化制定保障性规范也是立法过程中需要重视的方面。第二，在执法实践中切实做到依法执法，规范文化执法行为。一方面要坚持“执法必严、违法必究”的基本原则，确保法治权威；另一方面要依法推进文化执法体制机制改革，提高执法效能。第三，在文化治理的各个环节加强文化法治宣传，在全社会中牢固树立文化法治理念。②

四、文化治理功能的具体体现

法治是治国理政的基本方式，是“关怀公民生活的生活方式”。文化治理必然越来越注重通过现代法治精神及普遍适用的法律规则规范文化行政主体的权力行为、保障市场和社会的文化创造活动，从而切实满足公民的自我认

① 参见靳亮、陈世香：《文化属性“三分法”与中国公共文化治理的本土化建构》，载《上海交通大学学报（哲学社会科学版）》2018 年第 2 期。

② 参见蔡晓倩：《新时代推进文化治理现代化的多维路径》，载《哈尔滨工业大学学报（社会科学版）》2022 年第 4 期。

同，维护每一个公民的文化权利与尊严，回应公民对美好生活的期待。党的十八大之后，除已有的《著作权法》《档案法》《广告法》《非物质文化遗产法》等文化法之外，我国又陆续出台了《旅游法》《公共文化服务保障法》《公共图书馆法》等文化专门法。2019 年 6 月《文化产业促进法（草案）》也已公开征求意见。可以说，随着我国文化法治建设的深入推进，我国文化治理必将迈入现代化的新时代。文化法的文化治理功能也在文化法律体系不断丰富的过程中得到具体的体现。

（一）以文化法治建设推进文化体制改革

只有通过文化法治建设，构筑程序严密、权责明确、方式科学的文化管理法律制度，形成鼓励竞争、规范运营、“激励创新发展的文化产业法律体系”，建立回应民众诉求、推进治理机制现代化、促进竞争参与的公共文化服务法律体系，才能建立健全适应社会主义文化发展需要的现代文化体制。与此同时，也唯有构筑起系统的文化法律制度体系，才能在引导这些文化领域的权利行动、规范权力行为的基础上，在推动中华文化传承、创新、发展的过程中，全面推进文化在国家治理过程中之价值与功能的发挥。

文化法应以保护人民的文化权利、贯彻国家意志为宗旨，是为满足人民群众不断增长的文化生活需要服务的。但目前在文化法律体系建设的实践中，常常把文化法仅仅看作是行政管理法或一个部门法，把重点放在文化行政管理上，重视文化建设中的管理和控制，忽视了文化发展的价值和目标，还缺少对良性运行机制的制度化，不利于激发文化活力。文化法律法规的建设必须加强顶层设计，厘清文化建设的重大问题，制定全国文化建设的统一标准和要求，在此基础上，对文化建设中各级各类主体的权利、责任进行详细规定，形成体系运作的具体规则和程序，以法治的方式推进文化体制改革。同时各个地方也要在尊重国家文化法规的基础上，根据当地的实际情况制定相关文化实施细则和条例。

（二）以文化法治提升文化自信及文化治理行动能力

一方面，科学的文化法制体系之建立，促进社会主义文化发展繁荣的法治环境之形成，无疑是加强文化权利保障，促进文化自信和文化自觉之提升的重要途径。另一方面，我国文化治理法律机制建设能够在形成价值导向机制和制度保障机制的基础上，促进公民、法人与其他组织参与文化治理活动的积极性与自觉性的成长，进而对文化治理之主体素养与主体能力的提升发挥重要作用。

从实际来看，通过文化立法促进文化治理能力提升还有很大空间。有学者指出，当前文化治理中具有代表性、典型性的一种现象，表现为地方文化政策难以兼顾多元治理主体的各自利益表达和价值诉求，现有的治理目标难以真正对应多元治理主体的利益诉求，而是片面关注政府、社会或企业等单一治理主体的价值取向，没有有效兼顾各方利益。从已经提上立法议程的《文化产业促进法（草案）》来看，有望改善文化建设中多元治理主体参与不足的现状。从立法上为多元治理主体参与文化建设提供支持，可以激励公众更广泛、更深入地介入文化建设，推动公众积极从事文艺作品的创作与传播。《文化产业促进法（草案）》从文化企业、创作生产、文化市场三个关键环节发力，为公共文化和文化产业提供良好的发展环境，减少阻碍文化产业发展的不利条件，确保立法能够惠及企业和民众。保护公众文化参与权利，激发公众文化创造活力，对于坚持中国特色社会主义文化发展道路，弘扬社会主义核心价值观，推动文化产业高质量发展，拓展文化产业发展的广度和深度，发挥文化产业在国民经济和社会发展中的重要作用，具有深远影响。

（三）以文化法治建设提升国家文化安全维护能力

在总体国家安全观的指导下，必须要认识到文化安全是国家安全体系的重要组成部分，具有重大安全意义。在日益频繁的国际文化交往中，西方国家凭借其先发优势，“借助文化全球化的东风，在不平等交流的基础上”，推行文化霸权主义，对中国社会主义文化建设形成了较大的侵蚀与冲击。在此情势下，“推进文化安全法治建设，加强文化安全领域的法治保障，是维护我国文化安全的根本之策”。只有依托文化法治，特别是文化安全法治，建构起维护中国文化主权的法律制度体系，才能有效回应外来文化侵袭，并在此基础上提升文化开放水平。

我国的意识形态和思想文化领域中，各种思潮的意识形态斗争从未停止过。在我国，除封建主义思想意识残余外，西方文化价值观通过各种途径对我国文化领域进行侵袭，这些都对我国社会主义意识形态提出了巨大挑战。如果我们忽视这一点，主流意识形态和文化中的声音就会被削弱和边缘化，甚至从根本上消失。当今，信息技术和网络高度发达，互联网意识形态工作显得尤为重要。必须加强互联网内容建设，将其纳入法律规制的范畴，为营造清朗的网络空间构建起网络综合治理体系。

总之，要确保社会主义意识形态在国家精神文化价值体系中始终占据主导地位，确保其发挥主导功能，就要以社会主义意识形态中的价值观夯实文化软实力，实现促进文化软实力转化为核心竞争力的目的，发挥意识形态决定文化前进方向和发展道路的作用。

第二节　发展文化事业

一、公共文化事业的概念与范畴

（一）公共文化事业的概念

文化事业是为社会公益目的、由国家机关，或者其他组织利用国有资产举办的、在文化领域从事的研究创作精神产品和进行的公共文化服务等活动。文化事业以社会效益为目标，不以营利为目的，具有非营利性、公益性，是着眼于为全体社会成员提供公共文化产品和服务的文化领域。文化事业具有国家意识形态性，其必须有正确的导向和主流色彩，强调文化利益、文化目标的公共性，以及国家对文化市场缺陷的干预与补足。文化事业由于其自身属性需要更多的政府支持和引导，需要全民的参与，从而发挥应有的作用。文化事业的主要特征是其非营利性，其运营主要依靠政府扶持和社会赞助。在性质上，文化事业具有创造性和公益性，其不以营利为目的，是以社会效益为目标。

（二）公共文化事业的范畴

在我国，文化事业主要包括艺术创作事业（如艺术中心、音像影视中心）、图书文献事业（如图书馆、档案馆）、文物事业（如博物馆、纪念馆、文物考古等）、群众文化事业（如群众艺术馆、文化宫、青少年宫等）、广播电视事业（如广播台、电视台、杂志社）、编辑事业（如各类编辑部、党史编辑、地方志编辑等）、演出事业（如各类艺术表演）、新闻出版事业。只要是非营利性文化单位，都可以从事文化事业。

二、公共文化事业立法的功能

为了给文化事业立法提供正确的方向，对我国的文化事业进行立法必须强调文化事业立法的特有功能。

（一）保障公民基本文化权利

2011 年通过的《中共中央关于深化文化体制改革、推动社会主义文化大发展大繁荣若干重大问题的决定》高度重视文化立法等工作，从高效力等级的政府指导性文件中可以看出，我国公益性文化事业的发展就是为了使公共文化服务成为实现人民基本文化权益的重要途径，保障人民群众的基本文化权益，保障公民基本文化权利是文化事业立法的首要功能。

公共文化事业立法的根本目的是由文化事业的非营利性和公益性决定的，实现最大多数人的基本文化权利，这些权利的实现要通过文化事业立法以保障公共文化设施的建设、文化遗产的保护等，同时要求政府通过政策积极进行宏观调控，加大财政资金投入，因为文化事业的资金来源主要是政府财政投入。我国正在加快服务型政府建设，文化立法也应更加注重公共文化服务功能，逐步形成以服务为导向和主旨的文化事业立法体系。

（二）基层文化服务

公共文化事业立法应当强调基层文化的服务功能，突出基层组织在公共文化服务中的作用。基层组织在文化事业发展中不仅是进行管理与服务的重要单位，同时也是提供公共文化服务、实现公民文化基本权利的直接参与者。《城市居民委员会组织法》和《村民委员会组织法》规定，基层组织参与文化事业发展是其法定职责。我国文化事业立法应当突出居（村）民委员会在文化事业发展和公共文化服务体系建设中的作用，尤其是在立法上要着重强调基层组织在统筹文化资源、建立文化设施和组织文化活动、为社区居民提供公益性文化服务方面的作用，并予以财政扶持。基层组织是文化事业发展的基础，也是文化服务理念落到实处的基本保障。通过立法手段进一步加强基层组织的文化服务功能，对我国文化事业发展和公共文化服务体系的建立具有重要的现实意义。

（三）规范文化事业行为

公共文化事业立法是调整文化事业领域行为的社会规范，文化事业行为的规范功能指的是文化事业立法能够为人们的文化事业活动提供正当性的行为规范，引导人们的行为。例如，《文物保护法》《档案法》《非物质文化遗产法》以及与之有关的条例能够引导人们保护文化资源，《博物馆条例》和各地方制定的《图书馆管理条例》能够引导人们保护公共文化设施等。

公共文化事业立法的行为规范功能在于通过规定可为、应为和勿为的行为模式影响人们的外在行为从而影响精神世界。文化事业立法的规范功能与其他部门法的不同在于，文化事业立法更多的是赋予人们文化权利，丰富人们的精神生活，目的是促进公民树立正确的世界观、人生观和价值观，弘扬优秀传统文化，增强民族自豪感和民族凝聚力，因而是充满包容、弘扬的引导性规范，在立法时也会更多地适用授权性条款。

三、公共文化事业立法的价值取向

（一）维护公民的基本文化权利

1999 年，文化部颁布的《文化立法纲要》指出，我国“文化立法必须坚持保障公民文化权利的原则”，这和党在文化事业领域一贯的方针政策相一致，与我国建立和谐社会的总目标相协调。大力发展惠及最广大人民群众的文化事业一直是中国共产党人孜孜以求的目标。要想使公民的文化权利得到充分保护，文化事业立法就要对国家在文化领域提倡与鼓励的内容以及禁止与限制的内容加以明确。在我国，宪法的基本原则决定了“一切权利属于人民”，同样的，文化事业立法的实质也是要保护人民的权利。保护人民的权利是它的宗旨，为满足人民群众不断增长的文化生活需要服务，实现人民群众充分享有文化权利是它的最高准则。公民的文化权利是人权的基本内容之一，我国宪法中赋予公民的文化权利包括言论、出版自由，受教育的权利，进行科学研究、文学艺术创作和其他文化活动的权利。除宪法之外，如民法、商法、经济法、知识产权法等法律也在不同程度上保障公民参与文化活动、进行文化创作、获得并享受文化资源及由此带来的财产和人身权利。

（二）以公益性和普惠性为价值取向

新中国成立后，我国就明确了社会主义的本质特征和根本任务就是发展高度的物质文明和精神文明。党的十七届六中全会指出，“必须坚持政府主导，按照公益性、基本性、均等性、便利性的要求，加强文化基础设施建设，完善公共文化卫生网络，让群众享受免费或优惠的基本公共文化服务”。自改革开放以来，尤其是党的十八大以来，党和政府在文化的公益性和普惠性方面十分重视，通过构建公共文化服务体系、发展现代传播体系、建设优秀传统文化传承体系、加快城乡一体化发展等措施不断努力扩大人民群众的文化享受范围，持续提供人民群众的文化享有质量。因此，公共文化事业立法应以公益性和普惠性作为基本机制取向。

（三）传承中华优秀传统文化

党的十七大要求，大力发展教育、科学、文化事业，弘扬民族优秀传统文化，繁荣和发展社会主义文化。要继承和弘扬中华优秀传统文化，弘扬中华传统美德，弘扬时代新风，振奋中华民族精神。这一重要论述，体现了我们党高度重视中华优秀传统文化的鲜明立场和态度。党的十八大报告强调，

"建设优秀传统文化传承体系，弘扬中华优秀传统文化"，党的十九大报告进一步提出增强中华民族的文化自信。党的二十大报告指出："推进文化自信自强，铸就社会主义文化新辉煌。"

2017 年 1 月，中共中央办公厅、国务院办公厅印发《关于实施中华优秀传统文化传承发展工程的意见》，这是首次以中央文件的形式专题阐述中华优秀传统文化传承发展工作。可以看出，传承中华民族优秀传统文化是我国文化事业立法的重要价值取向。

四、公共文化事业立法的基本原则

（一）文化主权原则

文化主权原则在文化立法中得以体现，并维护、保障和实现我国文化主权。文化主权原则包括以下三个方面的内容：第一，坚持本国文化发展的自主权，即坚持在本国文化发展方面的自主选择和自我判断的立场，维护本国的文化价值体系和意识形态、社会制度等的独立性、完整性和延续性，按照自主的发展道路开展本国的文化建设。第二，坚持对本国传统文化的保护，加强对文化遗产资源的保护。文化遗产保护是一国文化主权的重要体现，是一国国民文化认同、身份认同以及民族凝聚力的来源，因此文化立法中应当加强对本国民族文化遗产的保护。第三，坚持文化主权的平等权，辩证地对待文化开放和文化主权的关系。在保护本国文化的基础上，合理开展与外来文化的交流，不断充实和丰富本国文化，提升本国文化的竞争力。

当今世界，经济全球化趋势日益明显，文化霸权主义却不想退潮。随着经济全球化的不断深入，文化已成为一股不可忽视的力量。文化主权不仅是国家发展文化事业和开展文化交流的根本立场，也应当是文化立法中应当坚持的基本原则。

（二）保障公民基本文化权益的原则

维护公民文化权利，保障人民基本文化权益是文化立法的重要任务和基本原则。作为一项基本人权，文化权利指在一定的社会历史条件下每个人按其本质和尊严所享有的文化待遇和文化机会，以及可以采取的文化态度和文化习惯，主要包括参与文化生活的权利、文化创造权、享受科学进步的权利、保护作者物质和精神利益的权利、国际文化合作的权利等。文化立法的一个重要任务就是要有效维护公民的这些文化权利，保障人民基本文化权益的实现。

（三）社会效益优先原则

文化事业以保障公众的基本文化权益，促进社会主义文化事业大发展、大繁荣为目的。文化事业是发展我国社会主义先进文化的重要内容，文化事业立法坚持为人民服务、为社会服务的原则导向，不断增强文化事业的发展活力，扩大文化事业的发展空间，保障和实现人民群众基本的文化利益，不断扩大人民群众的文化生活空间，普及群众性文化活动，丰富社会主义文化生活的内容，提高公众的文化生活质量。

（四）尊重文化的传承和内在发展规律的原则

公共文化事业立法应当尊重文化传承和内在发展的规律，根据不同领域的文化事业的性质和特征进行立法，减少对文化发展的不当干预，以扶持、引导、促进为立法的主要导向，保持文化的创造力，通过立法引导转变政府的文化管理方式。文化事业涉及文化生活的许多方面，如文学艺术的创作、知识产权的保护、文化遗产的保护等，这些方面既有相通之处，也有相异的地方。以文化遗产的保护和传承为例，物质文化遗产和非物质文化遗产的立法应当坚持的原则既有相同的地方，也有不同之处。物质文化遗产的保护应当坚持真实性和完整性的原则，非物质文化遗产由于是以人为载体活态传承的文化遗产，在立法时则应当坚持原真性保护、以人为本、整体性保护、濒危遗产优先保护、民间事民间办的原则。

五、公共文化事业立法的基本模式

（一）统一式立法模式

统一式立法模式是指在文化事业领域制定基本法，包括文化事业建设等领域。统一立法把文化事业的发展视为一个有机整体，并遵循共同的规范和制度。统一式立法模式具有周延性，可适用于公共文化服务的各个细分领域，从而避免了由于某些领域的立法缺失而导致的法律真空，确保公共文化服务纳入法治化、规范化轨道。统一式立法模式也有一些固有缺陷。一是其覆盖面非常广，但是深度不够。统一的公共文化服务立法确实可以从大局观的角度规定文化事业所有领域的通用制度和标准，并具有足够的应用空间。但是，这样很大程度上限制了立法内容的深入扩展。二是由于统一立法涉及的领域太过宽泛，导致立法难度较大。除了涉及领域较多之外，与之相关的子领域也有各自的特点，因此在立法过程中，对立法技术的要求较高，难度较大。

（二）分散式立法模式

分散式立法模式指的是在公共文化服务体系内针对各个不同的要素分别制定法律、法规或规章制度，或者通过制定文化类立法中有关公共文化服务相关的条款，构建公共文化服务领域相关法律法规的分散式立法模式。如可以根据调整对象的不同，分为文物保护法、博物馆立法、图书馆立法、文化馆立法等。分散式立法模式具有较强的适应性，且立法形式灵活多样，可以针对不同的对象采取不同的方式，是典型的个性化立法。由于调整对象是特定的，故大大提高了立法的可操作性，能在体例安排、内容设置上使立法内容更为完整、丰富和深入。另外，分散式立法可以根据实际需要采用不同模式进行立法。重大立法项目的立法周期较长，适用于法律、法规的制定。急需的立法项目可采取周期较短的规章制度。大多数欧美国家都采用这种分散式立法模式。

然而分散式立法也存在一些缺陷。一是分散式立法很难形成公共文化服务体系的统一观念。未来公共文化服务体系建设的一体性会越来越重要，立法保障机制作为公共文化服务体系顶层设计的一部分必须确立这一概念。二是分散式立法较容易出现立法空白的现象。分散式立法模式意味着每一部单独立法都只能适用于特定领域，即便与其他法律在法律精神、原则、法规或相关规定上具有普遍性也不能适用，如果其他领域的立法没有跟上，立法调整就会存在盲点。三是各种法律文件的效力等级不同。目前，一些现行有效和正在制定中的国家层面的公共文化服务类法律文件基本上涵盖了几乎所有法律规范的效力等级，这种效力层级多样化的立法让公共文化服务法治化的道路变得更加艰难。

（三）统一和分散相结合的立法模式

统一式立法和分散式的立法模式，二者各有利弊。以恰当的方式协调两种模式就是统一和分散相结合的立法模式，此种立法模式既可以节省立法资源，又可以兼顾立法的稳定性和灵活性。

统一和分散相结合的立法模式在实践中也会面临一定挑战。一是作为基本法的文化事业立法与下位阶的法规规章的关系。由于基本法属于法律，在法律效力等级上高于其他法规、规章，如果出现两者在规定、适用上的冲突，应根据相关的适用规定处理。二是基本法与同位阶法律之间的关系也是难点问题。遇到对同一问题的规定不一致时，应当如何在“特别法优于一般法”“新法优于旧法”之间选择适用规则。如果仅仅适用“特别法优于一般法”，则可能会出现基本法律被单行法架空的现象；如果适用“新法优于旧法”，则可能出现基本法出台前的法律适用效力低于该法，而出台后的法律适用效力高于该法的现象，导致在法律适用上的不统一。这会对基本法在文化事业立法领域的地位造成影响。

（四）我国文化事业立法的模式：统一和分散相结合的模式

改革开放以来，随着我国文化事业和文化产业的蓬勃发展，文化立法的步伐逐步加快，立法水平也不断提高。中国特色社会主义文化立法体系从法律层级上来说，不仅包括文化法律，而且还包括文化法规、规则；不仅包括基础性的文化基础法，也涉及专门性的文化单行法。因此，我国文化事业立法的模式为统一和分散相结合的模式，即以宪法为根本，以文化基本法、专门法和行政法规为主干，以地方性法规和部门规章为补充的一体、两级、多层次的立法模式。

1. 统一的基本法

公共文化事业立法中的基础法，是调整文化事业领域基础性法律关系的规范，构成了文化事业领域的顶层设计，其意在明确文化事业领域的基础性规则和法律原则，而且需要能够对文化事业领域各个单行法进行统领整合，相当于文化事业领域的“小宪法”。我国实行一元、两级、多层次的立法体制，制定文化基础法，有利于统合我国文化事业领域复杂的社会关系，也有利于协调不同渊源形式的立法。文化事业基础法在文化事业法律法规领域发挥引导、统领作用，是一种一般的概括性法律。文化事业基础法的设计意义在于为文化事业领域的各项社会活动和社会关系提供最基础的行为规范，在这样一个大框架下促进整体的文化事业法治体系的协调一致，从而为文化事业法治领域打下牢固的基础。

2016 年年底通过的《公共文化服务保障法》就是一个我国文化事业的基础法，是文化事业领域的基础性、全局性、综合性的重要法律。作为文化事业领域的基础法，该法明确了文化事业的范围，对文化事业领域的一般原则、规则、制度予以规定，对文化事业领域的基础性社会关系加以调整和引导。《公共文化服务保障法》的出台，维护了人民群众的基本文化权益，体现了宪法关于人民公共文化权益的精神，同时也把多年来党中央、国务院制定的公共文化服务方面的政策方针、有关决定以法律的方式固定下来，全面权威地保障了广大人民群众的基本文化权益，使人民群众在享受公共文化设施、获取公共文化产品的时候都有法可依。

2. 分散的专门法

公共文化事业专门法包括诸如《公共图书馆法》《博物馆法》《文物保护法》《非物质文化遗产法》《电影产业促进法》《档案法》等。其他还应该包括行政法规和规章，如国务院文化事业行政法规、国家部门文化事业行政规章、实施条例、地方性文化事业法规和地方政府文化事业规章等。专门法可以包括以下几方面的单行法系统。

一是关于文化遗产保护方面的文化立法。文化遗产是人类优秀文化的积淀，表征着各国的文化传承。《文物保护法》《非物质文化遗产法》均属于这一系统。

二是文化基础设施建设和管理方面的文化立法。文化基础设施是“向公众开放、展示，用于传播知识、宣传教育、文化娱乐、文化艺术培训、文化产品（文物）展销及其他具有文化功能的公共设施和附属设施”，是公民参加精神文化活动、享受文化服务的平台。

三是关于公共教育、科技方面的文化立法。从广义上讲，教育和科技也归属于文化范畴，是我国社会主义文化的重要组成部分，没有教育和科技的发展，就不可能有社会主义文化软实力的提升。

四是关于公共体育方面的文化法。与体育产业不同，公共体育事业主要侧重公益性、福利性和国家性。它是指在国家相应部门的领导下，由国家财政支持生产或创造具有公益性、福利性和国家性的体育公共产品的组织的集合。体育文化是一国文化的重要组成部分，国家支持发展体育事业，有助于提升公民的体育精神和身体素质。

第三节　发展文化产业

一、文化产业的概念与属性

（一）文化产业的概念

“文化产业”一词的英文为 culture industry，与 1947 年法兰克福学派的霍克海默和阿道尔诺出版的《启蒙辩证法》中，首次提出的“文化工业”（culture industry）的概念英文词汇相同，因此可以认为文化产业这一概念最早出现于此。《启蒙辩证法》中“文化工业”指的是作为意识形态生产的大众文化活动。但是霍克海默和阿道尔诺对“文化工业”这一概念带有批判性的观点，批判了将文化纳入资本渗透和运作下大工业生产方式的文化工业本质特征，揭露了文化工业的复制性、模式化和商品化等弊端。[①]

联合国教科文组织把文化产业界定为："按照工业标准生产、再生产、储存以及分配文化产品和服务的一系列文化活动。""文化工业"一词在"二战"前带有强烈的政治及意识形态色彩；"二战"后，由于西方文化工业的快速发展及人们观念的变化，"文化工业"更多被当作中性概念，用以解释当代社会客观存在的某种文化现象与文化形态。其后，因英国伯明翰学派极为重视文化产业及大众文化研究，通过对"文化"、"生产"和"大众"进行重新阐释，肯定了文化生产及文化产业的积极性，对这些词赋予了更多褒义与积极性的含义与解释。此后，侧重贬义的"文化工业"逐渐转变为重褒义或中性、范围更为广泛的"文化产业"，并为世界各国通用。"文化产业"的范围十分广泛，涉及体育比赛、体育娱乐、文学艺术、传媒广告、旅游休闲、影视音像、科学研究、新闻传播、信息咨询、设计策划等领域。[②]

不同国家、组织对文化产业的定义存在差异，对"文化产业"一词也有不同称谓：美国称为"版权产业"（copyright industry），英国、澳大利亚称为"创意产业"（creative industry），日本、韩国称为"内容产业"（content industry）等。[③] 不同国家和国际组织对文化产业的定义、称谓虽然存在差异，但都是依据各个国家和国际组织产业现状作出的定义，并存在两点共同之处：第一，产品是人创造的精神产品，是每个人思想、价值取向的载体；第二，产品存在价值，可以进行交换，具有营利性。

目前我国对文化产业的定义是国家统计局在《文化及相关产业分类(2018)》中所指出的："为社会公众提供文化产品和文化相关产品的生产活动的集合。"主要范围包括："以文化为核心内容，为直接满足人们的精神需要而进行的创作、制造、传播、展示等文化产品（包括货物和服务）的生产活

---

① 参见［德］马克斯·霍克海默、［德］西奥多·阿道尔诺：《启蒙辩证法》，渠敬东、曹卫东译，上海人民出版社2006年版，第134页。

② 参见张利群：《论文化产业内涵及其理论构成——桂学基本理论及学理依据研究之八》，载《广西教育学院学报》2015年第2期。

③ 参见张利群：《论文化产业内涵及其理论构成——桂学基本理论及学理依据研究之八》，载《广西教育学院学报》2015年第2期。

动。具体包括新闻信息服务、内容创作生产、创意设计服务、文化传播渠道、文化投资运营和文化娱乐休闲服务等活动。以及为实现文化产品的生产活动所需的文化辅助生产和中介服务、文化装备生产和文化消费终端生产（包括制造和销售）等活动。”①

（二）文化产业的属性与发展规律

1. 文化产业的属性

（1）创新属性。与其他产业相比，文化产业最突出的不同点在于文化产业是内容产业，决定内容的关键因素是创意与创新。文化产业本质上是以创新为主的产业，无论是新兴产业还是传统产业，都需要足够的创意与创新来吸引消费者进行消费，进而为企业带来经济效益。文化产业领域的创意与创新，不仅是文化产品与文化服务的创新，或是对传统文化的拯救、弘扬或者再造，还包括了新的交往方式和生活方式。

（2）市场属性。市场性是指文化产业是市场产业，文化产品由市场决定。但是这一市场性会因文化的意识形态性质而受到政府行为的影响，这种影响主要体现在政府的态度：鼓励或是禁止，以及政府消费，如购买文艺演出服务，这两个方面。需要明确的是，政府的鼓励或是消费不能等同于市场需求与市场行为。

（3）消费属性。文化产业的消费性是指文化产业需要有满足大众需求的文化产品与服务，且有合理、便捷的市场渠道获得这些产品与服务。并且，文化产品与服务需要有合理的性价比，以维持消费者利益与企业利益的平衡。

2. 文化产业的发展规律

（1）科技引导规律。每一次文化产业的发展进步都是以科技的进步为基础，科技对文化产业的发展具有强大的基础性推动力，科技加速了文化产业的转型与升级。但是科技推动文化产业的转型、升级甚至产业革命需要经历一个过程，这取决于新科技对已有科技的突破力度与新科技成为文化产业技

① 《关于印发〈文化及相关产业分类（2018）〉的通知》，载国家统计局网，https：//www. stats. gov. cn/xw/tjxw/tzgg/202302/t20230202_ 1893947. html。

术基础的速度。

（2）阶段上升规律。文化产业的发展阶段可以概括为：转型—发展—成熟，可理解为是“质变—量变—质变”的过程。第一阶段“转型”，是指文化产业中出现了新的产业形态与新的文化体制，即“质变”。但是旧的产业形态与旧的文化体制依然存在，新的产业形态与体制可能会遇到发展阻碍。这一阶段结束的标志：在国内，更新文化产业技术设备、建立更加完善的文化产业管理体制、出现具有新功能的文化企业；在国际上，成为文化市场竞争中的主导者、规则的制定者。第二阶段“发展”，新的产业形态与文化体制处于飞速上升时期，不断得到充实与完善，新的产业形态与体制在大多数国家中逐步建立、在市场中逐渐占据主要地位，即“量变”。这一阶段的结束标志为：文化产业新的形态、发展模式与管理体制成为主导，旧的产业形态与管理体制基本退出市场。第三阶段为“成熟”，这一阶段是在已有发展的基础上出现了更新且比较稳定的文化产业变革的萌芽，即产生新的“质变”。

（3）双重转变规律。文化产业的发展最终会引起文化产业形态的改变与社会文化模式的变革。依托于不同时代的科技、社会经济与人们的精神需求，文化产业的形态会发生变化，发展为适合某一特定时代的文化产业形态，文化模式也会产生相应的变革。20 世纪，现代出版业在中国逐步建立、发展，依托于这一客观条件，新文化运动中白话文取代文言文成为日常交流用语，使对普通人遥不可及的文化成为每个人都触手可得的必需品，社会文化模式发生变革。21 世纪，处于转型期的中国文化产业，借助互联网，使文化载体不再局限于实物，电子载体不断发展。同时，文化强国战略与中国文化“走出去”对文化产业的推动力更强、要求更高，文化担负的意识形态属性均会影响最终文化产业形态的形成与社会文化模式的转变。

（4）多种要素影响变革规律。文化产业的发展与变革无法仅仅依靠某一种要素进行变革。科技、经济基础、社会精神需求与政府的干预都会影响文化产业的变革。科技是文化产业变革的基础，新的科技在经过一定时间后成为文化产业的基础装备。但是，对技术装备依赖程度较高的文化产品其生命周期较短，产业的生长周期和文化产业的变革时间较短，会出现内容生产无法与生产设备同步增长、更新的情况。至于政府的干预，文化特殊的意识形态属性使政府会对文化产业进行干预，这种干预既包括对文化产业发展的促进与推动，也包括对文化产业变革的可能阻碍。当文化产业的产业形态发展到一定程度时，必须要有新的文化管理体制与之匹配，这时政府的文化主管部门就可能成为一种潜在阻碍，影响文化产业整体的变革。①

二、文化产业促进与管制

（一）文化产业发展中政府与市场的关系

我国“十四五”规划和2035年远景目标中提出：进一步推动文化产业全面高质量发展，健全现代文化产业体系。这需要发挥有为政府和有效市场在文化产业中的共同作用，二者形成合力，摆正政府与市场的作用关系，即在充分发挥市场对资源配置决定性作用的同时，更好地发挥政府的主观能动性。明确划分政府与市场的作用边界和参与维度，在文化产业发展中寻找两者的最优解。

我国当前经济发展的基本思路是发挥市场在资源配置中的决定性作用，推动文化要素的市场化配置。其中，“资源配置”界定了有效市场的参与维度，“决定性作用”表明了有效市场的作用边界。在文化产业中，应重视文化产品和服务的经济效率，并将经济效率作为划分市场和政府作用边界的主要依据，在保障文化产业正外部性的前提下，统筹考虑市场供需现状和竞争格局，降低政府对资源配置的干预程度。由于文化市场的作用边界收敛于绝对无效率和相对无效率维度之间，产业内部无法回避文化产品和服务的资源有限、产权私有性、竞争保护性等弊端；与之相对应，有效市场在与政府协同中需要着力解决的核心问题是：资源性质边界（资源要素问题）、目标对象边

---

① 参见胡惠林：《论文化产业的属性与运动规律》，载《上海交通大学学报（哲学社会科学版）》2007年第4期。

界（企业家问题）、行业垄断边界（市场准入问题）。①

有为政府在参与市场活动中的作用边界根据产业发展时间和空间的变化而变化，政府应尽量减少和避免在市场的有效边界内干预文化产业发展，并据此规划和调整参与维度，正确处理“数量”与“质量”、“粗放”与“集约”、“服务”与“监督”等逻辑关系。同时，由于文化产业兼具经济属性和意识形态属性，也就意味着有为政府还必须对文化产业内部核心资源的控制权有所保留，其中就包括对具有公共属性、垄断属性、道德属性和公益属性的资源的配置和监管。

（二）文化产业促进与文化产业管制的限度

市场经济可以满足资源与信息的自由流通，有其积极的一面，但同时也有调控失灵的风险。文化产业作为一个新兴产业，发展运行过程中有诸多方面需要补充与完善，这就要发挥政府的作用，借助政府的“有形之手”维护社会的公平与效率，通过政府对文化产业的管制，规制文化产业发展过程中的不规范行为，促进文化产业蓬勃健康发展。

1. 文化产业规制是规范产业外部性的方式

文化产业集知识、审美、价值、娱乐及观念于一身，具有很强的外部性。在生产合理、消费理性的前提下，文化产业不仅可以促进经济社会的良性发展，还能通过传递正能量重塑消费者的价值观，提升民族认同感，弘扬中华民族的优秀传统文化，文化产品发挥正外部性，产生更大的整体社会效益；反之，如果文化产业生产不合理，文化企业过分追求企业效益而破坏社会效益，传播有害价值理念和危害社会稳定，此时的文化产业就会产生严重的负外部性，不利于文化市场的有序发展。另外，文化产品具有公共物品属性，即多人可以同时共享同一文化产品，且不会互相干扰。这种固有属性极易造成文化消费的“搭便车”行为，造成文化产品供应方的利益损失，供应方采取的对策往往是只为愿意付费的消费者提供文化产品，这就造成低收入消费

① 参见高宏伟、李阳、王金桃：《新型城镇化发展的三维逻辑研究：政府、市场与社会》，载《经济问题》2018 年第 3 期。

者的文化需求得不到满足，从而引发一定程度的社会不公平。文化产品的外部性及公共物品属性，难以通过市场调节，因此必须依靠政府规制进行直接或间接的引导、管制，鼓励正外部性行为，惩罚负外部性行为，保护消费者利益，维护社会公平。

2. 文化产业规制是合理配置产业资源的要求

在信息经济时代，信息作为一种资源逐渐成为产业发展的重要一环。文化产业作为一种市场活动，难免会因市场失灵造成生产者与消费者信息不对称的现象。这种不对称现象往往导致两种不良后果：一是占有信息优势的一方受经济利益驱使垄断信息，做出损害另一方利益的行为，如提供虚假信息、诈骗信息等；二是由于信息封闭造成信息延迟使文化企业错过最佳市场竞争的时机。如果不能及时遏制不对称现象，不仅文化市场难以进行公平交易，而且市场的正常资源配置也会受到影响。因此，政府应采取措施对文化市场进行信息规制，通过提供统一的信息交流平台，降低制度性交易成本，促进信息自由、广泛流通，提升市场资源配置效率。

3. 文化产业规制是提升产业地位的途径

自文化产业诞生以来，关于其产品内容“是好是坏”的争辩一直存在，单纯追逐经济利益与坚持社会效益左右摇摆的现象没有改变。就是在这种尖锐的争议中，文化产业逐渐发展与壮大，并成为世界各国难以忽视的一种经济与文化引擎。自党的十七届六中全会制定了我国文化大发展、大繁荣的宏伟蓝图以来，打造“文化强国”的观念逐渐深入人心，我国经济发展逐步进入经济与文化双驱动的时代。文化产业已经成为国民经济的支柱性产业，文化产业发展已成为我国的一项重要经济发展战略。因此，文化产业的发展要服务于国家文化战略的实施，这项任务的实施需要制定相应的规制措施加以保障。

三、文化产业促进的法律内涵

（一）文化产业促进立法中的价值观原则

综合国内外的立法实践，文化产业的立法价值目标主要包含 4 个方面：

自由、效率、秩序和安全。

1. 自由

自由是人类最珍视的价值之一，现代意义上的自由概念源自西方，其本意是不受约束，或从约束中解放出来的状态。自由离不开法律的保护，法律上的自由主要以权利的面目出现，尤其是各项人权，形式包括政治权利、经济权利、文化权利、社会权利等。但法律上的权利不是绝对的，而是以义务为边界的自由。法律上的自由分为消极自由和积极自由，前者主要指个人权利免于公权力的不合理干涉，后者是指公权力为个人权利的充分行使，尤其是为弱势群体权利的行使积极创造条件。文化产业立法价值目标上的自由主要是指文化作品创作者和传播者的表达自由、进行科学研究和文艺创作的自由以及从事文化经济活动的自由。这种自由主要为一种消极自由，即文化产品内容和文化经济活动免受国家不适当的干预。表达自由和文艺创作自由应该成为文化产业立法的核心目标。自由作为文化产业的立法目标意味着尽量少的政府干预，无论在内容上还是在形式上，都充分尊重创作者的自由，仅在文化产品的创作和传播可能损及国家安全、社会秩序、公共道德以及他人权利时才给予限制，且限制方式和手段必须满足合法性、必要性、手段与目标的成比例等基本宪法原则的要求。①

2. 效率

文化产业与文化事业不同，文化产业立法必须以效率为重要的目标取向。文化产品具有商品属性，适合由市场进行资源配置。首先，市场可以发现人们多元化的需求，并将供给与需求进行最佳匹配。人们的文化需求是多元的，每个人在审美情趣、文化喜好、欣赏习惯上都有所不同，市场善于发现和满足这种多元的个性化的需求。其次，市场可以筛选出最有效率的供给者，促使资源的使用由低效率向高效率转变。文化产品也有优劣之分、高下之别，市场的优胜劣汰机制可以最大限度地节省资源，增加收益。最后，市场的及时反馈机制可以极大地激发出人们的文化创造能力和科技创造能力，丰富文

---

① 参见熊文钊主编：《文化法治体系的建构》（下卷），中国社会科学出版社 2021 年版，第 617 页。

化市场的供应，促进文化产业的繁荣。①

3. 秩序

秩序是文化产业立法的重要目标。市场善于发现和满足人们差异化的文化需求，但有些需求的满足可能损害他人的权益以及公共卫生、道德、社会秩序等公共利益。这就是文化产品的负外部效应，即这种需求的满足会损害第三人以及社会的公共利益，但是市场本身无法解决。文化立法的一个重要目标即由政府来干预这种负外部性，保护他人的合法权益以及公共利益。政府对社会秩序的维护主要通过对文化产品进行内容审查这一手段，主要包括事前审查和事后审查两种方式。

4. 安全

由于文化产品不仅是商品，还传递着思想、价值观、意识形态等精神内容，所以文化产业与安全有关。这种安全既包括文化产品因包含煽动分裂国家、泄露国家秘密等内容而形成的对政治制度的威胁，文化产品还有一个特有的文化安全问题。文化安全是指一个国家的核心价值观、民族传统文化不被威胁的状态，因为这可能关系到该国家、民族的存亡问题。文化安全被认为是国家安全的重要组成部分。

（二）文化产业发展与法律变迁

我国的文化产业立法在不同时期体现出不同的价值倾向。1949—1978 年，文化一直被当作事业来兴办，由国家财政全额拨款支持，不存在文化产业，更没有文化产业立法。1978 年实施改革开放之后，文化的商品、产业属性逐渐被认识。随着文化产业在我国的发展与壮大，文化产业的立法价值也经历了一个从仅追求秩序、安全到在追求秩序、安全的基础上逐渐重视效率以及自由的多元价值目标的过程。

1. 文化产业萌芽阶段，强调秩序与安全（1978—1991 年）

1978 年的改革开放首先体现在经济领域，文化领域的改革开放开始较晚，

① 参见熊文钊主编：《文化法治体系的建构》（下卷），中国社会科学出版社 2021 年版，第 619 页。

但是文化产业的萌芽也已开始出现。1978 年财政部批准 8 家媒体单位进行事业单位企业化运作试点。1979 年上海东方电视台播出了第一条电视商业广告。1979 年，广州东方宾馆开设了国内第一家音乐茶座。此后，书刊出版、发行、销售等文化流通领域，以及营业性舞厅、录像厅、文艺演出等文化娱乐率先开始了产业化经营。

这段时期我国的文化经济政策还处于初步探索阶段。20 世纪 80 年代后期，文化的产业属性逐渐被认识，效率这一价值逐渐在国家有关部委的规章中得到体现。国家有关部委在舞会、艺术表演、出版社、广播电视、广告、版权保护等方面都有所突破。与此同时，安全与秩序始终是这一时期文化领域政策和立法的最高追求。此时，我国与文化有关的各个部门都属于事业编制单位，由国家财政拨款支持，文化内容由主管部门和本单位严格把关。在法律上，这段时间文化传媒领域所颁布的规范性文件都以“管制”“规范”为主。首先，新闻出版领域强调严格的内容管理，特别是严厉打击淫秽、色情、迷信、反动等有害内容，发挥报纸等出版媒介的舆论导向作用。其次，广播电视领域实施严格的审批、许可和内容审查制度。最后，在广告领域，这段时间颁布的行政法规、规章以及规范性文件都强调对广告内容的严格审查，以及建立良好的广告市场秩序。

2. 文化产业的地位正式确立，效率开始得到强调（1992—2001 年）

1992 年邓小平南方谈话开启了中国的市场经济改革大潮，也加快了文化产业的发展步伐。这段时间，在文化演出领域，“走穴”现象日益普遍。在出版、广播、电视等传媒领域，虽然仍是事业单位编制，但大多数单位已经走上了独立核算的企业化经营道路，且很多单位广告收入丰厚，完全可以自负盈亏。1994 年，中国正式接入国际互联网、网络信息内容产业在我国初露头角。

这一时期，我国的文化经济政策取得了突破。1992 年，中共中央、国务院发布了《关于加快第三产业的决定》，文化产业被列为第三产业予以发展。1992 年，党的十四大报告明确提出要“完善文化经济政策”。1996 年，党的十四届六中全会通过《关于加强社会主义精神文明建设若干重要问题的决议》，提出了文化体制改革的任务和一系列方针。1998 年，文化部文化产业司成立，这是我国政府第一次设立文化产业的相关管理机构。2000 年，党中央通过第十个五年计划建议，“文化产业”这一概念首次在党中央的正式文件中提出。该建议提出要“深化文化体制改革”“完善文化产业政策”“加强文化市场建设和管理”“推动文化产业发展”。2001 年，这些建议正式进入我国国民经济第十个五年计划。

这一时期，全国人大、国务院和文化管理部门陆续颁布（包括修订）了上百部法律、法规、部门规章以及规范性文件，这是文化领域立法大发展的时期。

从党和国家的文化经济政策到法律法规规章等文件的出台，对文化产业效率价值的追求和保障已经清晰地呈现出来。同时，这段时期的政策及法律规范文件延续了原来实际执行的文化领域尤其是传媒领域的各项管理制度，对安全与秩序的强调丝毫没有放松。

3. 文化产业全面发展，效率成为文化产业立法的重要追求（2002—2011 年）

2001 年 12 月，中国正式加入世界贸易组织，融入国际贸易和经济全球化。面对新的机会与压力，中国努力抓住发展机遇，顺应国际规则，不断加大各个领域包括文化产业领域改革开放的力度，文化产业在国民经济中的贡献逐步提高。文化经济政策发生了大幅调整，文化产业发展备受重视。2002 年 11 月，党的十六大报告做出深化文化体制改革的战略部署，首次在中央文件中将文化产业与文化事业明确区分开来，并提出要大力发展文化产业。2002—2006 年，党和国家出台了一系列的文件和规定，鼓励加快文化领域的体制改革，推动文化领域的产业化、市场化。2007—2011 年，文化产业的地位得到进一步的强调，党和国家全面支持、鼓励文化产业的繁荣与发展。

在党和国家大力支持文化产业的战略背景下，文化领域的立法也取得了突飞猛进的发展。这一时期，全国人大常委会、国务院及各个部委制定和修改了大量的文化产业领域的法律、法规和规章，几乎涉及广告、文化演出、美术品、旅游、娱乐、出版、广播、电视、电影、网络、音像等各个文化领域。这些立法逐渐从过去仅重视管理型、规范性立法向重视保护和促进类立法转变，立法价值取向发生了较为明显的变化，在重视秩序与安全价值的基础上，效率价值被突出强调。

4. 互联网+带动了文化产业的大发展，安全价值被突出强调（2012年至今）

党的十八大以来，我国的文化产业政策步入一个新的阶段。2012年2月，中共中央办公厅、国务院办公厅联合发布《国家“十二五”时期文化发展改革规划纲要》。2013年党的十八届三中全会通过的《关于全面深化改革若干重大问题的决定》把文化纳入全面深化改革的大格局中。2014年2月，中央深化改革领导小组审议通过了《深化文化体制改革实施方案》。2014年3月和4月，国务院相继发布《关于加快发展对外文化贸易的意见》《关于推进文化创意和设计服务与相关产业融合发展的若干意见》等文件。2017年1月，文化部印发《文化部“一带一路”文化发展行动计划（2016—2020年）》。2017年5月，中共中央办公厅、国务院办公厅联合发布《国家“十三五”时期文化发展改革规划纲要》。2017年11月，党的十九大召开，报告中提出，要“坚定文化自信”，不断满足“人民日益增长的美好生活的需要”。

这一阶段，传统文化产业领域包括传媒领域，除了根据新形势对原来的法律、法规、规章进行修改以外，新的立法系统性展开。这一时期的立法，继续体现出对效率和秩序价值的维护。立法文件继续强调文化产业领域中的市场化改革，强调文化产业的繁荣发展。另外，这段时期，面对互联网尤其是社交媒体对意识形态的冲击，恐怖主义等极端信息的传播，安全价值得到前所未有的强调。

（三）文化产业促进法的内容

目前，我国文化产业领域的法律已经初步形成从中央到地方，从宪法到法律，再到法规、规章，涵盖各个领域的相互配套的文化产业立法体系。

1. 宪法层面

宪法从三个方面对文化产业立法作出了纲领性、方向性的规定。一是宪法确认了国家发展文化事业、保护历史文化遗产的总体方针。《宪法》第22条规定：“国家发展为人民服务、为社会主义服务的文学艺术事业、新闻广播电视事业、出版发行事业、图书馆博物馆文化馆和其他文化事业，开展群众性的文化活动。国家保护名胜古迹、珍贵文物和其他重要历史文化遗产。”二是宪法规定了公民所享有的表达自由以及从事科学研究、文学艺术创作的自由。《宪法》第35条规定：“中华人民共和国公民有言论、出版、集会、结社、游行、示威的自由。”《宪法》第47条规定：“中华人民共和国公民有进行科学研究、文学艺术创作和其他文化活动的自由。国家对于从事教育、科学、技术、文学、艺术和其他文化事业的公民的有益于人民的创造性工作，给以鼓励和帮助。”三是宪法规定了我国的基本经济制度。《宪法》第6条第2款规定：“国家在社会主义初级阶段，坚持公有制为主体、多种所有制经济共同发展的基本经济制度，坚持按劳分配为主体、多种分配方式并存的分配制度。”《宪法》第11条第2款规定：“国家保护个体经济、私营经济等非公有制经济的合法的权利和利益。国家鼓励、支持和引导非公有制经济的发展，并对非公有制经济依法实行监督和管理。”这些经济制度的规定同样适用于文化产业领域。

宪法的规定可以在两个方面发挥作用，一是宪法本身就是最高的法律法规，具有最高的法律效力，文化产业领域的各个主体都需要在宪法的范围内活动。二是宪法中的规定为整个文化产业法律体系提供了立法依据、指导原则以及立法宗旨。

2. 法律层面

法律是指由全国人民代表大会及其常委会制定、颁布的规范性法律文件，其效力仅次于宪法。调整文化产业领域的法律可分为两类：适用于文化产业领域的综合性法律和适用于文化产业领域的专门性法律。

（1）适用于文化产业领域的综合性法律

文化产业法作为调整文化产业这一领域的法律规范的总和，横跨诸多法律部门。民法典以及商法部门中的公司法、保险法等都适用于调整文化产业中所产生的平等主体之间的财产关系和人身关系。社会法中的劳动法、社会保障法也同样适用于文化产业领域中所发生的劳动关系及社会保障关系，保障文化产业从业者的劳动权利和社会保障权利。刑法的有关条款适用于打击文化领域中的违法犯罪问题。诉讼法则为违约、侵权的救济及违法犯罪的责任追究提供了法律保障。

在这些综合性的法律之中，文化产业法与三个部门的法律关系最为紧密。一是行政法部门中的《行政许可法》、《行政强制法》、《行政处罚法》，以及《行政复议法》等；二是经济法中的财税法、金融法、投资法、竞争法、消费者权益保护法等；三是知识产权法中的《著作权法》《商标法》《专利法》等。

（2）适用于文化产业领域的专门性法律

总的来看，目前适用于文化产业领域的专门性法律并不多，主要包括两类，一类是适用于所有文化产业领域的一般性法律，主要包括正在拟议中的《文化产业促进法》。该法是文化产业领域中的综合性、基础性法律。另一类是适用于文化产业领域的专门性立法，如《著作权法》《商标法》《广告法》《电影产业促进法》《旅游法》《体育法》《文物保护法》《非物质文化遗产法》等单行法律。

3. 行政法规层面

为促进文化产业发展，落实宪法以及上述各项法律的规定，国务院作为最高的行政主管部门还颁布了大量的行政法规对文化产业领域进行调整和规范。实际上，由于我国文化产业立法还处于探索阶段，对于文化产业规范管理的基础性的规范恰恰是由这些行政法规以及下述的行政规章而不是立法提供的。这种规范构成了我国文化产业立法中非常重要的组成部分，塑造了我国文化产业的基本样态。

主要领域包括文化娱乐、旅游领域，新闻出版领域，广播电影电视领域，电信及互联网管理领域，知识产权保护领域、文化财产保护及广告管理领域。

4. 部门规章层面

我国文化产业立法的核心是行政监管和产业保护，因此文化产业各个主管部门在文化产业的立法方面非常活跃，出台了大量规章以及规范性文件对各自管辖范围内的产业领域进行规范和保护。主要涉及文旅部、国家新闻出版署、国家广播电视总局等部门。此外，在文化产业促进方面，国务院和相关部门颁布了若干规范性文件和政策性文件，这些文件虽然严格来说不属于法律规范的范畴，但是在实践中起到非常重要的规范作用，比较重要的有：《关于金融支持文化产业振兴和发展繁荣的指导意见》（2010 年 3 月，中央宣传部、中国人民银行、财政部、文化部、广电总局、新闻出版总署、银监会、证监会、保监会）、《关于深入推进文化金融合作的意见》（2014 年 3 月，文化部、中国人民银行、财政部）、《关于动漫企业进口动漫开发生产用品税收政策的通知》（2016 年 8 月，财政部、海关总署、国家税务局）、《关于延续动漫产业增值税政策的通知》（2018 年 4 月，财政部、税务总局）、《关于继续实施文化体制改革中经营性文化事业单位转制为企业若干税收政策的通知》（2019 年 2 月，财政部、税务总局、中央宣传部）、《关于继续实施支持文化企业发展增值税政策的通知》（2019 年 2 月，财政部、税务总局）等。

5. 地方性法规层面

在我国的立法体系中，省、自治区、直辖市人大及其常委会，以及较大的市的人大及其常委会，设区的市的人大及其常委会都可以在职权范围内就地方性事务制定地方性法规。我国各个地区根据本地的实际情况在文化产业的规范和促进方面制定了大量的地方性法规，这些法规构成了我国文化产业立法体系的重要组成部分。

绝大多数省和较大城市，都出台了当地的文化市场管理条例，如四川、陕西、浙江、内蒙古、山东、湖南等。部分省市出台了文化产业促进的地方法规，如四川、深圳、太原等。

6. 《文化产业促进法（草案征求意见稿）》

《文化产业促进法（草案征求意见稿）》于 2019 年 6 月征求公众意见。《文化产业促进法（草案征求意见稿）》共包括九个部分，分别是第一章总则、第二章创作生产、第三章文化企业、第四章文化市场、第五章人才保障、第六章科技支撑、第七章金融财税扶持、第八章法律责任、第九章附则。整部立法紧紧抓住促进文化产业发展的关键环节和核心要素，聚焦“促进什么”“怎么促进”两个核心问题，确定在创作生产、文化企业、文化市场等关键环节发力，在人才、科技、金融财税等方面予以扶持保障。

第五章　文化法规范体系

摘要：文化法的规范对象是文化活动中围绕文化利益形成的权利/义务关系，其法律规范体系就是由确认、限定以及实现文化利益即文化权利，并调整由此产生的权利义务的规范构成。我国的文化法律规范在宏观上应该建构起一个正三角形的法律规范层级体系，其中处于最顶层的应是国家意志层面的文化法，中间层面的应是关于文化权利的文化法，最下面一层是关于文化产业与市场的文化法。文化法律体系的适用范围分为文化引领和治理领域、公益性和社会性领域、营利性领域。文化法中文化权利的保障需要以宪法为根本遵循，其他相关文化法律问题在行政法、经济法等法律部门也有规定，文化法作为一个独立的学科门类，它与宪法、行政法、经济法联系紧密。

关键词：国家意志　文化权利　文化产业和市场　文化引领公益性　营利性

法律体系是全部法律规范按照特定逻辑构成的系统整体。它是指根据法律规范所调整的对象（考虑被调整关系的复杂性和具体性质等）、方式（允许方式、直接规定方式及其他）将其分为法律制度（如财产制度、选举制度、防卫制度等）和不同法律部门（如宪法、刑法、民法、行政法等）。[①] 法律体

---

① 参见［俄］B. B. 拉扎列夫主编：《法与国家的一般理论》，王哲等译，法律出版社 1999 年版，第 38 ~ 39 页。

系具有统一性、整体性、逻辑性、活动性的特征。[①] 根据各类法律规范相互组合的逻辑关系，法律体系可以分解为不同的构成部分。法律体系最为常见的分解方式，是以法律规范的对象即权利义务关系为依据。特定社会法律体系形成的最根本元素非文化莫属。社会文化与社会法律体系相互之间难以分割，特定的社会法律体系是社会文化现象中的重要组成部分，而特定社会法律体系又是在社会文化基础上形成的。每个国家也有自己的法律文化或称为法制文化，即是以一国宪法为基础的全部现行法律规范组合分类为不同的法律部门，而形成的有别于其他文化概念上的有关制度、意识等的有机联系的统一整体。但法律文化或是法制文化不等同于文化法，同样，法律文化体系也不同于文化法律体系。文化法虽然不是一个独立的法律部门，却是一门独立的法学学科。[②] 因此，文化法律体系其实就是由纯粹的文化法律规范和那些散见于各部门法律规范中的相关文化法律规范的内在逻辑体系构成。

文化法的规范对象是文化活动中围绕文化利益形成的权利/义务关系，其法律体系就是由确认、限定以及实现文化利益即文化权利，并调整由此产生的权利义务规范所构成。文化法所调整的利益关系，是参与文化活动的个人、组织和政府相互之间发生的权利/权力与义务关系。其间，不同的主体占据不同的法律地位、享有不同的权利/权力，并承担着相应的义务与责任。由此，不同文化活动主体及其行为规范体系便构成了文化法中的不同门类。

第一节　文化法的体系与结构

法律体系的设计应该全面考虑制度、政策、技术等层面的操作规程。文化法律体系应该重视通过文化立法促进文化发展，努力完善我国与文化相关的法律体系。我国的文化法律体系在宏观上应该建构起一个正三角形，共分

① 参见谢晖：《论法律体系——一个文化的视角》，载《政法论丛》2004 年第 3 期。

② 参见熊文钊、杨凡等：《文化法治基本理论研究》，中国社会科学出版社 2021 年版，第 320 页。

为三个层级，其中处于最顶层的应是国家意志层面的文化法，中间层的应是关于文化权利的文化法，最下层的是关于文化产业与市场的文化法。

一、关于国家意志的文化法

关于国家意志的文化法就是将国家层面的文化政策等上升为文化法律，对文化的整体发展、走向以及目标作出规定，这是顶层设计的关键，在整个文化法律体系中居于最为关键的核心地位。它具体由文化治理法、文化传承法、语言文字法、文化档案法、文化遗产法、文物法、文化基础法等组成，体现的是国家对文化发展和文化战略的顶层设计和国家意志。

我国文化建设与政治建设、经济建设一样，需要以健全的法律制度体系为基础、作指引、划方向。文化治理法的立法目的是为实现文化强国的战略提供法律保障，其核心内容是要将国家文化发展战略部署确立的文化发展繁荣目标上升为国家意志，并以国家强制力保障的手段，以确立法律权利、法律义务的方法，增强全社会的文化发展观念、文化法律意识；同时，通过法律规范的鼓励、倡导和形成作用，将我国文化建设中国家、企事业单位、社会组织、个人的职责、权利、义务，合理确立、依法规范，完善文化法律体系与结构。通过对欧美文化政策转变的方向和特征分析，对我国文化政策的启示有：一是保障国家利益和文化独立性是政府文化政策的最高宗旨；二是应逐步完善知识产权制度，保护本国经济和企业利益；三是要构筑官产研合作网络，推进企业跨行业国际经营。①

中央政府应坚持依法行政、高效便民的原则，尽可能多地从以下 5 个方面努力着手向地方政府下放规制权力。一是要在法律法规中明确不同部门、同一部门不同层级的规制职责和权限分工，以确保在管理中各规制主体不缺位、不错位、不越位，确保政府规制制定和执行的高效和权威；二是理顺和规范文化产业规制决策，贯彻实施中央与地方之间的委托—代理关系，由中央政府设立各规制领域政策目标的参数体系，地方政府作为执行代理者切实

① 参见李敏：《欧美文化政策转变的方向、特征及启示》，载《现代经济探讨》2012 年第 3 期。

承担起相应的规制职责，并拥有必要的裁量权，发挥各级政府规制的系统性、统一性和连贯性，形成共同规范和促进文化产业发展的合力；三是要制定切实可行的文化产业政府规制法律执行程序，加大综合执法、统一执法力度，完善各规制政策制定和执行主体之间的沟通、协调（包括权力、利益及具体工作上的协调）机制，健全各级政府文化产业规制信息公开披露和社会监督体系，实施规制决策失误问责及执行过错追究制度，促进规制质量和效率的提高；四是要增强政府规制的可预测性，尽量缩小政府规制行为的自由裁量权，防止规制机构滥用职权；五是要构建公正合理的规制权力授予、行使、约束、监督和惩罚机制，明确界定文化产业政府规制机构与其他行政机构之间的关系，以制度化、程序化保证规制权力的公正行使和规制行为的规范有效。①

中国特色社会主义法律体系的一个重要组成部分就是文化遗产法律制度。新中国成立以来，我国在文化遗产保护方面的法律制度主要包括两个方面：一是与文化遗产保护相关的基本法律依据和准则，这是由宪法和民族区域自治法确立的；二是有关的专门性法律、法规和规章等，这主要涉及物质与非物质文化遗产保护。在我国建立起全方位保护文化遗产的法律制度，这既是我国文化遗产法律制度建设的基本目标，更是我国文化发展和社会主义法制建设的一个重要任务。《非物质文化遗产法》于 2011 年 2 月 25 日通过，自 2011 年 6 月 1 日起施行。从立法角度来说，在国家法律法规的层面上，文化遗产保护制度包括三个方面：一是制定《非物质文化遗产法》，从法律上保护和保存那些未被纳入《文物保护法》范围的非物质文化遗产，从而与《文化保护法》形成对文化遗产保护的相互补充。通过这一立法，确定国家保护、继承和发展非物质文化遗产的基本原则和相关制度，明确资金保障、管理责任、名录体制、调查建档、传承传播等。二是加大对文化遗产的保护力度，进一步扩大物质文化遗产的法律保护范围。根据经济社会的发展需要，立法上除了要对专门的《文物保护法》作进一步的完善，还需要制定和出台一系

① 参见张秉福：《论我国文化产业政府规制法律体系的完善》，载《安徽商贸职业技术学院学报（社会科学版）》2013 年第 3 期。

列的专门针对特定保护对象的配套性法规，诸如世界遗产保护条例，历史文化名城、街区、村镇保护办法，长城保护条例，博物馆条例等。目前，这些条例有的已经出台，有的正在制定中。三是建立起保护传统文化知识产权的法律制度。这是一个全新且复杂的问题，无论在私权还是民法领域，它都需要统筹研究加以解决，因为它已经突破了原有传统知识产权的范畴，无论是著作权还是专利权、商标权都难以单独对其实行全面保护。① 中国社会科学院莫纪宏研究员考察了各种保护文化遗产的措施后，认为其中卓有成效的一条途径就是通过设立文化权利来保护文化遗产。对文化遗产的法律保护，不仅需要政府采取行之有效的措施防止破坏文化遗产行为的发生；而且还可以通过对文化权利的法律保护来促进文化遗产的合理利用。②

中国特色社会主义文化立法既是具有相对独立意义的领域法，又是不具备独立部门法特性的混合法，这一性质决定了它是中国特色社会主义法律体系的有机组成部分。中国特色社会主义文化立法主要由文化基础法、文化事业法、文化产业法和文化权利保障法这四大部分内容组成。文化基础法是各大文化领域的"顶层设计"，它旨在明确相应文化领域的基础性运行原则和规则，并对该文化领域各种单行法律法规进行一定意义上的统合，是指调整某一文化领域之基础性关系的法律规范。但是，文化基础法是在某一文化法制领域发挥引导、整合作用的一般概括性法律，它并不是一部将文化领域所有法律规范全部囊括在一起的文化基本法意义上的法典。文化基础法要为各领域的文化活动提供最基础的行为规范，要在特定文化法制领域发挥整合作用，这种"顶层设计"式的导向作用将为相应的文化领域奠定法治保障基础，从而推进和协调整体文化法治体系的发展。我们应以国家文化发展格局为基础，在以下三个领域制定相应的文化基础法：一是制定文化权利保障领域的基础法，即"文化权利保障法"；二是制定文化产业领域的基础法，即"文化产业促进法""文化市场管理法"；三是制定文化事业领域的基础法，即"文化事

① 参见朱兵：《我国文化遗产保护法律体系的建构》，载《中国人民大学学报》2011 年第 2 期。

② 参见莫纪宏：《建立文化遗产与文化权利的法律保障体系》，载《科学新闻》2003 年第 17 期。

业促进法”。①

二、关于文化权利的文化法

关于文化权利的文化法是对公民文化基本权利进行规制的法律，这是体现文化法的权利法属性的重要表征。这一层级的文化法主要由公共文化服务保障法、图书馆法、博物馆法、文化馆法等组成。

文化活动的核心是自然人的文化精神活动，其他文化活动都是为了实现自然人参与文化精神活动的利益，即文化利益。鉴于文化利益对于人生的重要性，为了保障并促进文化利益的实现，法律认可并保护自然人享有一种基本权利，即文化权利。基于文化权利法，任何个人，应该享有参与文化生活、获取文化产品与服务、利用文化设施的权利——包括自由权和受益权，他人不得干预，政府则负有保护、保障与促进这些权利的义务。为了更大程度地实现公民个人参与文化活动的利益，他们可以成立文化机构。这些机构作为个人群体参与文化活动、享用文化权利的代理人，也被法律拟定为文化活动主体，间接享有公民个人所享有的文化权利。文化权利包括文化自由权和文化受益权。前者是指公民享有参与文化活动的自由，他人不得干预；后者是指公民应该能够现实地参与文化生活、接触作品、产品及文化各种设施和服务，国家有义务为此提供保障。在宪法承认文化权利的基础上，政府需要为保障公民文化权利的实现采取立法等措施。在我国，《公共文化服务保障法》的立法宗旨就是切实实现对公民文化权利的保障。

国家文化法制体系的逻辑起点或者价值归宿就是公民的文化权益。因此，构建我国文化法律体系的必不可少且无比重要的一部分就是文化权益保障法。其中，“文化权益”的内涵除了“文化基本权利”之外，还应该包括“文化利益”和“文化权利”。我国宪法中关于人民文化权益的条款并不局限于《宪法》第47条的“文化创作自由权”条款，《宪法》第14条的“文化生活”条款、《宪法》第22条的“文化事业”与“群众性文化活动”条款、

① 参见周叶中、蔡武进：《中国特色社会主义文化立法初论》，载《法学论坛》2014年第5期。

《宪法》第24条的“文化教育”条款等，都构成了我国公民“文化基本权益”的宪法基础。

图书馆法作为一个国家文化法律体系的重要组成部分，它是由国家立法机关制定或认可的有关图书馆事业和图书馆活动，调节国家与国家之间、图书馆与其他组织之间、图书馆与读者之间等在图书馆活动中所产生的各种关系的法律规范，它是国家领导、组织和发展图书馆事业的重要手段，是建立与管理图书馆及制定图书馆行政法规和规章制度的总依据。各国关于图书馆法的归属性质因其法律制度的差异而不同。在我国，图书馆法通常被认为是文化行政法的一种，作为行政法的重要分支。但是近年来有观点认为“图书馆基本法”应当定位为具有公法性质的社会法。我们不能认为只有教育机构内部的图书馆才和教育相关，而其他类型的图书馆却与教育没有关系。所以，我们应该积极构筑和完善包括图书馆法在内的文化法律体系，而不能孤立地发展图书馆法。①

三、关于文化产业与市场的文化法

关于文化产业与市场的文化法是对文化产业和市场进行规制的法律，具有国家管理属性，这为整体的文化产业发展提供了坚实保障，为壮大我国文化产业发展提供了法律保障。文化产业的发展壮大同时又为文化市场的繁荣提供了物质基础，所以文化产业与市场的文化法间接为文化发展提供了物质基础。文化产业法体系主要是指文化产业领域中由各个层级法律规范所构成的立法体系。根据《立法法》的规定，我国的立法体系是由宪法、法律、行政法规、部门规章所包含的各个层级的规范构成。目前，我国文化产业领域的法律已经初步形成从中央到地方，从宪法到法律，再到法规、规章，涵盖各个领域的相互配套的文化产业立法体系。关于文化产业与市场的文化法具体是由文化创意产业法、文化产业促进法、文化投资法、娱乐业法、互联网法等组成。

---

① 参见程雪艳：《我国图书馆法与文化法律体系的构筑》，载《新世纪图书馆》2008年第6期。

全球一体化发展到一定阶段，文化创意产业随之产生，它是经济、科技与文化等相互融合发展的朝阳产业。但是，文化创意产业的发展离不开国家法律法规的保护。故而，加强文化创意产业法律体系建设，对于其发展具有重要意义。如何构建我国的文化创意产业法律体系？具体建议有：一是促进相关法律法规的尽快颁布和施行；二是将政府的义务和责任作为立法重点；三是完善知识产权保护法律体系；四是规范相关法律制度和机制。[①] 文化创意产业作为一种新兴产业，它的创作、生产和销售依靠的是创意和智力，其经营和持续发展依赖的则是知识产权保护。我国现有立法远不能满足文化创意产业发展实践的需要，体现在理念和制度方面，应当在完善文化创意产业的市场准入、知识产权保护法律制度、市场管理等方面努力，通过制定统一的文化创意产业基本法和具体部门法实现。[②] 文化创意产业是工业时代发展到一定阶段的必然社会现象，此时可以通过对文化产品进行产业化生产并获得经济利益，而文化产品也不再仅仅被视为一种意识形态的传播工具。我国的文化创意产业可以划分为核心、紧密、外围和边缘 4 个层次：首先，核心的文化创意产业是最典型的文化创意产业，它的制造和完成完全依赖作者个人的创作灵感与构思才华。这类产业的产品最能体现创作者的创意，具体涵盖广播、电视、电影业、计算机软件行业、动漫业、报刊图书的出版发行业等。其次，紧密的文化创意产业就是那些与核心层文化创意产业有紧密联系的相关行业，其特征体现为创意的载体不是物质产品而主要是服务，如具体表现为文艺表演、艺术收藏与拍卖、会展、古玩交易、博物馆等的文化艺术服务业，以及表现为网吧等的网络文化服务业。再次，外围的文化创意产业就是那些能够为传播文化服务、制作文化产品、进行文化消费提供必须用品和设备的制造与销售业，它一般与核心层关系较为疏远，如电视、电脑、音响、游戏、家具、建筑业的设备制造和销售业等。最后，边缘的文化创意产业就是那些处于文化创意产业边缘地带的本不属于该产业领域的行业，诸如公众可以直接参与的休闲游乐、文化研究、旅游观光、运动健身等行业。它们虽

---

① 参见王丹丹：《论文化创意产业法律体系的构建》，载《人民论坛》2012 年第 A12 期。

② 参见张世君：《论我国文化创意产业法律保护体系之构建》，载《法学杂志》2011 年第 1 期。

处边缘，但是对我国文化市场的健康发展和多元发展具有推动作用。应当积极构建和完善我国的文化创意产业立法：一是制定统一的文化创意产业基本法；二是分门别类制定文化创意产业的具体部门法；三是完善文化创意产业的市场准入和登记制度；四是完善文化创意产业市场管理的法律制度；五是建立健全文化创意产业的知识产权保护法律制度。我国立法层面应基于自身国情，促进文化创意产业这一新兴产业的健康发展，妥善处理好国内立法与国际规则、现实问题与未来需要、产业政策与产业立法之间的关系，构建完善的文化创意产业法律保护体系。

文化产业法是指调整文化产业领域法律关系的法律规范的总称。文化产业法不是简单的指某一部法律，而是一个法律体系，涵盖了所有与文化产业相关的法律规范。文化产业法既包括调整文化产业领域的基础性、综合性的法律规范，也包括调整各个文化产业领域的专门性的法律规范。它是一种典型的领域法，是文化产业领域法律规范的总称，因此并非属于任何一个单一的法律部门，而是横跨多个法律部门。① 文化产业法的构成可以从 4 个方面来认识：一是一般性立法与专门性文化产业立法；二是文化产业基础法和文化产业专门法；三是规范监管类文化产业法和保护促进类文化产业法；四是文化产业核心层、文化产业外围层、文化产业延伸层法律。② 一般性立法包括宪法中的有关表达自由、发展文化事业、经济制度的条款，行政法部门中的行政许可、行政强制、行政处罚、行政救济方面的法律规范，民法典中的物权编、合同编，知识产权法等内容，商法部门中的公司法、保险法等涉及文化产业主体组织形式的法律规范，经济法中的财税法、金融法、投资法、竞争法、消费者权益保护法等规范，社会法中的劳动法、社会保障法，以及刑法中有关打击文化领域中违法犯罪的条款，以及为违约、侵权提供救济及责任追究程序的诉讼法律规范等。专门性文化产业立法是指专门对文化产业领域

---

① 参见熊文钊主编：《文化法治体系的建构》（下卷），中国社会科学出版社 2021 年版，第 586 ~ 587 页。

② 参见熊文钊主编：《文化法治体系的建构》（下卷），中国社会科学出版社 2021 年版，第 586 ~ 589 页。

进行规范和调整的法律规范，这包括对新闻出版、广播电视、电影、文化艺术、体育、旅游、广告等领域进行规范与管理的各种法律、法规，也包括保护、促进性的文化产业领域的立法，如《电影产业促进法》，以及为数众多的从财政、税收、金融、土地等方面给予文化产业发展以支持和优惠的法律法规、规范性文件等。

文化产业基础法的调整范围覆盖所有的文化产业，目前数量较少，包括我国正在拟议中的《文化产业促进法》，以及2012年文化部颁布的《文化市场重大案件管理办法》等部门规章。文化产业专门法是针对各个具体的文化产业领域的专门性立法，目前为数众多，出版、电影、广播电视、音乐、游戏、体育、旅游等在内的各个产业领域，都有各自的法律规范。如传媒领域的《电影产业促进法》《出版管理条例》《印刷业管理条例》《电影管理条例》《广播电视管理条例》；文化娱乐领域的《营业性演出管理条例》《娱乐场所管理条例》《互联网上网服务营业场所管理条例》；以及广告规制领域的《广告法》《广告管理条例》等。

当前我国文化产业政策法律建设存在的问题有：一是缺乏高位阶、统领性的法律规制我国文化产业发展；二是我国文化产业政策的配套措施需要进一步完善；三是非公有资本投资文化产业的相关政策法律欠缺。对此，需要从两个方面着手加强我国文化产业的政策法律建设，一是加快文化产业立法进程，健全我国文化产业振兴的政策法律体系；二是有关文化产业政策的保障和激励措施应当构建并完善起来。[①]

保护促进类文化产业法是以保护、激励、优惠、奖励等方式促进文化产业发展的法律规范。如《著作权法》《商标法》《专利法》《电影产业促进法》《促进科技成果转化法》，以及拟议中的《文化产业促进法》等。

规范监管类法律主要是指用以规范文化产业主体资格及各项文化产业主体经营行为、市场竞争行为等的法律。主要包括对各项文化产业的准入、许可、监管的立法，如各文化产业的管理条例和管理办法；也包括规范文化产

---

① 参见蒋伟宁：《浅析我国文化产业政策法律体系建设》，载《决策探索（下半月）》2013年第12期。

业领域中税收、投资、市场竞争秩序方面的立法，如经济法中的《反不正当竞争法》《消费者权益保护法》《广告法》等。

学界提出一种三分法将文化产业立法分为核心层、外围层以及延伸层法律。[①] 文化产业核心层法律包括新闻服务，出版发行和版权服务，广播、电视、电影服务，文化艺术服务等领域的法律；文化产业外围层的法律包括网络文化服务、文化休闲娱乐服务及其他文化服务等领域的法律；文化产业延伸层的法律包括文化产品的辅助生产如印刷复制、文化经纪代理、文化出租等，文化用品的生产如办公用品、视听设备制造等，以及文化专用设备的生产，如印刷专用设备、广播投影设备等领域的法律。规范这些领域的法律主要是《产品质量法》《民法典》等。

第二节　文化法律体系的适用范围

文化法学是一门独立的法学学科，但是文化法并不是一个独立的法律部门。因为法律部门以明确的法律关系为特征，而法学学科则以内在自洽的逻辑体系为要素。文化法学的重要组成部分之一就是以文化法律规范为载体所组成的文化法律体系。文化法律既包括纯粹的文化法律规范，也包括散见于其他规范性法律文件中的文化法条款。对应文化法律体系的适用范围应分为三大领域和层面，即文化引领和治理层面的、公益性和社会性领域层面的、营利性领域层面的。当然因为文化法律所涉具体法律规范较多，在此对三个领域层面的文化法律内容中有代表性的具体法律进行探讨，并不一一列举和赘述。

一、文化引领和治理

最顶层的国家意志层面的文化法是将国家层面的文化政策等上升为文化法律，对文化的整体发展、走向以及目标作出规定，在整个文化法律体系中

① 参见陶信平：《文化产业法概论》，中国人民大学出版社2016年版，第17～19页。

居于最为关键的核心地位，承担文化引领和治理的宏观大任。在我国，当前主要是由母法承担这一职责。我国宪法对文化建设、文化权利等作出一系列重要规定，首先应当保证我国公民基本文化权利的实现，而强调国家负有一系列保护和实现国民基本文化权利的义务，要求国家在发展生产的基础上，逐步改善人民的物质生活和文化生活；国家发展为人民服务、为社会主义服务的文学艺术事业、新闻广播电视事业、出版发行事业、图书馆博物馆文化馆和其他文化事业，开展群众性文化活动等。其次，从我国文化宪法的基本构架来看，我国社会主义文化法制的基本内容，主要是以宪法中的“建设社会主义文化强国”等“国家目标规定”为依据，以“文化基本制度”为基础，以“文化基本权益保障”和“国家文化职权”为“主线”，包括“文化权益保护法制”、“公共文化服务法制”、“文化市场管理法制”与“文化产业促进法制”等国家“文化法制”类型。

同时，文化遗产法为继承和弘扬中华民族优秀传统文化，促进社会主义精神文明建设，加强非物质文化遗产保护、保存工作做出了宏观性引领和指引。国家级法律法规在非物质文化遗产保护上总体呈现行政法规指导、文化管理部门规章牵头并具体落实、法律最终登台统领全局的有序局面。至今，我国已有 31 个省级行政区划单位相继出台了非物质文化遗产保护条例，保护（管理）办法，为非物质文化遗产保护实践提供了法律依据。文化遗产法是为调整文化遗产的保护、享用、传承、发展而形成的社会关系的法律规范的总称。这些社会关系主要包括以下内容：一是国家及其职能部门在文化遗产保护、管理过程中形成的社会关系。这是一种具有行政性质的法律关系，主要包含两方面：一方面是政府、文化遗产行政主管部门由于行政隶属关系而产生的行政关系；另一方面是政府和文化遗产行政主管部门与公共文化遗产研究、收藏、保护机构以及文化遗产拥有者、享有者、传承者之间，基于文化遗产的管理、监督而产生的行政管理关系。二是平等主体之间在文化遗产的享用、传承、开发过程中形成的社会关系。国家确认和保护公民、法人和其他社会组织对文化遗产的合法权益，其中包括对其继承、传承或其他合法方式取得的文化遗产的所有权、传承权、发展权，对其所属团体、社区所有的文化遗产的使用权、传承权、发展权，对他人所有文化遗产的接触、欣赏、利用权等。同时，这些主体在享用、传承、开发文化遗产过程中的地位是平等的，而且权利和义务是对等的，在享有和行使权利的同时，也要承担一定的尊重、保护文化遗产的义务。三是社会公众参与文化遗产保护过程中形成的社会关系在某种程度上是人类社会的共同遗产。文化遗产不能为个人绝对所有，也不能为某些机构或部门所垄断，所有的社会成员都有接触、欣赏和利用文化遗产的权利，也有保护文化遗产的责任。因此，在文化遗产保护过程中，社会公众的普遍参与和监督是必不可少的，因其参与文化遗产保护、监督而形成的各种社会关系也是文化遗产法的调整对象之一。

二、公益性和社会性领域

在公益性和社会性领域层面，文化法律体系的适用范围主要是对公民文化基本权利进行规制的法律，体现了公益性和权利法属性。而这一适用范围的文化法律体系主要依赖于文化事业立法的保障，当前我国现行文化事业法制包括文物保护法律制度、著作权法律制度、出版管理法律制度、电影管理法律制度、广播电视管理法律制度、互联网文化管理法律制度、文化市场管理法律制度等。因为我国政府的角色正面临从“管理型”向“服务型”的转型，所以，文化立法也应该更加注重公共文化服务功能，逐步形成以服务为导向和主旨的文化事业立法体系。虽然我国地方政府都尽力让公民充分地享受和行使公共文化权利，积极保障公民的公共文化权利，但是仍存在一些相对不完善的地方，如区域间文化权利的实现方式不完善、对文化权利保护存在偶有不平等的现象等。呈现区域与区域之间对公共文化权利保护的不均衡状态。

目前，文物保护法律制度主要有：1982 年 11 月 19 日第五届全国人民代表大会常务委员会第二十五次会议通过的《文物保护法》；1992 年 4 月 30 日经国务院批准，国家文物局于 1992 年 5 月 5 日第 2 号令发布的《文物保护法实施细则》；1991 年 6 月 29 日七届全国人大常委会通过《关于修改〈中华人民共和国文物保护法〉第三十条、第三十一条的决定》和《关于惩治盗掘古文化遗址古墓葬犯罪的补充规定》；1997 年 3 月 14 日第八届全国人大第五次会议修订《刑法》，其第二编第六章第四节专设妨害文物管理罪；2002 年 10 月 28 日第九届全国人民代表大会常务委员会第三十次会议对《文物保护法》进行了修订。修订后的《文物保护法》第一次将文物工作方针写入法律，明确了各级政府负责本地文物工作的职责。同时，新的文化保护法用了 60 条的内容完善法律责任，极大地强化了文物行政管理部门的行政执法权，加大了文物保护的执法力度；还进一步将国家对文物的所有权在新的文物保护法中予以强调，对文物保护的各项措施进一步强化，并根据我国民间收藏文物发展趋势及现行管理情况，作出了文物收藏、经营、买卖以及出入境的明确规定。2003 年 5 月 13 日国务院第八次常务会议通过了《文物保护法实施条例》，该条例自 2003 年 7 月 1 日起施行。

著作权法律制度主要是 1990 年 9 月 7 日第七届全国人民代表大会常务委员会第十五次会议通过的《著作权法》，后根据 2001 年 10 月 27 日第九届全国人民代表大会常务委员会第二十四次会议《关于修改〈中华人民共和国著作权法〉的决定》进行第一次修正、根据 2010 年 2 月 26 日第十一届全国人民代表大会常务委员会第十三次会议《关于修改〈中华人民共和国著作权法〉的决定》进行第二次修正、根据 2020 年 11 月 11 日第十三届全国人民代表大会常务委员会第二十三次会议《关于修改〈中华人民共和国著作权法〉的决定》进行第三次修正。

出版管理法律制度主要是现行的《出版管理条例》，该条例经 2001 年 12 月 12 日国务院第五十次常务会议通过，国务院令第 343 号公布，自 2002 年 2 月 1 日起施行。1997 年 1 月 2 日国务院发布的《出版管理条例》同时废止。该条例适用的出版活动主要包括出版物的出版、印刷或者复制、进口、发行。该条例所适用的出版物是指报纸、期刊、图书、音像制品、电子出版物等。

电影管理法律制度主要是指 2002 年 2 月 1 日起施行的《电影管理条例》，它是经 2001 年 12 月 12 日国务院第五十次常务会议通过，国务院令第 342 号公布的。《电影管理条例》主要适用于中华人民共和国境内的故事片、纪录片、科教片、美术片、专题片等电影片的制片、进口、出口、发行和放映等活动。

广播电视管理法律制度主要包括1997年8月1日经国务院第六十一次常务会议通过，1997年8月11日国务院令第228号发布，自1997年9月1日起施行的《广播电视管理条例》；2003年9月国家广播电影电视总局发布的《广播电视广告播放管理暂行办法》；2003年11月出台的《广播电视有线数字付费频道业务管理暂行办法（试行）》和《外商投资电影院暂行规定》。此外，为进一步完善境外卫星电视在我国的落地事宜，2004年6月国家广播电影电视总局发布了《境外卫星电视频道落地管理办法》。

互联网文化管理法律制度主要包括2003年3月4日经文化部部务会议审议通过，自2003年7月1日起开始施行的《互联网文化管理暂行规定》；2004年6月2日文化部部务会议审议通过，自2004年7月1日起施行的《文化部关于修订〈文化部涉外文化艺术表演及展览管理规定〉、〈音像制品批发、零售、出租管理办法〉、〈互联网文化管理暂行规定〉等规章的决定》。其主要适用于经营性互联网文化单位许可制度、非经营性互联网文化单位备案制度、互联网文化产品审查制度。

文化市场管理法律制度主要是对文化市场加强管理，进一步规范文化经营和管理行为，保障和促进文化市场健康有序发展，繁荣和发展文化事业和产业，保护公民、法人和其他组织的合法权益。主要包括由2011年12月6日文化部部务会议审议通过，2011年12月19日文化部令第52号发布，自2012年2月1日起施行的《文化市场综合行政执法管理办法》，以及各地方制定的《文化市场管理条例》等。

三、营利性领域

在营利性领域层面，仍然是由相应的文化法律对相应的文化产业和市场进行规制，具有国家管理属性，这为整体文化产业发展提供了坚实保障，为壮大我国文化产业发展提供了法律保障，文化产业的发展壮大同时又为文化市场的繁荣提供了物质基础。这里主要以文化促进法为代表。文化促进法的内容主要涉及文化财政资助法、文化设施提供法、特殊人群文化利益促进法、文化遗产法以及特殊文化领域的发展促进法等。[①] 我国基本采取了政府直接参与控制下的文化资助模式。大多数的文化团体、传播媒体等文化设施的购买都由各级政府直接拨款。文化设施是人们参与文化生活、满足文化需要的物质设施，主要包括图书馆、科技馆、博物馆、音乐厅、影剧院、综合性文化服务中心、互联网设施、广播电视传输设施等。它们不仅包括物质设施，如外在的建筑物、活动场地、设备等，还包括精神文化产品，如物质文化设施所提供的文化产品、项目和节目等。我国目前没有制定任何文化设施提供方面的法律，但一直通过政策文件促进文化设施建设与提供。特殊人群是客观上有不同的特点，在某些方面表现出能力不足的人。基于普遍保护、平等实现基本权利的法治原则，政府和社会要采取特别措施对特殊人群的文化权利予以落实。我国对残疾人、青少年、老年人、少数民族以及发展滞后区域的文化权利给予了特别关注，在《民族区域自治法》《未成年人保护法》《老年人权益保障法》《妇女权益保障法》等法律，以及相关政策性文件如《"十三五"时期贫困地区公共文化服务体系建设规划纲要》中给予特殊人群文化权利的特别保障。另外，从全面均衡发展的需要出发，需要大力扶持一些特殊的文化领域，如传统文化遗产传承、高雅与小众艺术、少数民族文化领域、具有潜在价值的新生类或文化形式等。传统文化遗产的传承和发展促进法最集中在文化遗产法中，即《文物保护法》和《非物质文化遗产法》。而且，这种特别促进还体现在一些重点资助方面，如我国专门设立了国家古籍整理出版资助项目以确立对古代典籍的出版扶持，实施了对中国民族音乐舞蹈扶持发展工程以确立对古典戏曲表演的支持等。高雅与小众艺术主要是指艺术水平较高，具有较高的探索价值，但缺乏市场知名度的文化艺术领域。新生类文化形式因处于发展的萌芽阶段，值得社会予以重视。尤其是，如果一种新生的文化形式有普遍看好的发展前景，甚至有较大的经济价值潜力，也会受到政府文化促进政策的重视，如20世纪与21世纪交替时期的动漫和网游发展之所以受到广泛重视，就主要基于这一原因。

---

① 参见周艳敏、宋慧献：《文化法学导论》，北京大学出版社2017年版，第134页。

第三节　文化法与宪法、行政法和经济法的关系

一、文化法与宪法的关系

依照一般法理，法律调整的对象是社会生活，其核心是人们在社会生活中形成的权利义务关系。同理，文化法亦是调整人们在文化活动中的权利义务关系。需要注意的是，在现代法学中，权利相对于义务更加优先，是第一性的，因此与文化活动相关的法律部门理应侧重于对文化权利的保障。

宪法是一个主权国家其他法律的制定依据，具有最高的法律效力，其内容通常涉及公民的基本权利义务和国家机构的权力边界。从宪法的历史角度说，宪法制定的目的即是保障公民的基本权利。从宪法所规定的内容角度上说，公权力如何行使以及公民权利如何保障则是宪法最为重要的部分，从法理的角度讲，国家公权力的有效限制亦是为了更好地保障公民基本权利的实现。从国家法律体系上看，宪法对其他一般法律中的公民权利部分具有十分重要的指引作用。从各个方面综合来看，为保障公民的基本权利做背书是宪法最重要的作用之一。联合国《经济、社会及文化权利国际公约》承认了文化权利是基本人权。鉴于文化权利的地位，对文化权利的保护也体现在世界各国的宪法之中。①

最早在文化权利方面规定的宪法是1919年的德国《魏玛宪法》。《魏玛宪法》在第118条规定人民具有用语言、文字等多种方式表达自身意见的权利，第142条规定，人民具有科学艺术和学理方面的自由，国家应该对这些权利进行保护和培养。按照国内学者周艳敏、宋慧献所著的《文化法学导论》中对文化权利的划分方法，《魏玛宪法》的上述两条则更侧重于消极的文化自由权，即政府或国家不得干预公民文化活动的自由。为避免国家权力对公民的基本自由造成损害，传统法学理论相较于积极权利，更强调消极权利。依照

---

① 参见肖金明：《文化法的定位、原则与体系》，载《法学论坛》2012年第1期。

此种理论，国家最重要的义务是不干预公民的文化活动自由，国家无须采取措施促进文化活动，保障好公民文化表达自由等权利即可。因此，早期的宪法中如美国、法国宪法等，很少规定国家有积极实现文化权利的义务，也没有赋予国家促进文化产业发展的责任。

随着理论与实践的发展，在文化权利方面除了防止政府干预公民自由外，能够让人民相对公平地享受到基本权利，亦成为政府努力的方向。同样是德国的《魏玛宪法》最早涉及国家积极实现公民文化权利的义务，该法中的“国家应保障对学术研究的保护与支持”的规定奠定了国家积极承担文化义务的基础。1981 年《西班牙王国宪法》既强调保障公民在文化上不受公权力干涉的消极权利，又规定要求公共权力努力为公民创造满足其文化需求，实现其文化权利的义务，同时也因为这些规定，西班牙宪法被冠以“文化宪法”的美名。类似的宪法规定还有很多，如 1975 年《希腊共和国宪法》第 24 条第 1 款规定“保护自然环境和文化环境为国家的职责”。还有一些国家宪法针对特定人群的文化权利的平等性提出了要求，例如，1982 年《葡萄牙共和国宪法》甚至针对特定人群文化权利的平等进行了规定，该宪法第 70 条规定“青年，尤其是劳动青年，在实现其经济、社会与文化权利方面有权受到特殊保护”。1987 年的《大韩民国宪法》第 9 条也规定“国家努力继承、发展传统文化，畅达民族文化”。

我国宪法一向重视对公民文化权利的保障。1954 年《宪法》中主要涉及公民的言论、科学研究、文艺创作和其他文化活动的自由，对公民的文化权利作出了详细规定。1978 年《宪法》强调各项文化事业必须为社会主义服务，国家通过“百花齐放，百家争鸣”的方针，促进艺术发展和科学进步，促进社会主义文化繁荣。[①] 当前我国虽然没有对公民的文化权利进行分类，但对文化权利方面的保护是全方位的。我国《宪法》在“总纲”的第 2 条指出，人民依照法律规定，通过各种途径和形式，管理国家事务，管理经济和文化事业，管理社会事务。尽管没有宪法解释，但与“文化”两字有联系的条款

---

① 参见莫纪宏：《论文化权利的宪法保护》，载《法学论坛》2012 年第 1 期。

亦能表明我国宪法涉及文化权利的特性。这一方面明确了人民行使权力的范围之多样，同时也表明了文化在我国的重要地位。而后我国《宪法》分别于第一章“总纲”中的第 19 条、第 22 条、第 23 条、第 24 条阐述了国家公权力在实现公民文化权利方面政府承担的积极作为的义务，并在第二章“公民的基本权利和义务”中表明了公民具有文化自由权，具体条文分别为第 35 条涉及公民自由表达、第 36 条涉及公民信仰、第 46 条关于公民受教育权、第 47 条涉及国家公权力促进文化发展义务的积极奖励有益于人民的文化工作，以及第 48 条强调妇女与男子有平等文化权利、第 51 条公民行使自由和权利时不得损害国家与社会以及集体和其他公民利益。在第三章“国家机构”中还规定了各个国家机构在文化方面应尽的职责，还有第 116 条、第 119 条、第 121 条民族自治地方自行管理文化事务的相关内容。可见我国《宪法》不仅从积极和消极两方面对公民的文化权利予以保障，而且还对一些特殊主体的文化权利规定了特别保护，其中包括妇女、少数民族等主体。

二、文化法与行政法的关系

行政法是调整行政关系的法律规范的总称，其重心是控制和规范行政权，保护行政相对人的合法权益。在我国，行政法仅在学科类别的范畴内使用，当前我国没有统一完整的实体行政法典。

正如前文所言，当今社会，国家公权力有对文化领域进行干预的权力，这常见于各国宪法之中，但由于宪法本身的特殊性质，只能让其众子法下场进行具体领域的规制。理论上，法律关系可以分为涉及平等法律主体之间的权利义务关系的横向法律关系，乃是私法，其中最典型的就是民事法律关系；以及涉及不平等法律主体间的权力服从关系的纵向法律关系，因更多地涉及公权力而被称为公法，行政法就是公法中的一员。国家公权力在保护和实现公民文化权利方面不仅要积极采取措施，而且在特定情况下为了文化领域健康有序地发展，也要对文化活动进行必要的行政管理，实施约束与限制，这就在国家与公民间形成了纵向关系，体现在法律中便是文化领域的行政法。我们并不否认，文化法相对庞杂分散的特征导致其具有私法和公法的双重属性，是一种综合法，但由于本部分单论文化法与行政法的关系，因此仅就作为公法的文化行政法方面进行论述。

与文化相关的行政法数量众多，本部分仅就其中一二进行简单论述以抛砖引玉。文化活动需要以表达为载体，这些载体包括但不限于报纸、图书、音像、广播、电视甚至是互联网等形式，产出这些载体的主体除了个人外还有大量的组织。这些组织往往需要具备某些从业资质，这些从业资质标准的制定和审批通常需要国家公权力的介入，以行政法的方式表达，这种行政审批就是行政许可。以我国为例，《行政许可法》规定了行政机关根据申请和审查，准予其从事特定活动的诸多事宜。它从行政许可主体、流程、法律责任等方面规定了诸主体取得行政许可的方式以及行政许可机关的权责。由于行政许可涉及各行各业，因此相关行业的行政许可规定还需要更为细致的法规进行调整规制。如《出版管理条例》规定了报纸、期刊、图书、音像制品和电子出版物等应当由出版单位出版，并在第 11 条和第 12 条分别规定了设立出版单位应具备的条件以及设立出版单位应向哪一级人民政府出版行政主管部门提出申请。相应地，《广播电视管理条例》《电影管理条例》《电信条例》等与文化相关的法规亦涉及了相关内容。行政处罚、行政执行等与行政法密不可分的内容也在诸多涉及文化的行政法中有所体现，因此，国家公权力的介入干预，使文化法与行政法具有密切的关系。

三、文化法与经济法的关系

在我国，经济法是调整国家宏观经济管理过程中所发生的社会关系的法律规范的总称，它主要调整，以各类组织为基本主体所参加的在社会生产和再生产过程中产生的经济管理关系和一定范围的经营协调关系。但与民商法以平等主体间经济法律关系为主要调整对象不同，经济法更多地涉及不平等主体之间的经济关系，因此有观点认为，经济法属于社会法的范畴。针对当前我国无文化法典的客观现实，只能将文化保护与文化促进的相关法规嵌入各有关法律之中。对此，经济法也概莫能外。文化本身具备一种精神价值，这种精神价值能通过外部载体成为文化产品被赋予商业价值，并满足人们的多种需求。既然文化产品具备商业价值，那么在该领域便必然涉及不正当竞争、垄断以及消费者保护等经济法规制。

以反垄断法为例，它通过确保自由竞争机制的正常运转，以实现资源的有效配置，旨在防止限制市场竞争的行为对自由竞争秩序造成危害。文化产品除了帮助权利人获利外亦承载着实现文化多样性的任务，仅靠某一个法律部门无法帮助文化产品完成这样的任务，这需要各种法律部门的协同努力。反垄断法在文化产业和其他商业领域一样，都致力于竞争秩序的建立和维护，但反垄断法也需考虑文化产业的特殊性而有所变通。虽然各国在制度和实践方面存在差异，但都认可反垄断法的实施应考虑文化价值。不过在保护文化多样性之时并非所有的文化市场都可适用反垄断法规则。反垄断法主要调整交易行为，而文化本身不是交易的对象，虽然文化产品因其可以用于交易而形成文化市场，而文化市场原则上是受反垄断法规制的。然而，反垄断法的基本逻辑是，之所以要对垄断行为加以监管，是因为它使垄断者单靠提高产品价格而不增加产量的情况下获得利润；但是市场竞争可以促使产品价格更低，从而激励更多的企业提供更多的产品。既如此，适合通过竞争机制进行调节的行为主要是商业行为，只能以增产降价的基本逻辑衡量商业行为。但是，文化价值有别于其他价值，具有特殊性，数量多、价格低可能不能满足消费者的文化需求；反而一些珍贵的艺术品等文化产品因其数量少、价值高，更能满足消费者的文化需求。如果对这类特殊的文化产品适用反垄断法，不仅会造成文化市场的混乱，对文化的传承与发展也会起到阻碍的反作用，还不利于保护消费者的利益。产生这种差异的原因在于文化产品作为可以交易的产品，它是文化的载体，承载的仍旧是文化价值。有些文化产品是消费性的，人们购买它是基于其本身的消费功能；有些文化产品是非消费性的，人们购买它并不是基于消费而是基于文化本身的内在价值。因此，在适用反垄断法时，有必要对这两种文化产品所体现的明显不同的功能予以区分。

下　　编

第六章　公共文化服务法

摘要：《公共文化服务保障法》对公共文化服务、公共文化设施作出了法律界定，初步构建了我国公共文化服务的基本制度，主要包括政府制定基本公共文化服务标准、政府建立公共文化服务目录制度、政府建立公共文化服务综合协调机制、政府建立公众参与的公共文化服务设施使用效能考核评价制度、政府建立资金使用监督和公告制度、公共文化设施管理单位建立资产统计报告制度和公共文化服务开展情况的年报制度。《公共文化服务保障法》建立的基本制度有的是将经过长期实践发展成熟的政策上升为法律制度，有的是对现行法规政策的完善或发展，有的是对基层公共文化服务创新实践的总结提炼，也有借鉴国际经验、结合中国现实的制度设计。法律构筑起了我国公共文化服务的基本制度体系框架。《公共图书馆法》构建了一系列基本制度，对于促进公共图书馆事业发展、充分发挥公共图书馆功能具有重要作用。其中包括保障公民文化权益的基本制度，落实政府主导责任的基本制度，引导社会力量参与的基本制度，推进公共图书馆改革发展的基本制度等。《公共图书馆法》的颁布，为我国图书馆事业建设提供了坚实的法律保障，也为公共图书馆服务的进一步发展明确了方向。我国尚没有专门的博物馆法，2015 年公布的《博物馆条例》作为文创产业发展的政策“加速器”，为博物馆文化产业发展带来了崭新的机遇。

关键词：《公共文化服务保障法》　《公共图书馆法》　《博物馆条例》

公共文化事业是公益性事业，当然属于国家和政府的责任。只有国家和政府全面履行公共文化责任，才能促进公共文化服务的繁荣发展，这是近两百年来的国际共识和各国政府普遍履行的职责。国际图书馆协会联合会、联合国教科文组织联合颁布的《公共图书馆宣言》宣称："公共图书馆原则上应该免费服务。公共图书馆是国家和地方政府的责任。必须制定专门的法规支持公共图书馆，国家和地方政府必须为公共图书馆筹措经费。公共图书馆必须是各种长期的文化、信息供应、识字和教育战略的一个基本组成部分。"进入21世纪以来，我国相继制定了一系列有关公共文化建设和服务的方针与政策，公共文化事业因此得以迅速发展。

第一节　公共文化服务保障法

2014年4月全国人民代表大会教育科学文化卫生委员会牵头启动《公共文化服务保障法》的立法工作；2015年5月完成《公共文化服务保障法（草案）》并向社会公开征求意见；2016年12月25日第十二届全国人民代表大会常务委员会第二十五次会议通过《公共文化服务保障法》，并自2017年3月1日起施行。《公共文化服务保障法》从启动立法到完成立法并付诸实施，前后不到3年，速度之快，力度之大，充分说明该法立法的迫切性、重要性，以及党和国家对公共文化事业的高度重视。

一、公共文化服务保障法的基本内涵

《公共文化服务保障法》设立的目的是加强公共文化服务体系建设，丰富人民群众精神文化生活，传承中华优秀传统文化，弘扬社会主义核心价值观，增强文化自信，促进中国特色社会主义文化繁荣发展，提高全民族文明素质。该法第2条即对公共文化服务的含义进行了明确，即"本法所称公共文化服务，是由政府主导、社会力量参与，以满足公民基本文化需求为主要目的而提供的公共文化设施、文化产品、文化活动以及其他相关服务"。可见，公共

文化服务的目标是满足公民的基本文化需求，其服务内容主要表现为公共文化设施、文化产品、文化活动以及其他相关服务，显然易见的是“公共文化服务”中的“公共”属性决定了单纯依靠市场经济是难以解决的，资本的逐利性决定了其对主动提供“公共文化服务”没有动力。我国现阶段人民群众对文化生活的需要越来越多、越来越强，因此也需要更多的文化供给，为了保障相应的公共文化服务的发展，迫切需要政府有所作为，因此“政府主导、社会力量参与”就成为当然之义。

中国特色社会主义是人民作主的新型国家制度，其文化建设目标是民族的大众的科学的新文化，是完全为人民服务的。所以，我们必须把公共文化服务体系建设放在文化建设的核心位置，体现我国社会主义文化的特性。所谓“政府主导”，就是指在公共文化服务及相关产业的发展过程中，政府要为公共文化服务制定发展方向，确定立法以保障其稳定健康发展，并制定相应的标准衡量各地方公共文化服务发展的程度；所谓“社会力量参与”，是指在相关政策引导下，鼓励社会力量通过各种方式参与到公共文化服务的设施建设、服务提供中来，通过给予相应的政策倾斜、税收优惠、财政补贴等方式吸引社会资本、社会力量共同参与公共文化服务建设。

在公共文化法律实施的过程中，基本要求就是将实体法规定的权利义务转化为现实中的权利义务，从而塑造理想的公共文化法律秩序。法律通过规范的逻辑结构形塑出不同的义务主体和义务内容，如在《公共图书馆法》中，法律义务和责任由行政机关、公共图书馆、其他组织和个人等多元主体承担，整体义务构造呈现出“倒金字塔”形态。

二、制定公共文化服务保障法的意义

目前，我国在文化创造、生产、流通、传播、使用、管理多个环节中处于法律规范缺失状态，现行管理主要依据的是分业管理的政府条例和部门规定，标准不一，尺度不同，人为色彩太浓厚，在市场和传播上造成很大混乱，严重影响了我国文化建设的整体推进。解决这些问题的正确方向，就是加快文化立法，依据法律管理和规范文化产品的创作生产、文化市场的公平交易、文化活动的健康进行和文化信息的有序传播，为中华民族的伟大复兴创造和提供正能量。我国《宪法》第22条第1款规定，国家发展为人民服务、为社会主义服务的文学艺术事业、新闻广播电视事业、出版发行事业、图书馆博物馆文化馆和其他文化事业，开展群众性的文化活动。这从根本法上为我国文化建设规定了文化事业和文化活动的基本要求，制定公共文化服务保障法就是把宪法原则具体化，以利贯彻落实。

（1）落实宪法的具体要求需要制定公共文化服务保障法。把宪法规定的人民文化权益具体化、实际化，落实到实际生活中，能够改变我国文化法制建设相对薄弱的情况。相对而言，我国保障公民权利的法律还比较少，文化方面更是如此，制定公共文化服务保障法体现了依法保障公民权益依法管理文化的法治精神。制定公共文化服务保障法可以说是补文化立法之“短板”，完善中国特色社会主义法律体系的实际行动。

（2）保护公民基本文化权益、满足公民基本文化需求需要制定公共文化服务保障法。加强公共文化服务体系建设，是弘扬社会主义核心价值观、丰富人民精神文化生活、满足人民基本文化需求、保障和改善民生的重要途径。制定公共文化服务保障法，能够为公共文化服务体系的建立和完善，维护好、实现好、发展好人民群众基本文化权益提供法治保障。

（3）促进公共文化服务有序化、规范化发展需要制定公共文化服务保障法。公共文化服务的持续健康发展，必须实现相关政策措施的制度化和法治化。梳理、总结、提炼十多年来我国公共文化服务理论研究、实践探索和制度建设成果，使之上升为稳定性高、规制性强、程序严密的国家法律，是依法治国的必要条件，对理顺公共文化服务相关方面、相关要素的关系，建立公共文化服务的基本遵循，促进公共文化服务有序化、规范化发展，具有重要意义。

（4）建设服务型政府的目标决定了需要制定公共文化服务保障法。向全体公民提供基本公共服务，是现代政府的基本职责；依法提供公共文化服务，是我国政府以人为本、为人民服务的一项重要内容。在新的历史条件下，全面深化改革的重要任务之一，是要加快转变政府职能，建设服务型政府。制定公共文化服务保障法，是进一步落实与规范政府有关责任和行为，促进基本公共文化服务标准化、均等化，使政府在公益性文化事业的发展中发挥主导作用，使全体人民都能享受丰富多彩的精神文化生活。

三、《公共文化服务保障法》的主要构成

《公共文化服务保障法》共六章 65 条，对公共文化设施建设与管理、公共文化服务提供、保障措施、法律责任等分别作了详细规定。

公共文化服务保障法规定，本法所称公共文化服务，是指由政府主导、社会力量参与，以满足公民基本文化需求为主要目的而提供的公共文化设施、文化产品、文化活动以及其他相关服务。为推动公共文化服务工作协调、有序开展，法律规定，国务院建立公共文化服务综合协调机制，指导、协调、推动全国公共文化服务工作。国务院文化主管部门承担综合协调的具体职责。地方各级人民政府应当加强对公共文化服务的统筹协调，推动实现共建共享。法律明确，国家扶助革命老区、民族地区、边疆地区、贫困地区的公共文化服务，促进公共文化服务均衡协调发展。各级人民政府应当根据未成年人、老年人、残疾人和流动人口等群体的特点与需求，提供相应的公共文化服务。

（一）公共文化服务的基本特点

1. 公益性

所谓公益性，是指公共文化的供给、产品、活动等是面向广大人民群众的，而且从民众的角度看是免费的或者低收费的，是为了满足广大人民群众文化生活的需要而生产的。《公共文化服务保障法》中有大量关于收费的相关规定，如第 29 条第 1 款规定："公益性文化单位应当完善服务项目、丰富服务内容，创造条件向公众提供免费或者优惠的文艺演出、陈列展览、电影放映、广播电视节目收听收看、阅读服务、艺术培训等，并为公众开展文化活动提供支持和帮助。" 第 31 条第 1、2、3 款规定："公共文化设施应当根据其功能、特点，按照国家有关规定，向公众免费或者优惠开放。公共文化设施开放收取费用的，应当每月定期向中小学生免费开放。公共文化设施开放或

者提供培训服务等收取费用的，应当报经县级以上人民政府有关部门批准；收取的费用，应当用于公共文化设施的维护、管理和事业发展，不得挪作他用。”国家鼓励经营性文化单位提供免费或者优惠的公共文化产品和文化活动。

2. 基本性

所谓基本性，是指公共文化的供给、产品和活动是为了满足人民群众基本的文化需求，而非更高层次、更高标准的文化需求，基本文化需求以外的可以由市场化的方式予以解决。

3. 均等性

所谓均等性，是指公共文化的供给、产品和活动是均等地由人民群众享有、享用的，在符合相应文化场所规则的前提下，公民平等地获得相应的公共文化相关服务。

4. 便利性

所谓便利性，是指公共文化的供给、产品和活动应较为方便地为民众所使用和接受，因此在建设相应场馆时应考虑其位置，以最大限度地满足周边居民的各项需要，从而提供较为便利的保障服务。公共文化设施的选址，应当征求公众意见，符合其功能和特点，有利于发挥其作用。没有便利性，则其价值亦将大打折扣。《公共文化服务保障法》第15条第2款规定：“公共文化设施的选址，应当征求公众意见，符合公共文化设施的功能和特点，有利于发挥其作用。”

（二）公共文化设施建设与管理方面的突破

《公共文化服务保障法》对公共文化设施进行了界定，第14条第1款规定：“本法所称公共文化设施是指用于提供公共文化服务的建筑物、场地和设备，主要包括图书馆、博物馆、文化馆（站）、美术馆、科技馆、纪念馆、体育场馆、工人文化宫、青少年宫、妇女儿童活动中心、老年人活动中心、乡镇（街道）和村（社区）基层综合性文化服务中心、农家（职工）书屋、公共阅报栏（屏）、广播电视播出传输覆盖设施、公共数字文化服务点等。”这一界定打破了设施的行政隶属界限，着重从设施功能的角度加以界定，这是《公共文化服务保障法》的一大亮点。比如，把并不属于文化行政部门管理的科技馆、体育场、工人文化宫、青少年宫、妇女儿童活动中心等明确纳入了公共文化设施范畴，这是以“大文化”理念看待公共文化设施的结果。据统计，全国工会、共青团、妇联、科协等部门拥有可以提供公共文化服务的各类设施6800多所，比全国县以上公共图书馆和文化馆的总和还多，但长期以来这些设施游离于公共文化服务设施体系之外，实际上是很大的资源浪费。把这些设施纳入公共文化服务，可以带来我国公共文化设施数量倍增的效果，是盘活存量资源、提高综合效能的有力举措。

高度重视基层公共文化设施建设，是《公共文化服务保障法》的又一亮点。针对一些长期困扰基层的设施建设的问题，将一些行之有效的政策规定和实践中的成功经验上升为法律。例如，明确了新建、改建、扩建居民住宅区要按照有关规定配套建设公共文化服务设施，这一重要突破将居民住宅小区配套建设公共文化服务设施法律化。又如，规定公共文化设施的选址应当征求公众意见，这是针对近年来国内一些新建公共文化服务设施远离居民住宅区、远离人群聚集区，最终造成使用效率不高、设施闲置浪费的现象而作出的规定，目的是增加老百姓在设施选址上的话语权，制约随意性。再如，法律规定，因城乡建设确需拆除公共文化设施，或者改变其功能、用途的，应当依照有关法律、行政法规的规定重建、改建，并坚持先建设后拆除或者建设拆除同时进行的原则。这一原则在《公共文化体育设施条例》以及许多政策性文件中都有规定，但以往执行的效果并不理想，将这一政策规定上升为法律规范后，提高了规制层次和规制力，在我国城镇化建设快速推进、城乡建设日新月异的背景下，无疑针对性强、适时管用。

（三）公共文化服务提供

丰富公共文化服务供给，提高公共文化服务效能，是法律关注的重要方面。建立基本公共文化服务标准、公共文化服务免费或优惠提供等基本制度，为丰富公共文化服务供给奠定了制度基础。

法律还对公共文化资源整合、设施互联互通、数字化和网络化建设、特殊人群服务、优秀文化产品在民族地区传播、文化志愿服务、机关企事业单位文化体育设施向社会开放、社会力量参与公共文化服务等提出了明确要求，全方位发力，多举措推进，为丰富公共文化服务供给提供了法律保障。服务效能不高，是目前我国公共文化服务的突出短板。

针对一些地方存在的“重设施建设，轻管理利用”的现象，法律把完善服务体系、提高服务效能作为政府的保障责任写入总则，同时建立了公众参与的公共文化服务设施使用效能考核评价制度、公共文化机构开展服务情况的年报制度、公共文化资金使用监督和公告制度，通过法律手段、制度约束，促进公共文化服务机构提升服务效能。

（四）公共文化服务法律体系建设

《公共文化服务保障法》的最大贡献，是构筑起了我国公共文化服务基本法律制度体系的框架。法律建立的主要制度包括：基本公共文化服务标准制度、公共文化服务设施免费或优惠开放制度、公共文化服务公示制度、公众参与的公共文化服务设施使用效能考核评价制度、公共文化资金使用监督和公告制度、公共文化机构资产统计报告制度、公共文化机构开展服务情况的年报制度等。其中堪称奠定现代公共文化服务体系基石、公共文化服务“中国创造”的基本制度，当数基本公共文化服务标准制度。

法律规定，国务院制定国家基本公共文化服务指导标准；省、自治区、直辖市人民政府根据国家基本公共文化服务指导标准，结合当地的实际需求、财政能力和文化特色，制定并调整本行政区域的基本公共文化服务实施标准。与这一规定相衔接，法律还规定县级以上地方各级人民政府根据国家基本公共文化服务指导标准和省级人民政府的实施标准，结合当地实际，制定并公布本行政区域公共文化服务目录。

国家指导标准、地方实施标准和目录制度，共同构成了我国既有基本共性又有特色个性、上下衔接的公共文化服务标准指标体系，党的十八届三中全会提出的以公共文化服务的标准化促进均等化战略构想，通过基本公共文化服务标准体系的制度构建实现了法律化。纵观当今世界，政府以公布标准、目录的形式向老百姓公开承诺普遍均等的公共文化服务的内容、种类、数量和水平，为中国所独有，充分体现了我国由政府主导的公共文化服务以人民为中心的坚定信念和鲜明特色。

四、公共文化服务保障法的实施

《公共文化服务保障法》对公共文化服务、公共文化设施等基本概念作出了明确的法律界定，由此厘清了一些重要的理论和实践问题，这是法律的一大亮点。法律规定，公共文化服务是指由政府主导、社会力量参与，以满足公民基本文化需求为主要目的而提供的公共文化设施、文化产品、文化活动以及其他相关服务。这一界定明确了公共文化服务的三大要素：一是公共文化服务的责任主体是政府，社会力量是参与者；《公共文化服务保障法》第 2 条确立了公共文化服务由“政府主导、社会力量参与”的基本原则，各级政府是公共文化服务的主导力量，社会力量是公共文化服务的重要参与力量。同时，该法第 13 条确立了社会力量参与公共文化服务体系建设的基本方针，彰显了现代公共文化服务体系建设的突出特点，明确了社会力量包括全社会的公民、法人和其他社会组织等各种力量。二是公共文化服务的目的，是满足公民的基本文化需求。三是公共文化服务的内容，是向全体公民提供公共文化设施、文化产品、文化活动及其他相关服务。这一界定明确了公共文化服务的性质、目的、功能和任务，将会深刻影响公共文化服务的实践与研究。

《公共文化服务保障法》将党的十八届三中全会以来有关加强政府引导、鼓励和支持社会力量参与公共文化服务建设的一系列方针政策上升为法律规定，从基本原则、参与方式、资金来源、体制机制、激励措施等多个方面作出规定，突出了社会力量对构建现代公共文化服务体系的重要作用，进一步增强公共文化服务的内生动力，激发全社会的文化创造活力，完善社会化的公共文化服务体系顶层设计。

《公共文化服务保障法》部署公共文化服务社会化发展的新思路、新举措集中体现在以下八个方面。

一是兴建、捐建或合建公共文化设施。《公共文化服务保障法》第 25 条规定，鼓励和支持社会力量兴建、捐建或者与政府部门合作建设公共文化设施。

二是参与公共文化设施的运营和管理。《公共文化服务保障法》第 25 条规定，鼓励社会力量“依法参与公共文化设施的运营和管理”。目前，我国社会力量参与公共文化设施运营和管理的主要方式是作为政府购买公共文化服务的承接主体，根据合同管理和运营公共文化服设施。

三是通过兴办实体、资助项目等方式参与公共文化服务。《公共文化服务保障法》第 42 条规定，鼓励和支持社会力量“通过兴办实体、资助项目、赞助活动、提供设施、捐赠产品等方式，参与提供公共文化服务”。该条列举了国家鼓励和支持社会力量参与提供公共文化服务的主要方式，这些方式大多来自社会力量参与公共文化实践的总结和提炼，随着我国公共文化服务体系走向高质量发展阶段，社会力量参与提供公共文化服务将更加多元化。

四是机关、学校、企事业单位的文体设施向公众开放。《公共文化服务保障法》第 32 条规定：“国家鼓励和支持机关、学校、企业事业单位的文化体育设施向公众开放。”全社会的文体设施向公众开放，是体现公共文化服务社会化发展的重要方面。

五是文化志愿服务。文化志愿服务是全社会参与公共文化服务的重要方式。《公共文化服务保障法》第 43 条对文化志愿服务作出了规定，主要包括三大要素：首先是明确了国家倡导和鼓励公民、法人和其他组织参与文化志愿服务的总原则；其次是规定所有的公共文化机构都应建立文化志愿服务机制，组织开展文化志愿服务活动；最后是要求县以上地方人民政府有关部门为文化志愿活动提供必要的指导和支持，建立管理评价、教育培训和激励保障机制。

六是社会资本投入公共文化服务。《公共文化服务保障法》第 48 条规定：“国家鼓励社会资本依法投入公共文化服务，拓宽公共文化服务资金来源渠道。”社会资本投入可以弥补公共财政投入的不足。目前我国已有一些社会资本投入公共文化设施建设、项目或活动开展的案例，但总体看，社会资本投入还非常有限。

七是通过捐赠设立基金。《公共文化服务保障法》第 50 条第 2 款规定："国家鼓励通过捐赠等方式设立公共文化服务基金，专门用于公共文化服务。"目前，已有少数公共文化机构通过社会捐赠设立了专门用于支持公共文化服务的基金，如杭州图书馆、温州图书馆等。

八是成立社会组织。《公共文化服务保障法》第 53 条规定："国家鼓励和支持公民、法人和其他组织依法成立公共文化服务领域的社会组织，推动公共文化服务社会化、专业化发展。"从现实需求来看，社会组织参与公共文化服务，形成多元化供给主体，是促进公共文化服务高质量发展的重要途径。目前，我国公共文化领域的社会组织发育程度不高，数量和质量还不能满足需要，因此培育和孵化合格的社会组织是当前的重要任务。

为增强公共文化服务的发展动力，《公共文化服务保障法》提出三条鼓励和支持社会力量参与的措施。一是给予表彰和奖励。《公共文化服务保障法》第 13 条第 2 款规定："对在公共文化服务中作出突出贡献的公民、法人和其他组织，依法给予表彰和奖励。"二是采取政府购买服务等措施支持政府购买公共文化服务，是政府以市场化手段鼓励和支持社会力量参与公共文化服务的主要方式。《公共文化服务保障法》第 49 条规定："国家采取政府购买服务等措施，支持公民、法人和其他组织参与提供公共文化服务。"并在第 41 条规定："国务院和省、自治区、直辖市人民政府制定政府购买公共文化服务的指导性意见和目录。国务院有关部门和县级以上地方人民政府应当根据指导性意见和目录，结合实际情况，确定购买的具体项目和内容，及时向社会公布。"三是捐赠财产享受税收优惠。《公共文化服务保障法》第 50 条规定，"……捐赠财产用于公共文化服务的，依法享受税收优惠"，同时《公益事业捐赠法》明确将文化事业列为公益事业。向公共文化服务捐赠的个人和企业以及其他组织，可以依照我国公益事业捐赠法、企业及个人所得税法及其实施条例等有关法律法规的规定，享受税收减免等优惠。

五、公共文化服务保障法的现状与发展

2020 年 12 月，第十三届全国人民代表大会常务委员会第二十四次会议发

布了《关于检查〈中华人民共和国公共文化服务保障法〉实施情况的报告》，指出该法实施近4年来在强化政府保障责任、构建设施网络体系、丰富产品和服务供给、引导社会力量参与、开辟公共文化服务新路径等方面取得了显著成效；同时指出，在完全落实政府保障责任、充分发挥服务效能、优化资源配置、社会力量广泛深入参与、专业人才建设等方面也存在差距和问题。

《公共文化服务保障法》将党中央关于加强公共文化服务体系建设的战略思想转化为国家意志，将在实践中行之有效的重要政策上升为法律规定，立足实际构筑了一些解决突出矛盾和问题的制度规范，形成了我国公共文化服务保障法律制度体系的"四梁八柱"，实现了我国公共文化服务保障基本制度的初步集成，迈出了公共文化治理的新征程（见表6－1）。

表6－1　各省份制定公共文化服务相关法规情况

序号	法规名称	篇章	生效时间
1	《河南省公共文化服务保障促进条例》	共十章59条	2022.9
2	《北京市公共文化服务保障条例》	共八章67条	2022.9
3	《宁夏回族自治区公共文化服务保障条例》	共七章54条	2022.7
4	《云南省公共文化服务保障条例》	共七章52条	2022.7
5	《甘肃省公共文化服务保障条例》	共七章49条	2022.6
6	《四川省公共文化服务保障条例》	共七章67条	2021.9
7	《江西省公共文化服务保障条例》	共七章57条	2021.7
8	《上海市公共文化服务保障与促进条例》	共九章69条	2020.10
9	《安徽省公共文化服务保障条例》	共六章42条	2020.7
10	《贵州省公共文化服务保障条例》	共六章58条	2020.6
11	《陕西省公共文化服务保障条例》	共七章53条	2019.3
12	《湖北省公共文化服务保障条例》	共七章50条	2018.11
13	《天津市公共文化服务保障与促进条例》	共七章58条	2018.9
14	《浙江省公共文化服务保障条例》	共34条（不分章）	2017.11
15	《江苏省公共文化服务促进条例》	共七章60条	2015.12
16	《广东省公共文化服务促进条例》	共六章46条	2011.9

从表6－1中的统计可以看出，在《公共文化服务保障法》出台以前，江苏省、广东省两个省份制定了地方性法规；《公共文化服务保障法》出台以后，浙江省、天津市、湖北省等14个省份制定了地方性法规。从名称上来看，以《××省公共文化服务保障条例》命名的居多，与《公共文化服务保障法》基本保持一致；也有省份以《××省公共文化服务保障与促进条例》命名。从内容上来看，各地方的地方性法规基本上与《公共文化服务保障法》基本保持一致，在某些方面突出了地域特色。如《上海市公共文化服务保障与促进条例》第38条规定："本市按照加快建设社会主义国际文化大都市的目标，坚持国家标准、突出上海特色，加强'上海文化'品牌建设，传承和发扬红色文化、海派文化、江南文化等特色文化，促进公共文化服务高质量发展。"第40条规定："各级人民政府应当发扬海派文化特点，以上海名人、海派地标、历史事件为载体，加强海派文化品牌建设，提升海派文化内涵，传承城市文脉。"《四川省公共文化服务保障条例》第34条规定："地方各级人民政府应当因地制宜，加强世界文化遗产、文物、古籍、考古遗址公园、非物质文化遗产等保护利用，推动古蜀文明、巴蜀文化、藏羌彝文化等研究、阐释、展示与宣传。"

《公共文化服务保障法》实施七年来，省级政府已经全部出台了本省的基本公共文化服务实施标准，93.7%的市（地）级政府和98.7%的县级政府已经出台了本地区的基本公共文化服务目录。从统计数据看，在落实基本公共文化服务标准制度方面，"有没有"的问题已经基本解决，目前存在的主要问题是"实不实""好不好""管用不管用"的问题。

党的十九届五中全会部署，"十四五"时期提升公共文化服务水平的首要任务是推进城乡公共文化服务体系一体建设。城乡基本公共文化服务标准统一、供给均衡、水平大体相当，是城乡一体发展的基本标志，因此，深化细化基本公共文化服务标准制度，也是实现城乡一体建设的重要保证。"十四五"开局之年，各级政府面临出台新一轮基本公共文化服务标准/目录的任务，需要明确国家和地方提供基本公共文化服务的数量、质量水平和支出责任，让与当地经济社会发展水平和公共财政支撑能力相适应的基本公共文化服务“应有尽有”，向社会公布服务项目、支付类别、服务对象、质量标准、支出责任、牵头负责单位等具体内容，以便于全社会监督各级政府是否“承诺必达”，这是深化基本公共文化服务标准制度的主要要求。

十多年来，随着公共文化服务体系建设的强力推进，我国公共文化设施免费开放的范围不断扩大，由博物馆到公共图书馆、文化馆、美术馆、乡镇综合文化站，直到科技馆；免费开放的公共文化场馆数量稳步增长，到2019年年初已经达到50000多家；中央财政十多年间支持公共文化设施免费开放的补助资金累计已经达到580多亿元；公共文化设施免费开放的理念已经深入人心。随着经济社会的发展，人民群众美好生活对文化的新期待不断增强，免费开放制度需要进一步完善。完善的主要方向，是进一步扩大范围。遵循尽力而为、量力而行的原则，伴随公共财政支撑能力的增强，推动工人文化宫、青少年宫、妇女儿童活动中心等公共文化设施逐步实现免费开放。

公共文化设施开放和服务提供的“优惠”，是指提供基本公共文化服务以外的服务时可以适当收取费用，但应与市场价格有所区别，降低收费标准，按照成本价格为群众提供服务。简单地说，就是不以营利为目的、以补偿服务成本为限度的低收费方式。如果说公共文化服务在保基本、兜底线、促公平阶段，“优惠”服务尚可忽略不计，那么在高质量发展阶段，就不是可有可无了。因为所谓“高质量”的基本特点就在于个性化、特色化、多样化的公共文化服务大量增加，这类超越保障基本权益、满足基本需求的服务，无论从体现公平正义还是从公共财政支撑能力的角度看，都不能也无法做到完全免费。从这个意义上说，《公共文化服务保障法》将公共文化设施开放和服务提供界定为“免费或优惠”，具有超前预见性。

目前在实践中，落实非基本公共文化服务优惠提供制度存在障碍：基本公共文化服务标准/目录的细化程度不够，导致免费和优惠的界限不清，给实际操作带来了困难；相关政策不协调，也成为制度落地的最大障碍。如现行政策有“公益一类事业单位不得从事经营活动”的规定，在不少地方，公共文化机构的低收费优惠服务就被认为是“经营活动”而被禁止。再就是由于缺乏激励措施，不少公共文化机构开展优惠提供非基本服务的动力不足，“能做的不想做”和“想做的不能做”现象并存，最终制约了服务的多样化和高水平。推动公共文化服务高质量发展，提升公共文化服务水平，亟须以问题为导向，有针对性地破解这些政策障碍，让公共文化服务保障法确立的非基本公共文化服务优惠提供的制度真正落地。近来有一些地方已经开始了破冰探索，如北京市东城区拟定的《公共文化设施社会化运营指导意见》，将满足居民个性化、多元化需求的优质服务列为延伸类服务，探索基本公共文化服务和优质化、个性化服务的有机结合，促进公共文化服务的免费提供与优惠提供并举，激发各类社会主体参与公共文化服务的积极性，增强公共文化服务的发展活力。

六、公共文化服务保障法的未来

党的十九届五中全会明确了2035年建成社会主义文化强国的目标，也明确了“十四五”期间提升公共文化服务水平的阶段性重点任务。党的二十大报告明确提出：“实施国家文化数字化战略，健全现代公共文化服务体系，创新实施文化惠民工程。健全现代文化产业体系和市场体系，实施重大文化产业项目带动战略。”沿着公共文化服务保障法指引的方向，遵循公共文化服务保障法的基本精神，“十四五”期间需要进一步全面深入贯彻落实公共文化服务保障法，以新发展理念推动公共文化服务持续创新、提质增效，开创公共文化服务发展的新格局。

推进城乡公共文化服务一体建设。城乡公共文化服务一体建设，从本质上说是公共文化服务的标准化均等化发展，所以，进一步落实《公共文化服务保障法》有关促进基本公共文化服务标准化均等化的规定，是推进城乡公共文化一体建设的基本途径，其中最为重要的抓手，就是全面落实和深化法律建立的基本公共文化服务标准制度。

提升公共文化服务数字化水平。《公共文化服务保障法》从三个方面对数字化发展做出指引：一是构建标准统一、互联互通的公共数字文化服务网络；二是支持数字文化产品开发；三是提高数字化和网络服务能力。

推动公共文化服务社会化发展。公共文化服务高质量发展，意味着在保基本、兜底线的基础上，有更多的特色化、个性化、多样化服务，对公共文化服务的社会化发展提出了更多、更高的要求。《公共文化服务保障法》提出了鼓励社会力量依法参与公共文化设施运营和管理的原则，“十四五”期间，随着基层事业单位改革的推进，县以下公共文化设施推广社会化运营和管理方式，已成为一个事关可持续发展的现实性选择。

加强优秀传统文化创造性转化。促进中华优秀传统文化传承，是公共文化服务保障法的立法宗旨之一；开展优秀传统文化传承活动，是公共文化服务的重要内容之一。《非物质文化遗产法》《公共图书馆法》《博物馆条例》等法律法规，都对优秀传统文化传承提出了具体要求，“十四五”规划建议也将加强文物古籍的保护、研究、利用，加强非物质文化遗产系统性保护，加强民族优秀传统手工艺保护和传承，作为提升公共文化服务水平的重要内容加以部署。

促进公共文化和文化产业协同发展。《公共文化服务保障法》确立的推动社会化发展原则，以及推动公共文化服务运用现代信息技术和传播技术的原则，为促进公共文化和文化产业协同发展开辟了广阔空间。公共文化服务进入高质量发展阶段，强调统筹考虑群众基本文化需求和多样化文化需求，强调实现标准化和个性化的有机统一，对社会化发展和科技赋能的要求越来越高，必然导致事业和产业相互促进、融合发展的趋势越来越明显。

第二节　图书馆法与博物馆条例

对于公共图书馆，较为通行的说法是公共图书馆应具备“三要素”：向所有人开放，经费源于税收，设立和运营有法律依据。《公共图书馆法》第 2 条第1 款规定：“本法所称公共图书馆，是指向社会公众免费开放，收集、整理、保存文献信息并提供查询、借阅及相关服务，开展社会教育的公共文化设施。”这一定义既符合国际上通行的对公共图书馆的定义，又通过宣示“免费开放”彰显了我国对公民基本阅读权益的保障，体现了公共图书馆服务以人民为中心的思想，显示出中国特色；同时，突出强调了公共图书馆的“社会教育”功能，从而改变了过去认为图书馆只有“借书还书”功能的刻板印象；

更重要的是，这一定义还明确了公共图书馆属于“公共文化设施”的属性，这是我国《公共文化服务保障法》的延展。

中国特色社会主义进入新时代，中国特色社会主义道路、理论、制度、文化不断发展，随着“五位一体”总体布局和“四个全面”战略布局的逐步推进，人的全面发展、社会的全面进步成为重要追求目标。《公共图书馆法》开宗明义昭示立法宗旨是传承人类文明、保障公民基本文化权益、提高公民科学文化素质和社会文明程度；明确了公共图书馆是我国公共文化服务体系的重要组成部分，本质功能是传承发展中华优秀传统文化、弘扬革命文化、发展社会主义先进文化；将平等、开放、共享的现代图书馆理念提升为公共图书馆服务的法定原则。《公共图书馆法》的制定为如何定义中国特色的公共图书馆事业、如何发展中国特色的公共图书馆事业，在此过程中应坚持什么发展原则和服务理念指明了方向，作出了指引。

一、立法宗旨

《公共图书馆法》的立法宗旨就是要回答立法的必要性问题，而这一回答在某种程度上反映了社会对公共图书馆的认知。从公共图书馆法不同时期征求意见版与最终出台的法律文本中对立法宗旨的表述可以看出，人们对公共图书馆的认知不断深化，除“促进公共图书馆事业发展”这一基本目的外，逐步认识到发挥公共图书馆功能的重要意义，开始不断强化“保障公民基本文化权益”“提高公民科学文化素质和社会文明程度”的表达，特别是在全国人大相关工作层面，开始认识到公共图书馆对传承人类文明所起的作用，并在最终法律文本中将发展公共图书馆事业提升到“坚定文化自信”的高度。高度的文化自信事关中华民族伟大复兴的千秋伟业，公共图书馆事业则事关文化自信坚定与否，这一立法宗旨在法律层面确立了公共图书馆的地位与作用，也反映了新时代社会发展对公共图书馆的期待。

公共图书馆不但是一种社会机构，而且是一种实现社会知识或信息保障的制度，它的存在使每一个公民具备了自由获取知识或信息的权利，引起了业界关于公共图书馆精神的集体研讨与反思。2011 年，文化部、财政部出台

《关于推进全国美术馆、公共图书馆、文化馆（站）免费开放工作的意见》，被誉为公共图书馆精神在中国的回归。在立法过程中，几乎每一次征求意见，图书馆界都会就在法律文本中体现平等、开放的图书馆精神提出建议，最终法律文本也对学界这一理论研究和业界近些年的实践探索给予了响应，在总则中将“保障公民基本文化权益”作为立法宗旨之一，在第33条第1款明确提出：“公共图书馆应当按照平等、开放、共享的要求向社会公众提供服务。”这一条款虽然没有能够作为公共图书馆事业发展的总体纲领，写入第一章“总则”的立法宗旨或其他条款，而只是作为公共图书馆服务的基本原则，在第四章“服务”部分作了规定，但仍然不失为我国公共图书馆立法的一个重要突破，是国家公权力对公共图书馆价值理念的一次完整、集中的表达。

二、《公共图书馆法》的性质

《公共图书馆法》坚持公共图书馆的公益性特征，明确公共图书馆是向社会公众免费开放，具有收集、整理、保存文献信息并提供查询、借阅及相关服务，开展社会教育的公共文化设施；同时规定公共图书馆是社会主义公共文化服务体系的重要组成部分，应当坚持社会主义先进文化前进方向，坚持以人民为中心，坚持以社会主义核心价值观为引领，传承发展中华优秀传统文化，继承革命文化，发展社会主义先进文化。

在加强公共图书馆服务体系建设方面，为了扩大和优化公共图书馆服务的有效覆盖范围，使更多人享受到公共图书馆服务，《公共图书馆法》明确了政府在加强公共图书馆服务体系建设中的职责。

《公共图书馆法》规定，县级以上人民政府应当将公共图书馆事业纳入本级国民经济和社会发展规划，将公共图书馆建设纳入城乡规划和土地利用总体规划，加大对政府设立的公共图书馆的投入，将所需经费列入本级政府预算，并及时、足额拨付；明确公共图书馆服务网络建设应当坚持政府主导，鼓励社会参与，县级以上地方人民政府应当根据本行政区域内人口数量、人口分布、环境和交通等因素，因地制宜确定公共图书馆的数量、规模、结构和分布；明确县级以上人民政府应当设立公共图书馆，地方人民政府应当充分利用乡镇（街道）和村（社区）的综合服务设施设立图书室，服务城乡居民。此外，《公共图书馆法》还明确了国家图书馆的地位和职能。

三、《公共图书馆法》的基本理念

《公共图书馆法》第 33 条第 1 款规定："公共图书馆应当按照平等、开放、共享的要求向社会公众提供服务。"从而确定了公共图书馆法的平等、开放、共享的基本理念，此外从法律的规定中还可以看出以人为本、专业服务、全民共享、社会合作及隐私保护的理念，从而为公共图书馆的建设和管理提供了基本遵循。

1. 平等服务的基本理念

《公共图书馆法》将平等服务理念确定为法律规定，把"平等"列为公共图书馆向公众提供服务的三原则之首，要求县级政府因地制宜建立总分馆服务体系，"促进公共图书馆服务向城乡基层延伸"，满足城乡居民需要。而且，《公共图书馆法》第 42 条还要求公共图书馆建立信息公开制度，"定期公告服务开展情况，听取读者意见，建立投诉渠道，完善反馈机制，接受社会监督"，从而不断改善服务条件、提高服务水平。

2. 普遍开放的基本理念

《公共图书馆法》充分汲取了普遍开放的服务理念，把"开放"列为公共图书馆向公众提供服务的三原则之一。甚至更进一步，为了让每个人都能"无门槛"利用，法律明确规定公共图书馆提供的基本服务必须免费，不得收取"一分钱"，也就是我们通常所说的"免费开放"。法律规定免费开放的范围包括"文献信息查询、借阅服务""阅览室、自习室等公共空间设施场地开放""公益性讲座、阅读推广、培训、展览"等，这实质上也是公共图书馆服务的基本内容。

3. 以人为本的基本理念

在服务与管理方面，《公共图书馆法》第 38 条规定："公共图书馆应当通过其网站或者其他方式向社会公告本馆的服务内容、开放时间、借阅规则等；因故闭馆或者更改开放时间的，除遇不可抗力外，应当提前公告。公共图书馆在公休日应当开放，在国家法定节假日应当有开放时间。”从中可以看出，一是法律规定了公共图书馆必须向社会进行服务公示，公示的内容包括“本馆的服务内容、开放时间、借阅规则等”，以方便公众获取相应信息、利用相关服务。

二是法律对公共图书馆开放时间做了比较详细的规定。首先，公共图书馆因故闭馆或者更改开放时间的，必须提前公告。其次，公共图书馆在公休日必须开放。最后，公共图书馆在国家法定节假日必须有开放时间。

三是法律规定公共图书馆采取多种方式，为社会公众提供便捷服务。《公共图书馆法》第 39 条规定：“政府设立的公共图书馆应当通过流动服务设施、自助服务设施等为社会公众提供便捷服务。”《公共图书馆法》第 40 条第 1 款规定：“国家构建标准统一、互联互通的公共图书馆数字服务网络，支持数字阅读产品开发和数字资源保存技术研究，推动公共图书馆利用数字化、网络化技术向社会公众提供便捷服务。”这些规定惠及地处偏远难以利用图书馆的群体，以及在开放时间不能有效利用图书馆的群体，还积极推动公共图书馆“利用数字化、网络化技术向社会公众提供便捷服务”。

在特殊群体服务方面，《公共图书馆法》第 34 条规定：“政府设立的公共图书馆应当设置少年儿童阅览区域，根据少年儿童的特点配备相应的专业人员，开展面向少年儿童的阅读指导和社会教育活动，并为学校开展有关课外活动提供支持。有条件的地区可以单独设立少年儿童图书馆。政府设立的公共图书馆应当考虑老年人、残疾人等群体的特点，积极创造条件，提供适合其需要的文献信息、无障碍设施设备和服务等。”《公共图书馆法》将以人为本的理念法律化，充分体现了人文关怀。一是针对未成年人，法律规定公共图书馆必须设置专门的阅览区域，配备相应的专业人员，开展针对性的阅读指导和社会教育活动。考虑到未成人社会阅历浅，辨别是非的能力相对较弱，该法第 37 条明确规定“不得向未成年人提供内容不适宜的文献信息”。二是针对老年人、残疾人等群体行动不便的特点，法律规定公共图书馆“提供适合其需要的文献信息、无障碍设施设备和服务等”。

4. 专业服务的基本理念

《公共图书馆法》要求公共图书馆要力所能及地提供一些专业服务，满足多方需求，提升服务能力。一是加强专业人员配备。法律规定馆长“应当具备相应的文化水平、专业知识和组织管理能力”，工作人员“应当具备相应的专业知识与技能”。二是提供资政服务。《公共图书馆法》第35条规定：“政府设立的公共图书馆应当根据自身条件，为国家机关制定法律、法规、政策和开展有关问题研究，提供文献信息和相关咨询服务。”这也是通常所说的立法决策咨询服务。三是加强古籍保护利用。面向学术研究，法律要求采用“数字化、影印或缩微技术等”手段，深入推进古籍整理、出版和研究利用；面向公众服务，法律要求通过“巡回展览、公益性讲座、善本再造、创意产品开发等”方式，传承发展中华优秀传统文化，实现典籍的“活化”利用。四是开展数字服务。法律要求公共图书馆主动适应“互联网+”的发展趋势，“加强数字资源建设、配备相应的设施设备，建立线上线下相结合的文献信息共享平台”，为社会公众提供高效、专业的优质服务。

5. 共建共享的基本理念

《公共图书馆法》认同图书馆行业共建共享的基本理念，把“共享”列为公共图书馆向公众提供服务的三原则之一。在法律的具体条文中，共享理念也有所体现。一是支持公共图书馆与公共图书馆之间的共建共享。法律要求“公共图书馆开展联合采购、联合编目、联合服务，实现文献信息的共建共享，促进文献信息的有效利用”。二是支持公共图书馆与其他类型图书馆之间的共建共享。法律要求公共图书馆“加强与学校图书馆、科研机构图书馆以及其他类型图书馆的交流与合作，开展联合服务”，并且支持“学校图书馆、科研机构图书馆以及其他类型图书馆向社会公众开放”，从而为公众提供更多的选择可能（《公共图书馆法》第48条）。三是鼓励国际之间的共建共享。法律支持“在公共图书馆领域开展国际交流与合作”（《公共图书馆法》第9条），国际交流合作的成效之一，就是为公众开拓视野、获取更多的资源和服务。

6. 全民阅读的基本理念

《公共图书馆法》以法律的方式，确立公共图书馆的性质与地位，即公共图书馆是社会主义公共文化服务体系的重要组成部分，因此公共图书馆必须

"将推动、引导、服务全民阅读作为重要任务"。《公共图书馆法》为此，还总结提炼了几种常见的全民阅读活动方式，如阅读指导、读书交流、演讲诵读、图书互换共享等。法律鼓励和支持以这些活动方式大力推广全民阅读。

7. 社会合作的基本理念

《公共图书馆法》大力提倡社会合作，鼓励社会各界以各种方式参与公共图书馆服务。一是捐赠方式。法律鼓励公民、法人和其他组织，"依法向公共图书馆捐赠，并依法给予税收优惠"。二是民办图书馆。法律同样鼓励公民、法人和其他组织，"自筹资金设立公共图书馆"，为社会公众提供服务。考虑到一些民办图书馆的服务能力有限，可能存在人员、技术、经费等问题，法律要求采取政府购买服务等措施，对民办图书馆"给予扶持"。三是志愿服务。志愿服务可以为公共图书馆带来人力、技术、专业等方面的支持，丰富服务内容。法律鼓励公民"参与公共图书馆志愿服务"，并且，还要求有关地方政府文化主管部门，"对公共图书馆志愿服务给予必要的指导和支持"。

8. 隐私保护的基本理念

个人信息受法律保护，在我国《民法典》中早已有明确规定，《刑法》中还设有专门的"侵犯公民个人信息罪"条款。《公共图书馆法》与这些法律相衔接，明确规定，公共图书馆必须"妥善保护读者的个人信息、借阅信息以及其他可能涉及读者隐私的信息，不得出售或者以其他方式非法向他人提供"，违反规定，则有相应的行政处罚，并追究法律责任。

四、建设公共图书馆的制度保障

第一，制度保障。《公共图书馆法》第 15 条规定了设立公共图书馆的章程及其主要内容这一根本性的规章制度。本条规定："设立公共图书馆应当具备下列条件：（一）章程；（二）固定的馆址；（三）与其功能相适应的馆舍面积、阅览座席、文献信息和设施设备；（四）与其功能、馆藏规模等相适应的工作人员；（五）必要的办馆资金和稳定的运行经费来源；（六）安全保障设施、制度及应急预案。"第 16 条规定，章程中应有明确的设立公共图书馆的组织规程和办事规则，包括名称、馆址、办馆宗旨、业务范围、管理制度及有关规则、终止程序和剩余财产的处理方案等事项。《公共图书馆法》第23条还强调建立健全法人治理结构，提高治理水平。

第二，馆舍保障。关于公共图书馆馆舍数量、规模、结构和分布，《公共图书馆法》第13条第2款规定："县级以上地方人民政府应当根据本行政区域内人口数量、人口分布、环境和交通条件等因素，因地制宜确定公共图书馆的数量、规模、结构和分布，加强固定馆舍和流动服务设施、自助服务设施建设。"

第三，人员保障。《公共图书馆法》第19条规定："政府设立的公共图书馆馆长应当具备相应的文化水平、专业知识和组织管理能力。公共图书馆应当根据其功能、馆藏规模、馆舍面积、服务范围及服务人口等因素配备相应的工作人员。公共图书馆工作人员应当具备相应的专业知识与技能，其中专业技术人员可以按照国家有关规定评定专业技术职称。"从中可以看到，该规定对图书馆馆长应具备的条件进行了明确，还要求根据功能、馆藏规模、馆舍面积、服务范围及服务人口等因素配置相应数量的工作人员。

第四，经费保障。《公共图书馆法》第4条规定："县级以上人民政府应当将公共图书馆事业纳入本级国民经济和社会发展规划，将公共图书馆建设纳入城乡规划和土地利用总体规划，加大对政府设立的公共图书馆的投入，将所需经费列入本级政府预算，并及时、足额拨付。国家鼓励公民、法人和其他组织自筹资金设立公共图书馆。县级以上人民政府应当积极调动社会力量参与公共图书馆建设，并按照国家有关规定给予政策扶持。"该条明确规定了政府设立的公共图书馆所需经费由政府列入预算，并要求及时、足额拨付。除了政府投入以外，法律还鼓励社会力量参与公共图书馆的建设，该法第20条规定："公共图书馆可以以捐赠者姓名、名称命名文献信息专藏或者专题活动。公民、法人和其他组织设立的公共图书馆，可以以捐赠者的姓名、名称命名公共图书馆、公共图书馆馆舍或者其他设施。以捐赠者姓名、名称命名应当遵守有关法律、行政法规的规定，符合国家利益和社会公共利益，遵循公序良俗。"

第五，信息保障。图书馆法所称的文献信息包括图书报刊、音像制品、缩微制品、数字资源等。《公共图书馆法》第24条第1款规定：“公共图书馆应当根据办馆宗旨和服务对象的需求，广泛收集文献信息；政府设立的公共图书馆还应当系统收集地方文献信息，保存和传承地方文化。”在收集文献信息的方式上，法律明确公共图书馆可以通过采购、接受交存或者捐赠等合法方式。对收集到的文献信息，公共图书馆应当按照国家公布的标准、规范对馆藏文献信息进行整理，建立馆藏文献信息目录，并依法通过其网站或者其他方式向社会公开。法律还要求公共图书馆应当妥善保存馆藏文献信息，不得随意处置；确需处置的，应当遵守国务院文化主管部门有关处置文献信息的规定。公共图书馆应当配备防火、防盗等设施，并按照国家有关规定和标准对古籍和其他珍贵、易损文献信息采取专门的保护措施，确保安全。

第六，科技保障。《公共图书馆法》第8条规定：“国家鼓励和支持发挥科技在公共图书馆建设、管理和服务中的作用，推动运用现代信息技术和传播技术，提高公共图书馆的服务效能。”《公共图书馆法》明确主张和支持在公共图书馆建设、管理和服务中运用现代信息技术和传播技术，建立普遍、高效的公共图书馆服务网络，完善数字化、网络化服务体系，实现通借通还，促进公共图书馆服务城乡均等化。法律要求加强数字文献信息资源建设，建立线上线下相结合的文献信息共享平台，构建基于数字化、网络化的规范的公共图书馆数字服务网络，向社会公众提供优质、高效、便捷的图书馆服务。同时，国家支持开发数字阅读产品以及数字资源保存技术的研究工作。

《公共图书馆法》的颁布，使我国公共图书馆治理能力现代化有了重要的法治基础，为新时代中国特色社会主义公共图书馆体系建设确定了方向，明确了任务，更是为我国公共图书馆体系建设的科学性、规范性、系统性和稳定性提供了强有力的法律支持。《公共图书馆法》构建的一系列基本制度，对于促进公共图书馆事业发展、充分发挥公共图书馆功能具有重要作用。其中，包括保障公民文化权益的基本制度，如普遍均等制度、信息公开制度、公众参与制度、以人为本制度、底线保障制度等；落实政府主导责任的基本制度，如政府保障制度、经费保障制度、人员保障制度、服务规范制度、服务网络制度、技术标准制度等；引导社会力量参与的基本制度，包括扶持制度、税收优惠制度、冠名制度、志愿服务制度等；推进公共图书馆改革发展的基本制度，包括法人治理结构、总分馆制、图书馆年报、线上线下互动服务等。《公共图书馆法》的颁布，为我国图书馆事业的建设提供了坚实的法律保障，也为公共图书馆服务的进一步发展明确了方向。

五、博物馆的属性及《博物馆条例》的亮点

2015 年公布的《博物馆条例》，标志着我国博物馆行业第一个全国性法规文件正式出台。博物馆既是传承人类文明的重要场所，也是重要的公共文化服务机构。该条例的出台，对将我国博物馆事业发展纳入法治轨道具有重要意义。

《博物馆条例》的制定目的是促进博物馆事业发展，发挥博物馆功能，满足公民精神文化需求，提高公民思想道德和科学文化素质。该条例还明确了博物馆的含义，即“博物馆是指以教育、研究和欣赏为目的，收藏、保护并向公众展示人类活动和自然环境的见证物，经登记管理机关依法登记的非营利组织。博物馆包括国有博物馆和非国有博物馆。利用或者主要利用国有资产设立的博物馆为国有博物馆；利用或者主要利用非国有资产设立的博物馆为非国有博物馆”。该条例明确将利用或主要利用非国有资产设立的博物馆进行了重新界定，定名为“非国有博物馆”，在法律层面明确了非国有博物馆的地位和属性，为其可持续发展提供保障、创造条件。根据博物馆的设立方式将博物馆区分为国有博物馆和非国有博物馆，但很明显条例在博物馆的定义、性质、宗旨、财税扶持政策、管理监督等方面，并未区分国有和非国有博物馆，体现了国家在性质、职能、责任、权益等方面公平对待国有博物馆和非国有博物馆的原则。推动非国有博物馆从“混乱无序、野蛮生长”到建章立制、规范运行，是博物馆条例赋予非国有博物馆“平等身份”的最大意义。

该条例明确了设立博物馆的条件，《博物馆条例》第 10 条规定：“设立博物馆，应当具备下列条件：（一）固定的馆址以及符合国家规定的展室、藏品保管场所；（二）相应数量的藏品以及必要的研究资料，并能够形成陈列展览体系；（三）与其规模和功能相适应的专业技术人员；（四）必要的办馆资金

和稳定的运行经费来源；（五）确保观众人身安全的设施、制度及应急预案。”与公共图书馆的要求一样，《博物馆条例》第11条还明确了设立博物馆要制定相应的章程，其中章程的内容包括：“（一）博物馆名称、馆址；（二）办馆宗旨及业务范围；（三）组织管理制度，包括理事会或者其他形式决策机构的产生办法、人员构成、任期、议事规则等；（四）藏品展示、保护、管理、处置的规则；（五）资产管理和使用规则；（六）章程修改程序；（七）终止程序和终止后资产的处理；（八）其他需要由章程规定的事项。”这样的要求为设立博物馆提供了明确的法律指引，规范了博物馆的管理方式和运行规则。

藏品是博物馆赖以生存的基础，保护好、管理好藏品尤其是文物藏品，是博物馆的核心使命之一。条例明确要求，加强藏品尤其是文物藏品的管理和保护，禁止取得来源不明或不合法的藏品。《博物馆条例》第13条规定：“藏品属于古生物化石的博物馆，其设立、变更、终止应当遵守有关古生物化石保护法律、行政法规的规定，并向馆址所在地省、自治区、直辖市人民政府文物主管部门备案。”第14条规定：“设立藏品不属于古生物化石的非国有博物馆的，应当向馆址所在地省、自治区、直辖市人民政府文物主管部门备案，并提交下列材料：（一）博物馆章程草案；（二）馆舍所有权或者使用权证明，展室和藏品保管场所的环境条件符合藏品展示、保护、管理需要的论证材料；（三）藏品目录、藏品概述及藏品合法来源说明；（四）出资证明或者验资报告；（五）专业技术人员和管理人员的基本情况；（六）陈列展览方案。”第15条规定：“设立藏品不属于古生物化石的非国有博物馆的，应当到有关登记管理机关依法办理法人登记手续。前款规定的非国有博物馆变更、终止的，应当到有关登记管理机关依法办理变更登记、注销登记，并向馆址所在地省、自治区、直辖市人民政府文物主管部门备案。”第21条规定：“博物馆可以通过购买、接受捐赠、依法交换等法律、行政法规规定的方式取得藏品，不得取得来源不明或者来源不合法的藏品。”第22条规定：“博物馆应当建立藏品账目及档案。藏品属于文物的，应当区分文物等级，单独设置文物档案，建立严格的管理制度，并报文物主管部门备案。未依照前款规定建账、建档的藏品，不得交换或者出借。”禁止博物馆取得来源不明或不合法的藏品，既属于法律明令禁止的范畴，也是博物馆最基本的职业道德底线，更是世界各国在博物馆收藏方面的公认立场。

2022 年国家文物局正式修订并发布了《博物馆运行评估办法》《博物馆运行评估标准》。本次修订以习近平新时代中国特色社会主义思想和党的二十大精神为指引，在深入梳理原有《国家一、二、三级博物馆运行评估规则》《国家一级博物馆运行评估指标体系》《国家二三级博物馆运行评估指标体系（试行）》等文件的基础上，对博物馆运行评估的总体规则、工作流程和指标体系进行了优化设计。新修订的《博物馆运行评估办法》《博物馆运行评估标准》有三个变化：一是统一制度设计。按照《博物馆条例》的相关要求，由国家文物局统一制定发布《博物馆运行评估办法》和《博物馆运行评估标准》，全面整合替代近年来因工作需要陆续制定、存在一定交叉的《国家一、二、三级博物馆运行评估规则》《国家一级博物馆运行评估指标体系》《国家二三级博物馆运行评估指标体系（试行）》等文件。二是统筹组织实施。在国家文物局的指导下，由中国博物馆协会统筹开展国家一、二、三级博物馆运行评估工作，积极引导发挥地方文博机构的优势和作用。三是完善评估方法及指标。新增定量评估环节，建立定性评估与定量评估相融合的评估程序，确保评估结果更加公允、精准。在指标设置上，一方面坚持“一把尺子量到底”，针对各级别、各门类博物馆采用统一的评估指标和评估流程；另一方面体现分级分类评价导向，针对一、二、三级博物馆的不同特点及需求分别设置不同的指标权重，对于高级别的博物馆侧重考察研究创新能力、代表性成果，注重定性的评估方法；对于低级别的博物馆侧重考察服务保障能力、公共服务产出，注重定量的评估方法。

《博物馆条例》实施以来，对博物馆事业的发展发挥了极大的推动作用。但是，随着文化强国战略的实施和博物馆事业的快速发展，《博物馆条例》的不足之处逐渐突显。《博物馆条例》主要着眼于规范和优化博物馆管理，行政管理色彩较为浓厚。在现阶段，博物馆与人的关系日渐紧密，社会力量参与博物馆发展日益重要，权利问题越发凸显，因此亟须制定“博物馆法”，为博物馆相关行业和产业奠定良好的发展基础。

第七章　文化产业法

摘要：文化产业法是文化法律体系的重要组成部分。文化产业法对于促进和规范文化产业的发展具有至关重要的作用。本章主要介绍了文化产业法的概念与内涵，文化产业法的主要构成，并梳理了我国文化产业法的法律体系，同时对文化产业促进法、文化市场管理法等专门法律进行了介绍。

关键词：文化产业　文化产业法　文化市场　法律规范

第一节　文化产业法的概念与内涵

文化产业法与文化产业的类型和特性具有直接的关系。不同类型的文化产业要用不同的文化产业专门法律来规范。各个文化产业专门法律也分别体现着文化产业的多重属性。

一、文化产业的类型与文化产业法

首先，文化产业是一个产业概念，不是一个文化概念；其次，文化产业是文化产品生产和文化服务供给的复合体；最后，文化产业也是一个不断变动的概念，随着文化活动和文化形态的变化而不断变化。

（一）文化产业的类型

文化产业可以归纳为如下三大类型。

一是传统文化产业。这一部分文化产业与传统的印刷、书画等文化成果相关，主要有“出版、印刷等相关产业”，“文物收藏及文化遗产相关产业”，以及“使用传统素材和技法生产和流通服装、造型物、装饰品、小件物品和生活用品等相关产业”，等等。传统文化产品主要体现为符号、文字、图形、色彩等信息形式，一般以“纸质文本”为主要载体。“传统建筑”或“生活器皿”等亦包含了某种文化观念及文化价值，它们在成为“文物”或者“文物单位”以后，因其文化内容而赋予财产以新的价值，有关其经营性保护或开发、开放等内容，也成为现代文化产业的重要部分。

二是新兴文化产业。这一部分文化产业与“影视技术”“网络传媒”等新兴信息技术的文化成果相关，主要有“电影、音像制品相关产业”“音乐、游戏相关产业”“传播影像作品相关产业”“漫画、动画、教育性娱乐、移动端文化内容、设计（产业设计除外）、广告、公演、美术品、工艺品相关产业”“提供数字文化内容、用户创建内容和多媒体文化内容的收集、加工、开发、制作、生产、储存、搜索、流通等相关服务产业”等。新兴文化产业主要体现为声音、音频、图像和影像等（包含以上的复合体）信息形式，以“计算机硬盘等存储器”为主要载体。以上现代文化产业的核心内容，文化产业促进法以列举的方式予以规定，使其享受国家扶助文化产业发展的诸项政策措施。

三是混合文化产业。这一部分文化产业综合了传统文化成果与现代信息技术及市场机制，主要体现为“文化商品展示会、博览会、展销会以及庆典相关的产业”，或者是在其他产业如旅游产业中掺入“文化产品”因素，甚至以“文化产品”为核心要素。《国务院关于推进文化创意和设计服务与相关产业融合发展的若干意见》中指出：“统筹各类资源，加强协调配合，着力推进文化软件服务、建筑设计服务、专业设计服务、广告服务等文化创意和设计服务与装备制造业、消费品工业、建筑业、信息业、旅游业、农业和体育产业等重点领域融合发展。”这些文化产业中的“外围产业”或者“混合形态”，如果其符合“文化产业”的核心特征，则可以让它们依据文化产业促进法享受相关政策支持。

文化产业的类型也使文化产业法在各个不同类型文化产业的领域中都有体现，表现为针对某个类型文化产业的专门法律。

（二）文化产业的特性

文化产业不同于经济领域的其他产业，具有一些独特的性质。这些特性直接决定了文化产业法的类型。概括来说，文化产业具有如下特性。

1. 国家意志性。文化产业不同于其他产业，不是单纯的经济行为，文化产业活动中贯穿着特定的意识形态和思想价值取向，体现着抽象的国家意志，主要通过人的精神劳动产生效益并直接服务于人的精神生活的特殊产业。文化产品是一种精神产品，文化产品的某些因素不能完全依靠市场调节，这意味着文化产品并不能完全商业化和市场化。这种属性在宪法、行政法和经济法中关于文化产业发展的规范均有所体现。

2. 广泛性和大众性。文化产业作为一种综合性产业，是覆盖全社会、跨部门、跨行业的社会整体工程。这种受众广泛的特性正是文化本身具有复杂层次的表现，也是文化多元的基本特征。

3. 产品化与多样性。文化的产业发展最主要的作用就是将无形的创意转变为有形的商品，无论是手工生产还是复制，将精神、智力成果转化为实实在在的商品或服务，形成可触及的产品，是文化产业的突出特点。

4. 营利性。文化产业致力于实现文化的经济价值和社会价值，在把社会效益放在首位的前提下，以实现文化的经济效益作为直接的追求目标。

5. 信息化与传播性。科技一直伴随文化产业的产生与发展。尤其是数字、通信、三维动画等新技术在文化领域的广泛应用，极大地促进了文化产业的繁荣。随着现代科学技术对文化产业的渗透，文化产业的外延也将不断拓宽，并越来越多表现出新技术和高智力含量的双重特征。

6. 融合性。文化产业与其他行业能够相互渗透、相互融合，如广告文化、饮食文化等。

文化产业的特性也决定了文化产业法具有多重属性。这些属性分别体现在多部单行法律中，在宪法、经济法、行政法中关于文化产业的法律规范也有体现。

（三）文化产业法的概念

广义的文化产业法，指涉及所有与文化产业相关的法律法规，包括《民法》《公司法》《著作权法》《行政处罚法》《行政复议法》《拍卖法》《招标投标法》《反垄断法》《反不正当竞争法》等诸多部门的法律。

狭义的文化产业法包括文化产业基础法和文化产业单行法。文化产业基础法主要是文化产业促进法和文化市场管理法。文化产业单行法是引导、保障和促进文化产业各具体门类产业发展的法律，是文化产业基础法在具体文化产业领域中的具体化，如影视业、新闻出版业、互联网传播行业等。

文化产业法是调整文化产业领域法律关系的法律规范的总称。文化产业法不是简单地指某一部法律，而是一个法律体系，涵盖了所有与文化产业相关的法律规范。

二、文化产业法的主要构成

文化产业法既包括调整文化产业领域的基础性、综合性的法律规范，也包括调整各个文化产业领域的专门性的法律规范。在具体构成上包括文化产业基本法、文化产业管理法和文化产业部门法。

（一）文化产业基本法

从世界各国文化产业发展的过程和经验来看，文化产业基本法无一例外地都起到了很重要的指导作用，使各国调控文化产业的手段逐渐完善，文化市场体系更加完备和成熟。如韩国 1998 年正式提出“文化立国”战略后颁布的《国民政府的新文化政策》《文化产业发展五年计划》《文化产业推进计划》；日本出台的《振兴文化艺术基本法》和《有关振兴文化艺术的基本方针》等。这些法律的出台不仅明确了该国文化产业发展的基本方向和策略，更重要的是规定了管理、调控文化产业发展的基本手段和方法，为该国文化产业的发展发挥了巨大的推动作用。作为文化产业发展的法律基础和依据的基本法是文化产业良好发展的必备条件之一。我国“文化产业促进法”是较早进入有关部门的立法规划，作为各领域分别立法总的指导思想和基本原则，但至今还未出台。同时，全国人大及常委会、国务院有针对性地出台了专业性法律法规，如《出版管理条例》《广播电视管理条例》等。

（二）文化产业管理法

首先，制定合理的文化市场准入法规，规范文化产业的经营主体。文化产业市场准入，就是根据文化产业的特性，设置相应的市场进入条件，准许满足条件的市场主体进入，限制不满足条件的市场主体、文化商品的生产、销售进入文化产业，可以分为主体的市场准入、文化商品生产准入、投放市场准入等。主体的市场准入原则在法理上可以分为三种，即不设置条件可以自由进入的“自由主义”；需要具备一定条件，但只要符合条件即可以经过注册登记进入特定市场的“准则主义”或“登记准则主义”；不仅要求具备一定条件，而且要求经国家有关部门批准的“核准主义”。一方面，国家应扩大投资主体范围和经营范围，允许多种所有制经济共同参与投资文化产业，允许其经营包括报业、新闻业、影视业等在内的文化核心产业；另一方面，经营主体的多样性必然会造成市场混乱，因此经营者进入文化市场时应经过严格审查，可以以《公司法》为主体制定文化产业经营主体法规，采取“黑名单”制度，禁止信誉差的企业、个人进入文化市场。

其次，制定文化市场管理法规，规制经营主体的市场行为，反对文化市场垄断、文化产业垄断和文化产业的不正当竞争。一旦允许文化产品和要素进入市场并对其进行市场化经营，竞争优胜劣汰的机制将激励文化产业经营者的创新热情、敦促他们运用新技术、改善经营管理手段、推出优秀的适合市场消费需求的新作品，在增进竞争胜出者个体利益的同时促进文化产业的发展和文化的繁荣；但也有一部分文化产业经营者在竞争中不惜损害他人的正当竞争利益、损害市场的整体秩序而行事。为了在市场中获得交易机会，在竞争中获胜，有些经营者从事违反诚实信用原则、违反公认的商业道德的不正当竞争行为，如通过夸大的广告宣传不当引诱消费者、通过偷梁换柱的不实手段非法利用竞争对手的市场优势地位、通过诋毁竞争对手的商誉推销自己的产品和服务等；同样地，为了取得优于对手的竞争地位，获得高额的利润，市场经营者总是倾向于不断扩大经营规模，并尽可能地限制和排除其他人的竞争自由。这在文化产业市场的竞争中也不例外。

市场的唯利性和文化产业的巨大潜力必然会吸引众多投资者的进入，但价值规律又会使一些经营者采用不正当手段，甚至从事违法经营活动。另外，经济实力较雄厚的企业还会凭借自身的实力垄断某个领域，严重危害市场秩序。对此国家应制定和完善相关政策法规，坚决打击一切扰乱文化市场秩序的不法行为，如文化领域的《反不正当竞争法》等。值得强调的是，文化产业由于其特殊性，有时在违法与合法的界定上比较模糊，如“人体艺术展”，有些人认为是一种艺术创作，而有些人则认为是一种“低俗”文化，因此在制定相关法律规范时一定要考虑与传统文化的融合，考虑我国法治建设的原则和要求。

最后，重视消费者合法权益，完善消费者权益保护法规。文化产业最终的服务对象是广大的公民，发展文化产业的目的是满足公民的文化生活和学习知识的需要，文化消费是公民应有的权利。文化市场上的违法行为侵犯公民的合法权益（如盗版书刊、虚假广告、强迫交易）时，如果国家的法律规范不能保护消费者的合法权利，那么文化产业的社会功能就难以发挥，文化产业就难以实现可持续性发展。

（三）文化产业部门法

文化产业部门分为核心层、外围层和延伸层三个层次。文化产业核心层的法律包括新闻出版发行服务、广播电视电影服务、文化艺术服务等领域的法律；文化产业外围层的法律包括网络文化服务、文化休闲娱乐服务、文化创意设计服务等领域的法律，知识产权领域的法律规范就属此类；文化产业延伸层的法律包括文化产品的辅助生产，如印刷复制、文化经纪代理、文化出租以及文化用品生产等相关法律。[①] 其中文化产业的知识产权保护法律占有

---

① 参见熊文钊主编：《文化法治体系的建构》（下卷），中国社会科学出版社 2021 年版，第 588 页。

极为重要的地位。由于文化创意产品具有复制操作容易、成本低等特性，故文化产业具有较高的商业风险，这就需要相关立法的出台为文化创意产业的发展保驾护航。首先，通过界定侵权行为的具体表现形式、规定责任追究的方式等立法内容，使知识产权保护司法实践有法可依。其次，改变传统的“事后救济”知识产权行政保护救济措施，采用行政与司法双轨制，更好地保护受害者的利益。最后，在制定相关保护知识产权地方立法的同时，还要提高效率，降低成本，简化程序，加大惩处力度。通过立法和制定政策保护知识产权，激励文化科技创新，为文化产业营造良好的社会环境和法律环境，增强文化产业发展的原动力。

文化产业是一个关联性高的产业，与科技、教育、金融等众多产业都有着密切的关联，修改和完善现行法律的重要性和迫切性不容置疑。针对现阶段我国有关文化产业的法律法规和制度繁多，相互间缺少协调性，部分地方法规甚至存在与国家法律相违背的情况，在基本法尚未出台，文化产业立法体系尚未建立的情况下，现阶段在加快基本法制定的同时，也要对现有的相关法律法规和制度进行系统的梳理，对相互矛盾、条款不明确、缺乏操作性、违背有关国际规则的法律法规，应采用“立、改、废”的措施，使之系统化和统一化。

第二节　我国文化产业法发展状况分析

文化产业涉及的行业种类较多，法律也分为一般法、特别法两个层次。文化产业领域的一般法应是文化产业领域的基础和核心，具有整体性调整和基础性统筹文化产业领域各类社会关系的功能。文化产业领域一般法，包括促进产业发展的文化产业促进法，规范和保障行业秩序的文化市场管理法。文化产业领域的特别法则是调整和规制单一行业、独特业态、专项类型所涉及的各类社会关系，应根据行业类型和产业特点的需要逐步出台相应的法律。

一、文化产业促进法

中共中央办公厅、国务院办公厅印发的《“十四五”文化发展规划》明确提出“推动文化产业高质量发展”“把扩大内需与深化供给侧结构性改革结合起来，完善产业规划和政策，强化创新驱动，实施数字化战略，推进产业基础高级化、产业链现代化，促进文化产业持续健康发展”。文化产业发展，最根本的还是各种市场资源的合理配置，人财物等各类资源的有效整合和充分利用，是文化产业发展的关键。人才聚集、资本关注和成熟完善的知识产权体系能够为文化产业发展提供源源不断的动力。当前通过产业规划和扶持政策，引导人才、资本和知识产权等要素资源向文化产业聚集，逐步推进文化产业高质量发展，是我国文化产业持续繁荣的有效措施。文化产业促进法是遵循现有产业规划和政策，建立的促进产业整合资源，完善产业有序良性发展的法律制度。

（一）文化产业促进法的设计思路

文化产业促进法，是调整文化产业领域的一般社会关系，规范文化产业活动，确立文化产业运行的基本原则，构建促进文化产业发展的基本制度，引导与推动文化产业发展创新的相关文化产业的一般法。

首先，文化产业促进法是主体法与行为法的统一。主体法，指该法应对文化产业的主体进行规制，应包括主体创设条件、主体运营模式、产业运行机制等内容的法律规范。行为法，应关注产业主体的具体经营活动，行业监管部门的经营监管活动。对文化产业而言，其主体与行为密切关联——文化产业的经营主体必然要展开经营活动，而经营主体从创设到运营都不可避免地会接受包括行业监管在内的法律规制；反之，文化产业的行为不能凭空产生，必然依托于相应的文化产业主体。文化产业促进法调整文化产业领域的社会关系，必势必要建立在主体法和行为法相统一的基础上，才能全面地实现对文化产业发展的引导、促进与保障。

其次，文化产业促进法是权利保障与权力规制的统一。促进文化产业繁荣发展，要厘清权利保障和权力规制的界限。文化产业经营主体作为经营者和民事主体，权利保障是其发展壮大的基石，文化产业主体的发展是文化产业发展的重要组成，从法律宗旨和价值定位来看，主体权利保障应是产业促进法的核心要义。文化产业经营主体作为市场经营活动的主体，要接受市场机制的调节和整合，文化产业作为文化传播领域的一部分，会受到民族、历史、传统的影响，与国家意识形态紧密关联。文化产业包括文化市场必然要接受国家和政府的管理与调控。文化领域的权力干预必然存在。但规范权力运用，避免权力滥用需要通过相应的法律加强对权力的规制，文化产业促进法的另一个作用为有效规制权力。只有权利保障和权力规制得到充分的平衡和统一，才能确保国家文化权力的高效行使，文化产业主体的繁荣发展。

（二）文化产业促进法的特点

文化产业促进法是文化产业发展的“一般法”。文化产业促进法是规范文化产业主体、规制文化产业活动，规定文化产业发展国家扶持、奖励扶助等内容的重要法律。文化产业促进法是文化产业发展基本政策的法律化，将发展文化产业的财政补贴、税收优惠与融资保障等相关措施法律化。文化产业促进法作为中国文化产业的“一般法”，具有确立国家促进文化产业发展的基本方针、政策及将主要措施法律化，实现文化产业“一般法”的重要功能。

文化产业促进法是文化产业发展的“综合法”。文化产业促进法应是高屋建瓴，宏观整体全局地促进文化产业发展，“文化产业”领域内部种类繁多，各有特色，涉及行业繁杂，各行业政策也差别多样，立法机关无法通过一部文化产业促进法对各类扶助措施进行明确具体规定，但可以通过文化产业促进法从宏观角度明确扶助措施的方式和方法，以及各种扶助途径和各类扶助主体。及至具体行业的内容，如何进行扶助，具体有哪些措施，则留待各种特别法等具体法律、法规乃至规章予以更为详细的规定。文化产业应是一个统领文化产业内各行各业，就国家方针政策设立基础性扶助规定，是一个产业发展的“综合法”。

文化产业促进法是文化产业发展的“促进法”，而非“管理法”。促进法关键在于正面激励。管理法的核心在于限制和约束。法治政府建设要求所有行政行为应有法律授权，涉足文化产业的自然人、法人和非法人组织，也必须在法律体系保护和规范下从事具体行为。文化产业促进法需要为落实文化发展方针政策的政府部门出台相关扶助促进措施或做出具体行政行为提供法律授权和认可，也需要为文化产业主体的自然人、企业等各类组织提供相关的鼓励和保障。相较于管理法强调对主体和行为的约束和控制，促进法应突出正面鼓励、正面支持、明确扶助。促进法并非绝对排斥管理的条款，只要符合促进的需要，只要管理条款的数量不足以改变促进法的性质，管理的条款完全可以进入促进法。

（三）《文化产业促进法（草案）》概述

2019 年 12 月全国人大公布《文化产业促进法（草案送审稿）》，该草案送审稿共 75 条，包括总则、创作生产、文化企业、文化市场、人才保障、科技支撑、金融财税扶持、法律责任、附则共九章内容。

该草案着力解决“促进什么”“怎么促进”两个核心问题，集中在创作生产、文化企业、文化市场三部分进行基础性设计，并从人财物角度，在人才、科技、金融财税三个方面设置扶助原则和措施。

草案的特色之一是确立了文化产业的定义和范围，这也划定了文化产业调整法的调整对象范围。草案将文化产业定义为“以文化为核心内容而进行的创作、生产、传播、展示文化产品和提供文化服务的经营性活动，以及为实现上述经营性活动所需的文化辅助生产和中介服务、文化装备生产和文化消费终端生产等活动的集合，包含内容创作生产、创意设计、资讯信息服务、文化传播渠道、文化投资运营、文化娱乐休闲等”，显然这个定义既对应了国家统计局修订印发的《文化及相关产业分类》，又有学理意义的概括和归纳。

草案的特色之二是将国家已颁布的文化发展政策法定化。党的十八届四中全会通过的《中共中央关于全面推进依法治国若干重大问题的决定》中明确提出“制定文化产业促进法，把行之有效的文化经济政策法定化，健全促进社会效益和经济效益有机统一的制度规范”。政策法定化，是中央确立文化促进法的立法目的，在草案送审稿的起草过程中，起草单位组织人员专门对当时已经颁布实施的文化领域各项政策、法规和文件进行了全面梳理，归纳总结，将其中重要且实际效果显著的纳入草案中。政策法定化，不仅是本次草案送审稿的特色，也是今后文化产业促进法的发展方向和完善思路。

草案的特色之三是突出和鼓励创新、创造。草案送审稿中 21 处出现创新或创造。既鼓励文化创作创新，又支持文化领域的技术创新和创造。文化产业是文化产品和服务的实践者，附着在文化产品服务上的知识产权是文化产业的财富体现，创新和创造则是知识产权的灵魂和魅力，在促进文化产业长期稳定良性有序发展，保护知识产权的同时，必然要支持和鼓励文化领域的创新和创造。此次草案送审稿总则篇中明确"文化创新"导向，提出"国家鼓励文化产业内容、技术、业态等方面的创新，营造有利于涌现文化精品和人才的社会环境"，契合文化产业发展的动力源泉，成为草案的亮点之一。

草案的特色之四是扶持措施全覆盖。草案第七章"金融财税扶持"专章描述国家为文化产业发展提供的各种经济扶持措施，以及国家鼓励社会为文化产业发展提供的投入和支持。支持角度包括财政、金融、税收、保险、外汇和资本投资等方方面面。作为文化产业领域的一般法，在草案送审稿法律条文中提出的扶持措施，相对概括和笼统，也为今后配套法规规章适时调整具体扶持举措提供了充分的发展空间。

二、文化市场管理法

党的二十大报告中明确提出："健全现代文化产业体系和市场体系，实施重大文化产业项目带动战略。"文化产业发展离不开繁荣的文化市场。文化产业发展的前提是文化安全，文化作为与国家意识形态紧密关联的人类精神物质财富，流转文化产品服务市场的规范有序，显得尤为重要。文化市场的公平有序是科学的文化产业制度的基本支柱。因此在促进文化产业发展的同时，不能忽视文化市场管理法的设计。

（一）文化市场管理法的必要性

文化市场管理法是文化产业法价值目标实现的支撑，也是文化产业法律体系的一般法。文化市场是“文化商品、文化、服务以及文化资源营销活动的场所”，是文化产业发展的载体。文化产业的发展离不开良好的文化市场管理机制与运行秩序的形成。文化市场秩序的形成有赖于相应法律的引导与规范，有赖于法治化管理方式的运用。我国文化产业尚需长期培育发展，我国文化市场同样需要长期稳定发展，文化市场管理法作为文化产业领域的另一部“一般法”，其与文化产业促进法相辅相成。因此，立足于文化市场建设的现实诉求，加强相应的立法就十分必要。

文化市场管理法是文化市场发展的客观需要。文化产业主体自治与自律意识不强，政府的引导、管理与调控是保证文化市场发展的重要力量。根据法治政府建设的要求，政府做出的行为需在法治框架下进行。只有将政府管理调控法律化，形成政府以法治化方式介入文化市场的规制，才能最终形成我国文化市场法治化的运行机制，建立公平有序繁荣的文化市场，并维持其自我发展，自我完善。其实，我国文化市场领域已经累积了各种类型的管理性法规、制度和规范性文件，但这些文件零散且庞杂，需要统一整合。文化市场管理法的出台可以统领既有法规、制度和规范性文件，改变文化市场领域规多且杂的局面，有助于形成繁荣稳定的统一市场。

（二）文化市场管理法的设计原则

我国文化市场管理法应注重识形态和国家安全。文化是意识形态的基础和前提，意识形态不是虚无缥缈的社会意识，而是潜藏于各种文化现象中的本质，并通过各种文化现象体现出来。各国文化离不开国家自身的意识形态。党的二十大报告中明确指出“坚持马克思主义在意识形态领域指导地位的根本制度”“坚持创造性转化、创新性发展，以社会主义核心价值观为引领，发展社会主义先进文化，弘扬革命文化，传承中华优秀传统文化”，发展社会主义先进文化，弘扬社会主义核心价值观，我国文化领域始终需要贯彻马克思主义的指导地位。美国等西方国家意识形态则是以维护资产阶级私有制为核心的，与我国存在根本的差别。意识形态的根本差别导致对文化领域的管理也完全不同。他们强调政府的隐形控制，表面上推行自由主义，政府并不愿管理除自身之外的社会事务。他们认为文化市场需要规避或限制政府介入，他们通过法律或规范限制政府的管理权，尽量保证文化市场的独立性。以英国为例，他们对文化市场的态度是实行“一臂之距”政策。政府本身不亲自管理文化市场，而是一些“半官方”的机构或中介，接受政府授权，居于政府和文化企业之间，提出文化方面的政策建议和决策咨询，并从事对文化项目做出评估、设计、监督项目实施等活动。美国实行“以市场模式为主”的间接管理，同样不直接介入文化市场管理。因此，这些国家并没有专项的文化市场管理法。因此，我国制定自己的文化市场管理法没有可借鉴的经验，需以自身实践为基础，总结经验，设计文化市场管理法。

我国的文化市场管理法必须注重意识形态和国家文化安全。我国文化市场管理法必须遵循市场经济的基本原则。市场经济中，公平与效率是最重要的经济原则。现代文化市场建设须遵循公平原则。公平体现在机会均等，既要考虑文化市场主体之间的机会均等，同时要考虑区域文化市场之间的机会均等。效率体现在明确市场调节机制和政府管制的明确界限，突出市场配置的重要作用。文化市场管理法的调整对象为文化市场各主体之间的社会关系，需要遵循市场经济的基本规则。

文化市场管理法应适当引入文化商品分级制度。文化市场中的文化产品，作为文化市场的具象性媒介，是构成文化市场各类法律关系的基础。适当引入文化商品分级制度，将对文化市场的顺利健康发展形成一种全程保护。文化商品分级制度有助于提高文化市场法律关系主体对违法行为的预测以及社会大众对守法效益的预期，从而保障发展文化市场繁荣，促进文化产业健康发展。在文化产业较为发达的国家如美国、加拿大、日本、法国等均建立了严格的文化商品分级制度，国际实践说明文化商品分级制度是一项切实可行的文化市场管理制度。

三、文化产业特别法

文化产业特别法，是引导、保障和促进文化产业各具体门类产业发展的法律，是文化产业各项政策在具体文化产业领域中的具体化。文化产业特别法是文化产业法律体系的主要内容，文化产业法是否健全，构建科学合理全面的系列特别法尤为关键。根据文化产业门类的发展，对一些特定文化产业，需要进行专项立法。

（一）视听产业领域的特别法

视听产业领域一直都是文化领域中的重要领域。近年来，受益于我国传统广播影视业与互联网等新媒体的融合发展，视听产业获得了快速发展。截至2020年12月，我国网络视听用户规模达9.44亿人，较2020年6月增长4321万人，网民使用率为95.4%。[①] 2023年，我国网络视听用户更是达到了10.40亿人，超越即时通讯类用户成为第一大互联网应用。但是，视听产业发展也较为无序，聚集效应不强，核心竞争力尚未形成。视听产业的相关法律将有助于我国视听产业建立秩序，引导扶持试听产业的稳定发展。当前，我国已经制定《电影产业促进法》《广播电视管理条例》等法律法规，下一步还要制定网络直播、网络视频播放等方面的专项具体法律。

（二）新闻出版发行产业领域的特别法

新闻出版发行领域的专门性立法，对于推进信息自由的实现，鼓励与促进文艺创作，促进新闻出版发行业的高效运营与发展具有极为重要的价值。新闻出版发行领域的专门性立法可以有效地保障公民的民主权利，尤其是以知情权、表达权和监督权为主的政治权利。新闻出版发行领域的专门性立法，还可以进一步规范新闻出版等媒体从业者的行为，保障新闻传播活动中各方利益主体的合法利益，尤其是新闻从业者的基本权利。

新闻出版发行产业方面的立法，也成为越来越多国家的选择。当前我国新闻出版发行领域，已有为数众多的法规、规章和其他规范性文件。问题之关键在于，迄今为止尚缺乏专门性的特别法对具体行业领域进行有效的调整与整合，以致新闻出版发行产业的法治秩序和现实发展状况不尽如人意。当

① 《视听产业发展活力迸发　为数字经济注入新活水》，载人民网，https：//baijiahao.baidu.com/s? id=1713511516954208574&wfr=spider&for=pc。

前，尽快起草和出台“记者法”“新闻通讯法”“印刷发行业促进法”等法律，这些法律是加强新闻出版发行领域特别法建设的关键。

（三）文创设计服务产业及其相关融合性产业领域的特别法

文创设计服务产业即文化创意与设计服务产业，它是文化产业的核心构成部分。并且，文化创意产业、文化设计服务产业与科技、教育、农业等都具有一定的融合性。因此，加强相关立法，促进文创设计服务产业的发展，促进文化与其他产业，特别是文化与科技的融合，是推进我国文化发展繁荣的必然选择。

文化产业是以内容为王的产业体系，而内容的形成关键依赖于文化和艺术层面的创意、创新，依赖于设计服务方面的建构与支撑。文化艺术创意和设计服务产业具有高知识性、高创新性、高增值性及绿色环保性等特征，能够较好地与实体经济及其他相关产业进行融合，推动产业、经济的整体创新与发展繁荣。文化艺术创意和设计服务与相关产业的融合发展，必须以文化艺术创意和设计服务产业本身的良性发展为基础。这意味着，有必要整合既有的政策，汲取当前产业实践中的经验教训，制定“文化艺术创意和设计服务产业发展促进法”，明确文化艺术创意和设计服务产业发展的思路和原则，建构人才、财税金融、自然与社会资源等一系列法律制度。

文化与科技及其他相关产业的融合是文化产业发展的必然趋势。因此，有必要加强相关特别法建设，促进融合性文化产业领域的快速有序发展。我国文化与其他领域的融合，关键是文化与科技的融合。因此，有必要着力促进文化与科技的融合，保障新兴文化产业发展的特别法建设，制定文化与科技融合的指导性目录，树立文化与科技融合的典型，为文化与科技融合提供现实导向；建立促进文化与科技融合的制度机制，为文化与科技融合提供更大的制度支持和优惠政策扶持；建立科学、合理的评价与激励机制，为文化与科技融合、文化产业的发展注入内在动力；等等。

（四）旅游休闲娱乐产业的特别法

旅游休闲娱乐产业属于我国的新兴产业，并且结构复杂、市场发展不成熟，其在提供旅游休闲娱乐产品与服务的同时，也蛰伏着较大的道德与法律风险。比如，文化娱乐场所一般包括歌舞娱乐场所、游艺游戏娱乐场所，以及综合性大型娱乐场所等复杂的类型，若不进行有效的法律规制与引导很可能会产生严重的负面效应。因此，有必要加强旅游休闲娱乐产业领域的特别法建设，推动我国文化旅游休闲娱乐产业的规范化运营与健康有序发展。国家及各级地方政府都高度重视旅游休闲娱乐产业的健康发展，颁布了一系列休闲产业扶持文件。2009 年，国务院出台的《关于加快发展旅游业的意见》，2015 年国务院办公厅印发的《关于加快发展生活性服务业促进消费结构升级的指导意见》等，2013 年颁布实施了《旅游法》。但是，文化休闲娱乐产业领域尚存在严重的法律规制空白，推进文化休闲娱乐产业促进法的立法势不可挡。

第八章　出　版　法

摘要： 出版活动是发展和繁荣中国特色社会主义文化、促进社会主义精神文明建设和物质文明建设的重要途径，出版法是出版活动和出版管理的基本准绳和主要遵循。本章主要介绍了出版法的价值目标、基本原则，界定了出版法中有关出版、出版法等主要法律概念，并梳理了我国出版法的法律体系，同时对数字出版的特殊问题进行了阐述。

关键词： 出版法　出版自由　数字出版

第一节　出版法的立法宗旨

一、出版法的价值目标

在我国尚未颁布“出版法”的情况下，《出版管理条例》发挥着出版管理基本法律规范的作用，是出版活动和出版管理的基本准绳和重要遵循。《出版管理条例》第 1 条开宗明义地指出，为了加强对出版活动的管理，发展和繁荣有中国特色社会主义出版产业和出版事业，保障公民依法行使出版自由的权利，促进社会主义精神文明和物质文明建设，根据《宪法》，制定本条例。从该条例可以看出，出版法的价值目标表现为以下几个方面。

（一）依法管理，保障公民的出版自由

依法进行出版活动和依法进行出版管理是依法治国、依法行政在出版领

域的具体体现。随着我国社会主义法律体系的形成，我国出版业已经形成了由宪法、法律、行政法规、部门规章等组成的法律框架。上述法律法规指明了出版活动的指导方针、政策和基本任务，规范了出版行为的准则和必要程序，明确了出版管理的职责，划清了出版活动合法行为的界限，规定了相应的法律责任，为依法进行出版活动和出版管理提供了依据。在从事出版活动的过程中，必须坚持依法管理的原则。但依法管理并不是目的，而是保障公民出版自由的重要手段。《宪法》第35条虽然确认了公民享有出版自由，但绝不能将出版自由理解为想出什么就出什么、想怎么出就怎么出，它同样是有条件的、有责任的，既受到法律保护，又必须以法律为准绳。[①] 任何人、任何组织在行使出版自由这一宪法所赋予的基本权利时，必须遵守法律对这种权利的限制，并负有不滥用此项权利的义务。运用法律手段对公民出版自由进行规范，也是世界各国的通例。

（二）发展和繁荣中国特色社会主义出版产业和出版事业

我国的出版事业既是党的思想政治工作的重要组成部分，也是在中国共产党领导下建设中国特色社会主义事业的一个重要组成部分。出版产业和出版事业都必须紧紧围绕中国特色社会主义展开，为社会主义服务，这是社会主义出版事业的基本性质的要求，是指导出版工作的最高准则，也是所有出版单位、出版工作者必须坚持的政治方向。[②] 以法的形式将为社会主义服务确立为出版产业和出版事业的指导思想和主要目标，是我国出版法有别于世界上其他国家出版法的重要特点。

（三）促进社会主义精神文明和物质文明建设

出版物具有物质产品和精神产品的双重属性。作为物质产品，出版物具有商品属性，可以直接进入流通领域取得经济效益；出版物同时又是承载着

---

① 参见范军：《〈出版管理条例〉实施二十年的回顾与思考》，载《中国出版史研究》2017年第2期。

② 参见黄先蓉：《出版法规及其应用》（第2版），苏州大学出版社2013年版，第23页。

精神利益的特殊物质产品，甚至在物质文明和精神文明建设都有了长足发展和进步的今天，它的精神产品属性更为重要。人民群众对精神生活的需求不断增长，对出版物的丰富程度也提出了更高的要求，对出版物不仅局限于增长知识，树立正确的世界观、人生观和价值观的要求，还要求能从出版物中获得更高的精神追求。保障出版事业一直处于正确轨道，为广大人民不断提供健康有益、形式多样的优秀出版物，充分发挥优秀出版物对国民教育的精神引领作用，使社会主义核心价值观融入社会发展的各个方面，形成社会共识，并转化为人们的价值认同、情感认同和行为习惯，[①] 从而促进社会主义精神文明和物质文明建设，也是出版法的重要目标。

（四）弘扬中华民族优秀文化，促进国际文化交流

在漫长的发展进程中积淀形成的中华优秀传统文化是中华民族最独特的精神标志，是凝聚中华民族的强大精神纽带。党的十九大报告指出："文化是一个国家、一个民族的灵魂。文化兴国运兴，文化强民族强。"要"坚定文化自信，推动社会主义文化繁荣兴盛"。党的二十大报告进一步强调："全面建设社会主义现代化国家，必须坚持中国特色社会主义文化发展道路，增强文化自信，围绕举旗帜、聚民心、育新人、兴文化、展形象建设社会主义文化强国，发展面向现代化、面向世界、面向未来的，民族的科学的大众的社会主义文化，激发全民族文化创新创造活力，增强实现中华民族伟大复兴的精神力量。"出版是文化的基础，是国家文化发展的基业，建设文化强国要有实实在在的出版业作为支撑。出版业承担着弘扬中华民族优秀文化的重要任务，要持续推动优秀出版物走出去，向世界展示中华文化，传播中华魅力，真正体现中华文化对世界文明做出的贡献。对于国际上的其他优秀文化成果，出版业也应当以积极的姿态引进来。为文化产业的走出去和引进来提供法律依据，是出版法的目标之一。

---

① 参见周蔚华：《重新理解当代中国出版业》，载《出版发行研究》2020 年第 1 期。

二、出版法的基本原则

出版法的基本原则贯穿于出版法的制定与实施全过程，是法律精神最集中的体现，构成了整个出版法律制度的理论基础。出版法的基本原则主要体现在以下两个方面。

（一）为人民服务、为社会主义服务

全心全意为人民服务，是中国共产党的根本宗旨，当这个术语成为出版法制的法律用语时，便成为对出版事业的义务性规范。出版事业与出版活动都应当坚持以人民为中心，为人民服务，这既是社会主义制度的根本要求，也是《宪法》确认的出版法应当遵循的基本原则。出版活动是科技、文化等知识宣传与普及的重要途径，坚持以人民为中心、为人民服务的出版导向，就是要出版更多双效突出的精品出版物，保证正确的舆论导向和发展方向。不断以人民喜闻乐见的内容和形式，满足人民不同层次的、多方面的精神文化需求。人民性也是习近平新时代中国特色社会主义思想的鲜明品格，习近平新时代中国特色社会主义思想始终把人民立场作为根本立场，是为了人民的理论。

社会主义制度是我国的根本制度，出版法的制定与实施要坚持为社会主义服务，就是要在出版活动中坚持社会主义意识形态的主导地位。随着我国经济社会的深刻变革、利益格局的深刻调整，社会思想观念日益多元多样多变，引领社会思潮、凝聚思想共识的任务艰巨复杂。越是面对复杂形势和艰巨任务，越是要建设具有强大凝聚力和引领力的社会主义意识形态。出版事业作为构建与强化社会主义意识形态的重要阵地，为确保出版活动中意识形态的正确性、时代性，出版法必须坚持为社会主义服务这一根本准则，确保主流思想文化始终处于对多样化思想文化的引导地位，为改革与发展营造良好、稳定的舆论环境。

（二）坚持把社会效益放在首位、社会效益和经济效益相统一

2018 年中宣部《图书出版单位社会效益评价考核试行办法》中指出，

“图书出版单位社会效益是指图书出版单位通过以图书为主的出版物和与出版相关的活动，对社会产生的价值和影响”。以该定义为基础，可将出版活动中涉及的社会效益理解为，出版物对社会产生的正向效果和利益，包括服务主题、思想政治效益，积累文明成果、促进人类进步的效益，传播知识服务教育的效益，审美教化宣扬真善美效益，普及各类知识、提高公众素养的效益，美化娱乐生活效益，等等。[①] 经济效益相对比较好解释，主要是指收益与投入的比例关系，是可以用货币量化的数值。我国出版业转企改制早已完成，经济利润是企业生存的根本，只有资金充足，出版社才能有更多资源和精力投入主题出版中，才能有创新的空间和可能，因此经济效益的存在是必然的。[②] 但是如果仅注重经济效益，就有可能导致出版活动偏离发展和繁荣社会主义先进文化、促进社会主义精神文明和物质文明建设的正确轨道。因此，出版单位和出版工作者在从事出版活动的过程中，一定要坚持社会效益和经济效益的统一，并且社会效益要始终处于首要地位。

第二节　出版法的概念解读

一、出版法的概念

所谓出版，是指编辑、复制作品并向公众发行的活动。该定义与《著作权法》第63条“出版，指作品的复制、发行”的规定相契合。出版与印刷术的发明密切相关。所谓版，是指上面刻有文字或图形供印刷的木片的统称，我国早在五代时期就有刻印板、镂板，宋代有开板、刻板、雕版（板与版在古代意通）等词，但出版一词则直至19世纪末20世纪初才从日本传入，用以指代图书、报纸、期刊、音像、软件等的编辑（制作）、印刷（复录）和传播等活动。根据《出版管理条例》第2条的规定，出版活动，包括出版物

① 参见吴子明：《试论出版社会效益和经济效益的辩证关系》，载《出版参考》2018年第12期。
② 参见付玉、韩建民：《主题出版评价机制优化研究》，载《编辑之友》2022年第11期。

的出版、印刷或者复制、进口、发行；出版物，是指报纸、期刊、图书、音像制品、电子出版物等。可以认为，任何拥有大量复制或同等规模传播力的公开发表都可以称为出版。

所谓出版法，是指调整人们在出版活动中所产生的各种社会关系的行为规范体系的总称。出版法包括形式上的出版法与实质上的出版法。形式上的出版法，是指以出版法命名的法律；实质上的出版法，除形式上的出版法外，还包括其他所有调整出版关系的法律和法规中有关出版的条款、司法解释、行政法规、部门规章以及国际条约、双边条约等出版的规范。我国目前尚未制定专门的“出版法”，也就不存在形式上的出版法，有关出版的各项法律规定散见于不同法律规范中。

二、出版法的特征

出版法主要调整出版物与出版活动，其特征主要表现在两个方面。

第一，涉及多个法律部门。出版活动中涉及众多法律主体和法律关系，相应的法律规范也就涉及众多领域。出版法至少应包含以下 4 个方面内容：出版主体规范体系、出版物内容规范体系、出版活动规范体系以及出版行政规制体系。出版主体规范体系需明确出版主体设立、登记、变更、终止的条件与程序，以及出版主体的权利与义务；出版物内容规范体系应包含出版物内容的要求、语言文字使用规范、出版物版式、规格、开本、装帧等标准；出版活动规范体系应涵盖出版物的印刷或复制行为、发行行为、进出口行为规范等；出版行政规制体系应包含出版监管主体和对象，界定监管机关的职责、权限，规定监管内容、措施、程序。上述内容既涉及调整个人利益的私法规范，如民法、债法、知识产权法等，又涉及调整国家与公民的关系的法律，如行政许可法、行政处罚法、刑法等。各个不同法律部门各司其职，分工合作，共同构成了出版法的完整体系。

第二，受技术发展影响大。著作权被称为技术之子，印刷术的产生为著作权的产生提供了前提性的技术条件。印刷技术与出版技术的发展，也同样对出版法的形成与发展起到了非常重大的影响。出版技术的每一次变革，都将催生新的出版方式，形成新的出版业态，就要求出版法针对新的利益格局进行调整，因此出版法具有鲜明的技术属性。在法律规则滞后于技术发展，不能满足出版产业的发展需求时，政策性文件发挥了非常重要的补充作用。如为了保障数字出版产业的健康、稳定发展，我国先后制定了一系列政策性文件，如《关于加快我国数字出版产业发展的若干意见》《关于发展电子书产业的意见》《关于加强数字出版内容投送平台建设和管理的指导意见》《关于大力推进我国音乐产业发展的若干意见》《关于移动游戏出版服务管理的通知》等，对规范数字出版秩序、保障各方合法权益发挥了非常重要的指导作用。

第三节 出版法的法律体系

为顺应改革开放之后出版业的加速发展态势，早在 1983 年 6 月第六届全国人民代表大会上就有代表提交了《关于起草新闻法和出版法的议案》。经多方研究、数易其稿，《出版法（草案）》最终于 1994 年 10 月提交第八届全国人大常委会第十次会议审议。由于对出版自由的表述和公民办出版等条款产生分歧且意见难以统一，该草案未付诸表决，也未再被提交审议。出版业迫切需要出版法规予以规范的现实需求仍然存在，1996 年 9 月，国务院办公厅向全国人大常委会提请撤回《出版法（草案）》的议案，并根据立法权限将草案作了适当调整，改称《出版管理条例》，于 1997 年 1 月 2 日以国务院第 210 号令的形式颁布，首次以行政法规的形式确定了我国新闻出版业的基本构成和基本范畴。当前，我国已经形成以《宪法》为根本指导，以《著作权法》和八部行政法规①为主干，以《报纸出版管理规定》《期刊出版管理规定》《图书出版管理规定》《音像制品出版管理规定》《电子出版物出版管理规定》《网络出版服务管理规定》《复制管理办法》等部门规章为补充的出版

① 具体包括：《著作权法实施条例》《著作权集体管理条例》《计算机软件保护条例》《信息网络传播权保护条例》《出版管理条例》《印刷业管理条例》《地图管理条例》《音像制品管理条例》。

法律体系，涉及报纸、期刊、图书、音像制品、电子出版物等不同出版物，涵盖出版、印刷（复制）、发行、进出口、市场监管等全部环节。

一、宪法

《宪法》是国家的根本大法，其不仅规定了国家的政治制度、经济制度、公民的基本权利和义务等根本问题，还为各种法律、法规、规章以及其他规范性文件提供了立法依据。《宪法》第22条规定，国家发展为人民服务、为社会主义服务的文学艺术事业、新闻广播电视事业、出版发行事业、图书馆博物馆文化馆和其他文化事业，开展群众性的文化活动；第35条规定，中华人民共和国公民有言论、出版、集会、结社、游行、示威的自由。上述针对出版事业、出版自由所作的原则性规定，是出版法规的主要渊源和出版立法的根本依据。

二、法律

与出版活动最为密切的民事法律为《著作权法》，这是我国出版法律体系中至关重要的一部基本法律，划定了出版活动中各方主体的权利义务以及行为规范。出版活动中有两个关键问题与著作权密切相关：一是出版物与著作权法的保护客体密切相关，出版物在满足独创性的条件下可成为作品，获得《著作权法》第10条中的各项权利，其他不满足独创性要求的出版物如音像制品等，则可能构成录音录像制品成为邻接权的保护对象；二是出版过程中的出版单位是作品的传播者，在《著作权法》中可成为邻接权人享有邻接权，《著作权法》第四章中有关图书、报刊出版的出版者权（第32—37条）、录音录像者权（第42—45条）的规定，都与出版活动关系紧密。出版物的创作与传播，都必须遵守《著作权法》的规定，尊重权利人的合法权益，否则应按照《著作权法》第52条、第53条中有关著作权侵权的规定承担相应的侵权责任。除此以外，《刑法》作为社会打击违法犯罪行为的最后一道防线，处罚最为严厉，其中也有数项罪名与出版相关，如《刑法》第217条侵犯著作权罪，第218条销售侵权复制品罪，第250条出版歧视、侮辱少数民族作品罪，

第 363 条制作、复制、出版、贩卖、传播淫秽物品牟利罪等条款，均涉及出版行为。出版物许可属于特别许可，需按照《行政许可法》中有关行政许可的规定办理相应许可手续。从事出版活动如违反了有关行政管理规定，还可能会受到行政机关根据《行政处罚法》作出的行政处罚。

三、行政法规

为进一步规范出版活动，补充和细化有关法律规定，国务院也制定了多项行政法规。《著作权法实施条例》的制定以《著作权法》为基础，明确了《著作权法》中有关的名词含义以及法律规则；《信息网络传播权保护条例》在一定程度上可以视为著作权法在网络环境中的延伸，主要规定了通过信息网络向公众提供作品、表演、录音录像制品等各项行为。随着数字出版的迅速发展，《信息网络传播权保护条例》的重要性也日益凸显，尤其有关网络服务提供者法律责任的规定，值得出版单位高度重视。《著作权集体管理条例》主要就集体管理组织的设立、管理机构、具体职责、监督、法律责任等内容作出了规定，目前我国主要的集体管理组织有中国音乐著作权协会、中国音像著作权集体管理协会、中国文字著作权协会、中国摄影著作权协会、中国电影著作权协会，上述集体管理组织的存在，对维护著作权人的合法权利、促进文学艺术作品的广泛传播有着非常重要的作用。

出版领域的专门性行政法规也不在少数。《出版管理条例》作为新中国成立以来第一部比较系统全面的出版行政法规，在“出版法”尚未出台的情况下，起着出版管理基本法律规范的作用，是出版活动和出版管理的基本准绳和重要遵循，迄今已修订了 5 次。该条例就出版单位的设立与管理、出版物的出版、出版物的印刷或者复制和发行、出版物的进口、监督与管理、保障与奖励、法律责任等各方面内容作出了详细规定。《音像制品管理条例》《印刷业管理条例》《地图管理条例》《计算机软件保护条例》等行政法规分别针对音像制品、印刷制品、地图、计算机软件的出版、发行等进行了详细规定。

四、部门规章

与出版有关的部门规章，主要涉及原国家新闻出版广电总局制定的一系列文件，如《音像制品出版管理规定》《新闻出版许可证管理办法》《期刊出版管理规定》《出版物市场管理规定》《出版物进口备案管理办法》《网络出版服务管理规定》《电子出版物出版管理规定》《图书出版管理规定》《报纸出版管理规定》《出版管理行政处罚实施办法》等。

五、国际公约

与出版有关的国际公约，主要与知识产权保护有关。知识产权国际保护对于促进科学技术进步、文化繁荣和经济发展具有重要意义，是开展国际科学技术、经济、文化交流与合作的基本环境和条件之一。我国积极加入了多个知识产权保护国际公约，展现了尊重知识产权、保护知识产权的良好姿态。主要条约如保护文学和艺术作品的《伯尔尼公约》，保护表演者、录音制品制作者和广播组织权利的《罗马公约》，保护阅读障碍者的《马拉喀什条约》，等等。《马拉喀什条约》全称《关于为盲人、视力障碍者或其他印刷品阅读障碍者获得已出版作品提供便利的马拉喀什条约》，是国际著作权体系中的历史性条约，于2013年6月27日在马拉喀什签署，2016年9月30日生效。2021年10月23日，我国正式批准《马拉喀什条约》，该条约于2022年5月5日对我国生效，我国成为该条约的第85个缔约方。《马拉喀什条约》作为世界上第一部，也是迄今为止唯一一部版权领域的人权条约，对进一步保障阅读障碍者平等获得文化和教育的权利具有重大意义。

第四节 数字出版的特殊问题

一、数字出版的概念与特征

（一）数字出版的概念

近几年来，数字技术手段和技术环境的迅猛发展催生了数字出版这个全新的概念。随着数字技术的不断完善，数字出版概念本身的内涵和外延也在不断调整，理论界和实务界也尚未给出准确的定义。新闻出版总署在《关于加快我国数字出版产业发展的若干意见》中指出，数字出版是指利用数字技术进行内容编辑加工，并通过网络传播数字内容产品的一种新型出版方式，其主要特征为内容生产数字化、管理过程数字化、产品形态数字化和传播渠道网络化。这是目前官方对数字出版概念最为全面和完整的阐述。广义上，数字出版可指代一切数字化的内容生产和信息传播方式。[①] 与之相近的概念有电子出版、网络出版等。电子出版是以出版为目的，以磁带、磁盘、光盘等为载体，以机读数据形式表示其内容，体现数据库结构并辅之以计算机检索软件等信息处理手段，通过计算机加以利用的出版物。[②] 根据《网络出版服务管理规定》第 2 条的规定，网络出版物，是指通过信息网络向公众提供的，具有编辑、制作、加工等出版特征的数字化作品。目前数字出版产品形态主要包括电子图书、数字报纸、数字期刊、网络原创文学、网络教育出版物、网络地图、数字音乐、网络动漫、网络游戏、数据库出版物、手机出版物（彩信、彩铃、手机报纸、手机期刊、手机小说、手机游戏）等。[③]

（二）数字出版的特征

数字出版较之于传统出版，具有以下几个方面的特征。

第一，主体多元化。在传统出版的语境下，出版主体必须是特定的出版单位。根据《出版管理条例》的相关规定，报纸、期刊、图书、音像制品和电子出版物等应当由出版单位出版，出版单位包括报社、期刊社、图书出版社、音像出版社和电子出版物出版社等。设立出版单位，除需满足一定条件外，[④] 还

① 参见李苓：《数字出版学概论》，四川大学出版社 2017 年版，第 16 页。

② 参见刘兹恒：《信息媒体及其采集》，北京大学出版社 1998 年版，第 23 页。

③ 相关内容，参见《新闻出版总署关于加快我国数字出版产业发展的若干意见》。

④ 《出版管理条例》第 11 条规定："设立出版单位，应当具备下列条件：（一）有出版单位的名称、章程；（二）有符合国务院出版行政主管部门认定的主办单位及其主管机关；（三）有确定的业务范围；（四）有 30 万元以上的注册资本和固定的工作场所；（五）有适应业务范围需要的组织机构和符合国家规定的资格条件的编辑出版专业人员；（六）法律、行政法规规定的其他条件。审批设立出版单位，除依照前款所列条件外，还应当符合国家关于出版单位总量、结构、布局的规划。"

需向出版行政主管部门提出申请并经审批。[①] 而在数字出版的语境下，数字技术操作的便捷性，极大地降低了出版活动的专业门槛，为数字出版主体的多元创造了前提条件。内容生产者、平台运营者、技术提供商等都成为数字出版的主体。以短视频的出现最为典型。短视频是近年来当之无愧的现象级新兴媒体，依托于移动智能终端，其影像可在社交媒体平台上实现实时分享与无缝对接。快手、抖音是我国两大主要短视频平台。2021 年，其日活跃用户均超 4 亿人，每日更新上传数量均在 2000 万条以上。《第 50 次中国互联网络发展状况统计报告》显示，截至 2021 年 12 月，我国短视频用户规模为 9.34 亿人，较 2020 年 12 月增长 6080 万人。虽与 2020 年同期增长 1 亿余人次相比，增长速度放缓，但在总体上仍呈上升趋势。广大短视频用户都成为互联网视听作品的创作者与传播者。

第二，信息多样化。与传统出版相比，数字出版活动中能够被加工、改造和最终呈现到受众面前的信息形式更加丰富和多样化。“剪刀加糨糊”的信息改造工具对信息的形成和传播影响颇大，数字出版时代，文字加工技术、图片处理技术、音频剪辑技术、视频编辑技术、FLASH 制作技术等均可以运用到出版领域，为信息多样化提供了技术上的可能性。[②] 具体表现为呈现方式多样化、载体多样化、产品形态多样化。数字出版是一种多媒体传播方式，文字、声音、图片、动画、视频等任何一种或几种形式，均可以实现传播；传统出版时期，主要以报纸、杂志、书籍等纸质载体的形式承载，在数字出版时期，光、磁、电等媒介均可成为存储与传播载体；除网络期刊、数字报纸、电子书等传统出版物转化而来的数字出版物外，在线音乐、网络游戏、微博、网络视频等也日益成为重要的数字出版产品。

第三，互动性。交互式是网络媒体最大的特点之一，数字出版充分利用了这一优势，出版者、作者与读者之间的互动方式更为多样，互动效率也显

① 《出版管理条例》第 12 条规定，设立出版单位，由其主办单位向所在地省、自治区、直辖市人民政府出版行政主管部门提出申请；省、自治区、直辖市人民政府出版行政主管部门审核同意后，报国务院出版行政主管部门审批。设立的出版单位为事业单位的，还应当办理机构编制审批手续。

② 参见李苓：《数字出版学概论》，四川大学出版社 2017 年版，第 23 页。

著提升。读者可以将自己的需求通过网络迅速地传递给出版者，出版者根据用户的需求迅速提供相应的数字图书供读者选择。同时出版者与作者、读者之间对于选题、编辑、发行、作品的社会效果，可以通过网络及时交换反馈信息。[①] 作者与读者之间的互动，最显著的特点是读者可以通过互动形式参与到作品本身的创作之中，典型表现是网络小说家以读者投票的方式决定小说的情节发展与结局。读者与读者之间的互动就更加多样化了，论坛、QQ 群、贴吧、微博、微信等均是读者互动的重要形式。

第四，全球开放性。互联网发展迅速，让世界变成了“鸡犬之声相闻”的地球村，全球共享、广泛参与是其鲜明特征。基于互联网和移动互联网的数字出版，与生俱来就具有跨行业、跨地域、跨国界的特性。数字出版完全打破了传统出版的空间概念，跨国传播成本与本地传播并无明显差距，数字出版真正具有了全球性。传播范围的全球性，是传统出版无法比拟的地域优势。

二、数字出版法的价值目标

数字出版作为出版业在数字技术之下的新的产业形态，除具有传统出版法的一般价值目标外，还有其特定的价值目标。

第一，维持、促进经济、技术、社会三者的平衡与同步发展。出版史实际上也是一部技术发展史，出版技术的每一次发展都深刻推动了出版产业与出版法律的变革。数字技术的出现，改变了传统出版业下出版物的生产、传播和消费方式，带来文化交流的空前发展，数字出版作为国民经济和社会信息化的重要组成部分，给我国经济和社会发展带来了积极的影响。但与此同时，数字出版行业也面临前所未有的知识产权保护危机，信息大爆炸也导致虚假消息泛滥。如何在效率之外，维护好出版秩序，是数字出版法面临的，也是其不得不解决的现实问题。另外，技术提供者、网络平台在数字出版产业链中占据着越来越举足轻重的地位，如何防止技术商、网络平台凭借优势地位破坏出版产业的健康发展，也是数字出版法要警惕的问题。2022

① 参见匡文波：《数字出版教程》，中国人民大学出版社 2016 年版，第 9 页。

年 5 月，市场监管总局依据《反垄断法》对知网涉嫌实施垄断行为立案调查，最终认定知网构成《反垄断法》第 22 条第 1 款第 1 项、第 4 项禁止的“以不公平的高价销售商品”和“没有正当理由，限定交易相对人只能与其进行交易”的滥用市场支配地位行为，对其处以 8760 万元的罚款。因此，数字出版法律法规要比传统出版法更加重视维护经济、技术、社会的三方平衡。

第二，促进国际文化交流与保证文化安全的统一。互联网的全球开放性，极大便利了不同文化的交流互鉴，为我们学习其他优秀文化成果、传播与输出中华民族优秀文化提供了便利。数字出版要以促进民族文化的繁荣为目的，借助网络传输边界、覆盖范围广的优势，加快推动优秀出版物进入国际市场，提高中华文化的国际影响力。但全球开放性的存在，也使得千差万别的文化观念、风土人情、政治信仰以及价值观、伦理观、生活传统等发生空前的碰撞，民族文化将会面临更多外来文化的冲击。如何保障文化安全，确保意识形态安全，是数字出版法律法规应追求的重要价值目标。

三、我国数字出版法的主要问题

1996 年 12 月，世界知识产权组织在日内瓦召开的关于版权与邻接权保护的外交会议上通过了《世界知识产权组织版权条约》（WCT）和《世界知识产权组织表演和录音制品条约》（WPPT），主要用以解决数字技术所引起的版权和邻接权保护的新问题，这两个条约将网络环境下的版权保护提到了一个新的高度。我国已于 2007 年 6 月加入上述两个条约。为进一步推动建立网络环境版权保护国际新秩序，我们要正视我国在数字出版法律制度方面存在的如下问题。

第一，法律制度不健全，法律位阶普遍偏低。前述出版法的法律体系也同样适用于数字出版，尚未有专门的数字出版法律法规。出版法的法律体系中，紧密相关的只有《著作权法》一部法律，其余均是行政法规或部门规章。位阶最高的《著作权法》和规定最为全面的《出版管理条例》并不专门针对数字出版，仍以传统出版为中心，数字版权难以完全适用。其他部门规章以及政策文件等，则存在位阶不高、操作性不强等问题。如2022年正式施行的《互联网信息服务算法推荐管理规定》针对在我国境内应用算法推荐技术提供互联网信息服务的，作出了相关规定，但该规定仅属于部门规章，严重限制了其效力的发挥。

第二，一些新问题并没有得到完全解决。为顺应数字技术的发展，《著作权法》《信息网络传播权保护条例》《出版管理条例》等法律法规，均进行了多次修改，增加了技术措施、权利管理信息等多项规定，在一定程度上解决了数字出版活动中出现的新问题，但仍有很多问题尚待解决。例如，“通知—删除”规则最早确立于20年前的美国《数字千年版权法》（DMCA），而当前互联网发展已经今非昔比，完全沿用20年前的规则，难以适应当下产业发展的需要。又如，2015年为规范互联网视听节目服务秩序修订实施的《互联网视听节目服务管理规定》可以用以调整短视频的创作与传播，但短视频在《著作权法》上究竟是否属于视听作品，如果属于视听作品，则属于哪种类型的视听作品，在法律上并不明确；并且大量二次创作短视频，究竟是否属于合理使用，也不清晰。再如，数字资源的长期保存，基于技术行为产生的著作权问题关系到数字资源长期保存的可持续，是数字资源著作权归属和合理利用之外急需解决的问题。图书馆可适用的技术措施规避例外已经成为影响高校图书馆数字资源长期保存的重要因素。①

① 参见朱如龙：《高校图书馆数字资源长期保存的著作权问题研究》，载《图书情报工作》2019年第7期。

第九章　电影法与广播电视法

摘要：我国电影法律制度的形成和发展大致分为萌芽期、初创期和发展完善期。我国采取的电影监管模式是有条件的管控，对电影领域的专门法律规制主要是《电影产业促进法》，立法主旨为了促进电影产业健康繁荣发展，弘扬社会主义核心价值观，规范电影市场秩序，丰富人民群众精神文化生活，制定本法。广播电视法的立法发展可以分为传统广电阶段、视听传播网络化阶段以及媒体融合阶段。2021 年向社会发布的《中华人民共和国广播电视法（征求意见稿）》将成为我国广播电视领域的首部行业基本法，立法主旨是在新的法治思维引领下，平衡文化安全、人民文化权益以及行业健康有序发展的关系，推动媒体深度融合发展。

关键词：电影法　广播电视法

第一节　电　影　法

一、电影法的立法宗旨

电影，是深受广大人民群众喜爱的文艺形式，也是国家文化软实力的重要标识。发展和繁荣电影事业对于推进社会主义文化强国建设具有重要意义。广义的电影法涵盖国家对于电影产业基本规制的全部法律法规以及相关的政策方针，狭义的电影法主要是指我国 2017 年 3 月 1 日起实施的《电影产业促进法》。

根据我国《电影产业促进法》第1条的规定，《电影产业促进法》的立法主旨可以概括为“促进电影产业健康繁荣发展，弘扬社会主义核心价值观，规范电影市场秩序，丰富人民群众精神文化生活”。由此可见，《电影产业促进法》的立法主旨可以分为4个层面：以法治促进电影产业的发展、以法治规范电影的价值内涵、以法治约束电影市场的发展秩序、以法治保障人民群众的观影需求。不同于一般产品，文化产品蕴含着经济与文化的双重属性。从电影艺术的角度来看，电影通过运用各种艺术表现方式展现人们的物质生活，也能表达出人类更为深入、复杂的精神境界。基于电影所承载的传播信息和意识形态的重要功能，电影行业不能完全依靠市场的自发调节，必须出台相关的政策法规予以规制。

党和国家机构改革以来，党对电影工作的全面领导进一步加强，我国的电影工作由中央宣传部统一管理，电影发展的制度优势、组织优势、政策优势、保障优势充分彰显，电影事业产业迈上新的台阶，取得新的成就。《电影产业促进法》贯彻落实习近平新时代中国特色社会主义思想，坚持党对电影工作的全面领导，坚定文化自信，大力弘扬社会主义核心价值观，始终沿着正确方向推进电影强国建设。《电影产业促进法》的立法宗旨主要在于如何促进电影在文化传承和价值观表达中发挥积极的作用，同时侧重关注群众对电影艺术的偏好和相关市场动态，坚持政治性、艺术性、社会反映和市场认可相统一，在电影创作、生产、放映等过程中彰显中国精神、中国价值、中国力量与中国美学。

二、电影法的历史沿革

中国的电影发展经历了从无声到有声，从黑白到彩色，从进口片到国产片的发展历程。从对电影发展的法律规制历程来看，经历了从计划性指令到计划与市场并行，再到国家制定电影及相关产业政策，引导形成统一开放、公平竞争的电影市场的新法治格局。我国电影法律制度的形成和发展完善大致可以分为萌芽期、初创期及发展完善期三个时期。

(一)电影行业治理体系的萌芽时期:中华人民共和国成立后至1993年

中华人民共和国成立之后,电影局成为中央人民政府领导下的国家管理机关,其任务是负责全面管理全国公私营业电影事业及电影器材和影片的进出口等事宜。我国对电影行业的管理参照苏联建立了中央和地方联合管理的模式,电影的制作、发行、放映主要依照指令性计划运行。各级电影制片单位和电影放映单位之间的关系是行政指令关系,它们之间不是可以自行交易的市场主体。彼时我国只有电影事业,并没有严格意义上的电影产业。

1978年党的十一届三中全会提出解放思想、实事求是,团结一致向前看,促进了整个文艺的发展。1980年中宣部在北京召开电影体制改革座谈会,逐步推行电影管理体制机制的改革,中国电影逐步由适应计划经济体制向适应社会主义市场经济体制转变。为了适应我国伴随经济发展而迅速繁荣的电影行业的监管需求,部分地区率先组建了对电影市场实施监督管理的专门文化执法队伍。深圳在1989年组建了文化市场行政执法队伍——深圳市文化稽查大队,上海、广州等大城市也进行了相关的试点工作。[①]

(二)电影行业治理体系的初创时期:1993年至2017年

1993年广播电影电视部发布《关于当前深化电影行业机制改革的若干意见》,打破了我国电影几十年一贯制的统购包销格局,向电影行业的市场化迈出了第一步。1996年3月在长沙举行的全国电影工作会议上,进一步推进影视一体化,将原本分属宣传、文化、广电等部门的地方电影制片厂划归当地广电部门统一领导。1996年颁布的《电影管理条例》是电影被纳入法治领域的重要一步,该条例针对电影制片、审查、进出口交流、发行放映、电影事业保障等内容做了较为详尽的规定,标志着电影管理法治化的初步设立。

2000年《中共中央关于制定国民经济和社会发展第十个五年计划的建议》中首次提出“文化产业”一词,标志着国家对文化产业地位的关注和认

① 参见冯婷、陈瑛:《多元治理视角下我国电影行业治理路径研究》,载《湖北第二师范学院学报》2023年第3期。

可，我国的文化产业迎来了高速发展的历史机遇。2001 年，电影的制作、发行、放映开始向民营资本全方位开放。2002 年党的十六大报告开始区分“文化事业”和“文化产业”两个概念，提出“完善文化产业政策，支持文化产业发展”的新要求，我国对电影业的监管迎来关键转折点。同年颁布施行的《电影管理条例》开启了对电影产业的法治管理新篇章，该条例共八章 68 条，规范了电影的制片、审查、发行、放映、进口、出口等各个环节。2010 年国务院办公厅针对电影行业的进一步发展出台了《关于促进电影产业繁荣发展的指导意见》，提出要走“中国特色电影发展道路，大力推动我国电影产业跨越式发展”，进一步贯彻党关于推进社会主义文化大发展、大繁荣的重大部署。

（三）电影行业治理体系的发展完善时期：2017 年至今

2016 年 11 月 7 日，《电影产业促进法》由第十二届全国人民代表大会常务委员会第二十四次会议审议通过，并于 2017 年 3 月 1 日正式施行。《电影产业促进法》不仅是我国电影产业领域的第一部法律，也是我国文化产业领域的第一部法律，它将长期以来我国在电影产业发展管理中的一些成熟经验上升为法律制度，是对电影产业化改革实践经验进行的总结和提炼，以法律形式为电影产业的未来发展提供了顶层设计和路径规划，为电影产业的持续稳定繁荣创新发展提供了坚实的法治保障，具有划时代的重大意义。①

党的十八大以来，党和国家对发展电影产业在内的文化产业的认识不断深化，国务院将电影产业发展纳入国民经济和社会发展规划，各级政府也在财政方面提供全方位的政策支持，促进电影产业发展。党的二十大报告中指出：“坚持中国特色社会主义文化发展道路，增强文化自信，围绕举旗帜、聚民心、育新人、兴文化、展形象建设社会主义文化强国”“激发全民族文化创新创造活力”。中国电影进入了新的发展时期。中国电影的稳步发展离不开经济、工业、科技的强大支撑，也离不开法治保障，党的二十大报告要求“加

① 参见武玉辉：《〈中华人民共和国电影产业促进法〉成功之处及时代意义》，载《电影艺术》2019 年第 1 期。

强知识产权法治保障，形成支持全面创新的基础制度”，要完善电影行业相关法律规制体系，加大执法监督力度，切实有效保护电影版权所有者的合法权益，保障电影产业健康有序发展。

三、电影法的概念解读

根据《电影产业促进法》的规定，电影，是指运用视听技术和艺术手段摄制、以胶片或者数字载体记录、由表达一定内容的有声或者无声的连续画面组成、符合国家规定的技术标准、用于电影院等固定放映场所或者流动放映设备公开放映的作品。

在对电影法的法律规制效果进行解读时，一个绕不开的重要概念是电影制度的法律监管模式。电影制度的法律监管模式大体可以分为三种，第一种是完全的管控，例如，20 世纪 60—80 年代苏联成立国家电影委员会，对电影产业进行国家管控并实行电影垄断专营机制。[①] 第二种是以英美为代表的自由放任制，政府对电影发展采取不干涉态度，不设置专门的行政管理部门干预电影产业，而是通过电影协会这样的行业组织加以监管。第三种是有条件的管控，即“放管结合”，是上述两种管理路径的折中，也是目前大多数国家采取的电影监管策略。[②]

我国的电影法治发展与电影业的产业发展变迁相互契合，或者说电影产业的衍生与变化在很大程度上影响了电影法律规制的方向和程度。新中国成立后，中央人民政府成立了文化部电影局，主管全国的电影事业。东北电影制片厂（后更名为长春电影制片厂）、北平电影制片厂（后更名为北京电影制片厂）、上海电影制片厂等先后设立，电影创作采取计划经济的管理模式。党的十一届三中全会之后，改革开放的时代浪潮给中国电影界带来了一系列新面貌。国有电影制片厂开启了一系列体制、机制改革，中影集团、上影集团

---

① 参见刘水清：《浅谈计划经济与社会转型背景下的苏联电影产业（1960—1999）》，载《新闻研究导刊》2020 年第 20 期。

② 参见程麒台、徐晴：《论电影创作的国家支持——〈电影产业促进法〉第三十六条解析》，载《电影艺术》2018 年第 4 期。

相继成为上市企业，以万达影视、华谊兄弟、博纳影业、横店影业等为代表的众多民营影视企业开始在电影产业中发挥越来越重要的作用。与此同时，我国的电影院线建设发展迅速，到 2020 年，全国加入城市电影院线的电影院银幕总数提升到 8 万块以上。①

一种观点是将改革开放以来我国电影经历的转变概括为六个方面：一是电影体制由计划经济转为与市场经济体制接轨；二是电影结构由事业主导型转变为产业主导型；三是电影产业的经营主体由单一所有制向多种所有制并存转变；四是电影市场格局由封闭垄断演变为开放竞争；五是电影生产由指令性、计划性向经营性、自主性转变；六是电影技术由模拟技术向数字技术转变。② 可以说，我国电影法治监管体系也是在这个过程中不断调整变革，以更好地适应对电影新业态的监管需求，特别是《电影产业促进法》的颁布，从根本上填补了电影领域缺乏专门法律监管的空白，体现了我国电影法律监管模式的日趋完善。

四、我国电影法的体系

经过 30 余年的立法实践，我国与电影法相关的法治体系按照立法层级，包含以下 4 个层次：第一个层次是宪法，作为国家的根本大法，宪法规定了国家发展文化事业和保障公民享有基本文化活动权利的纲领性要求；第二个层次是全国人大及其常委会制定的涉及电影产业发展的综合性法律，包括《民法典》《刑法》《著作权法》《反不正当竞争法》《电影产业促进法》等，这为电影业的健康发展以及惩治相关的不正当竞争、侵犯知识产权等违法犯罪活动提供了法律依据，其中《电影产业促进法》是规范电影业的专项法律；第三个层次是国务院及电影主管部门制定的相关行政法规、部门规章等，包括《中外合作摄制电影片管理规定》等；第四个层次是各省、自治区、直辖

① 参见周斌：《新中国 70 年电影产业的变革与拓展》，载《武汉科技大学学报（社会科学版）》2020 年第 6 期。

② 参见赵实：《深入学习实践科学发展观，以改革创新精神推动中国电影又好又快发展——在“纪念改革开放三十周年中国电影论坛”上的讲话》，载《当代电影》2009 年第 1 期。

市根据上位法的规定并结合本地的实际情况对规范电影业发展所制定的地方性法规、政府规章以及规范性文件等，如《上海市电影发行放映管理办法》《北京市国家电影事业发展专项资金预算管理办法》等。①

《电影产业促进法》共六章60条，分别规定了总则、电影创作与摄制、电影发行与放映、电影产业支持与保障、法律责任以及附则。在电影创作与摄制方面，《电影产业促进法》明确了国家所鼓励的电影剧本题材的主要类型，通过规定电影禁止含有的内容的“负向清单”方式，划定了电影内容的合法范围；在电影发行和放映方面，规定了相应的审批流程、审批标准，提出扶持农村电影、倡导有利于未成年人健康成长电影的放映，并对电影放映的时段、场次、放映时长、放映设施设备、放映环境和秩序、收入统计等都进行了规定；在电影产业支持与保障方面，明确了国家对于五类电影创作摄制的资金、税收支持，鼓励金融机构提供相应的融资服务，开展电影人才扶持项目，支持对农村、边疆、贫困、民族地区开展电影活动，鼓励社会力量加入电影产业发展当中。

《电影产业促进法》的突出作用表现为，规范了中国电影产业的发展，电影的野性生长需要专门法律予以规范监督，特别是加强对影片内容的审核、规范电影艺人的德行以及加强对未成年人的保护。《电影产业促进法》突出呈现了几大亮点，一是市场准入门槛降低，法律监管更多集中在发放电影公映许可证的审核上；二是突出对电影知识产权的保护，《电影产业促进法》规定“与电影有关的知识产权受法律保护，任何组织与个人不得侵犯”，并明确了侵犯与电影有关知识产权行为的法律责任；三是规范电影产业的投资融资服务，构建更为专业、规范、科学的电影产业金融支持体系。

《电影产业促进法》加强了对本土文化产业的保护，通过鼓励优秀电影影响人们树立正确的价值观，发挥优秀电影在意识形态领域的教化作用。具体来说，《电影产业促进法》第36条规定了国家重点支持的电影题材范围，第一类是传播中华传统文化、弘扬社会主义核心价值观的题材影片，这包括重

---

① 参见胡金荣、周恩毅：《中国电影产业的立法需求及供给分析》，载《西安建筑科技大学学报(社会科学版)》2017年第1期。

大历史题材、历史革命题材的影片；第二类是关于未成年人的影片，鼓励积极创作有利于未成年人健康成长的影片；第三类是艺术电影，即追求和表现艺术美感、艺术创新的电影，并鼓励此类电影与国际艺术电影市场接轨；第四类是科教片，以利于推动科技普及、促进科技进步；第五类是兜底条款，对于促进文化进步、艺术进步、科技进步、社会进步的电影题材在法律上予以支持。①

《电影产业促进法》促进民族地区影视产业发展，具体来说《电影产业促进法》第16条规定，电影中不得含有诋毁民族优秀文化传统，煽动民族仇恨、民族歧视，侵害民族风俗习惯，歪曲民族历史或民族历史人物，伤害民族感情，破坏民族团结的内容。第43条规定："国家采取措施，扶持农村地区、边疆地区、贫困地区和民族地区开展电影活动。国家鼓励、支持少数民族题材电影创作，加强电影的少数民族语言文字译制工作，统筹保障民族地区群众观看电影需求。"《电影产业促进法》的上述规定有助于民族地区影视产业市场的扩大，提高电影人对民族影视创作的热情，同时进一步规范了民族地区影视产业市场。②

五、新时代对电影产业的监管与治理

电影产业的兴盛代表着一个国家的软实力。随着我国电影市场热度的逐年提升，电影产业进入大资本时代，若干大制片企业主导着电影市场的竞争格局。在信息网络时代的背景下，互联网成为电影放映的重要平台。新媒体的运营为整个电影产业链带来了新的营销模式以及产业结构优化升级的新机遇，阿里巴巴、腾讯、百度等互联网企业加入电影行业中，电影产业的竞争格局发生了新变化。同时伴随的是若干监管难题，如电影版权保护的不充分，盗版现象层出不穷，电影分级制度缺位等问题，整个产业的运作尚缺乏透明

---

① 参见程麒台、徐晴：《论电影创作的国家支持——〈电影产业促进法〉第三十六条解析》，载《电影艺术》2018年第4期。

② 参见兰健华：《论〈电影产业促进法〉对民族地区影视产业的促进作用》，载《艺术科技》2017年第9期。

度。总体来说，人民群众日益增长的观影需求和我国国产电影不能充分满足消费者需求之间的矛盾仍然是我国电影产业的根本矛盾。①

从法律监督的角度出发，《电影产业促进法》作为一部纲领性法律，所规定的条款较为原则性、基础性，还需要进一步的制度落实、落细。例如，在电影内容的审查问题上，还需要明确电影审查的具体标准和程序、电影审查专家的遴选、评审的具体流程等。又如，《电影产业促进法》第7条在原则立场上明确保护和电影相关的知识产权，但对于保护的具体范围、配套制度、惩处力度等都没有进行明确规定。

对此，各省市可以根据本地的实际情况以地方条例的形式对《电影产业促进法》的内容作出进一步的具体规定，落实《电影产业促进法》的法律原则和精神，尤其是要加强对侵犯电影知识产权行为的监管力度。需要在监管中着力把握好政策与市场的边界和尺度，构建资本市场与电影产业联动的监管机制，引导资本合规进入电影产业，关注影视产业的创新发展样态并及时制定针对性的监管措施，提高电影产业管理的法治化水平。对此，各地政府已相继出台相应的政策措施。以上海市为例，2017年出台了《关于加快本市文化创意产业创新发展的若干意见》，将影视产业列为8个重点发展领域之首。②

2021年11月国家电影局发布《"十四五"中国电影发展规划》，对未来5年我国电影发展进行了谋篇布局，共设置7个专栏25个工程项目，旨在将我国建成电影强国、提升中国电影在世界电影格局中的话语权和影响力。其中7个专栏分别是新时代电影精品战略、电影市场建设、壮大电影市场主体重点工程、电影科技发展重点工程、电影公共服务提升工程、中国电影国际推广专项以及电影人才培养工程。这一发展规划在推动我国电影高速发展的同时，重视电影的发展质量，不断以电影艺术形式彰显中国精神、中国价值、中国力量和中国美学。

---

① 参见吴春集、祁述裕：《中国电影产业：回顾与展望》，载《艺术百家》2017年第3期。

② 参见周斌：《新中国70年电影产业的变革与拓展》，载《武汉科技大学学报（社会科学版）》2020年第6期。

第二节 广播电视法

一、广播电视法的立法宗旨

电视传播是文化传播的革命性变化，具有传播对象广泛、传播速度迅捷、具有强烈的直观性等特点。广播电视节目影响人们的思想和行为，是塑造价值观及传播文化的重要媒介，倘若其作用发挥得当，可以发挥教化作用，如若管控不当则可能导致污染文化、传播不良价值观的负面作用。[①] 特别是对青少年而言，电视网络是影响青少年的最重要的大众传媒，社会学家将其视为除家庭、学校、同辈群体以外的第四类教育力量。因此，广播电视领域是非常重要的行政规制领域。

根据2021年3月16日国家广播电视总局起草的《中华人民共和国广播电视法（征求意见稿）》第1条的规定，广播电视法的立法宗旨可以概括为“促进广播电视高质量发展，推动广播电视管理创新，推进媒体深度融合，弘扬社会主义核心价值观，满足人民群众精神文化需求”。由此可见，广播电视法的立法主旨可以分为4个层面：从规范层面来看，以法治手段可以有效规范我国广播电视节目的生产与管理；从扶持层面来看，强调媒体深度融合的重要地位能够推动我国广播电视科技创新与服务升级，推动行业健康发展；从价值导向层面来看，广电领域起到价值引导作用，应当致力于弘扬主旋律、传播正能量，将弘扬社会主义核心价值观作为广播电视事业的总体原则；从基本定位层面来看，立法宗旨明确将“满足人民群众精神文化需求”作为立法思想，强调坚持以人民为中心，不断满足人民群众精神文化新期待。

二、广播电视法的历史沿革

我国的广播电视立法情况与视听媒体发展的几个阶段相互映照，特别是

---

① 参见王瑞雪：《广播电视法律规制的域外经验》，载《广东广播电视大学学报》2014年第1期。

与传输技术、网络技术的发展相互交织。总体的立法模式是以偏重管理为导向，以主体准入和内容审查为核心内容的。立法发展大体可以分为三个阶段，即传统广电阶段、视听传播网络化阶段以及媒体融合阶段。①

（一）传统广电阶段

在第一阶段，20 世纪 90 年代前后，传输技术的更新进步促进了有线电视、卫星电视等新兴业态的发展，1997 年《广播电视管理条例》的颁布，标志着我国广播电视基本管理模式的确立，《广播电视管理条例》以国营广播电视为本位，以广播电视台设立审批为立足点，从节目制作准入、内容禁载、节目审查等方面对广播电视节目内容进行了规制，为广播电视领域奠定了初步的法治基础。《广播电视管理条例》明确了国家发展广播电视事业，支持农村、民族地区和贫困地区的广播电视事业发展，要求各级政府将广播电视事业纳入国民经济和社会发展计划，提高广播电视的覆盖率。《广播电视管理条例》还确定了中国特色的社会主义现代化广播电视体制以及广播电视工作的相关职能。《广播电视管理条例》的颁布实施是我国广播电视发展史上的里程碑，初步奠定了广播电视法治化轨道的基础。

（二）视听传播网络化阶段

在 21 世纪初的网络视听发展的第二阶段，以网络和数字技术为代表的网络音视频产业得到了飞速发展。互联网视听节目服务，是指制作、编辑、集成并通过互联网向公众提供音频节目，以及为他人提供上载传播视听节目服务的活动。1999 年 10 月国家广播电影电视总局出台了首个关于网络视听的规范性文件——《关于加强通过信息网络向公众传播广播电影电视类节目管理的通告》，要求包括国际互联网络在内的各种信息网络传播广播电影电视类节目必须报国家广播电影电视总局批准。此后，2000 年 4 月、2001 年 12 月又陆续发布了《信息网络传播广播电影电视类节目监督管理暂行办法》《关于加强

---

① 参见何勇、杨晓璠：《边界消融与制度重构：新媒体语境下的广播电视立法》，载《现代传播》2022 年第 2 期。

网上传播广播电影电视类节目管理的实施细则（试行）》等文件，明确对互联网视听节目的相关业务实行许可管理，鼓励并扶持广播电台电视台将节目上网播出，拓展网上节目传播阵地。2003 年之后，互联网视听节目服务迅速发展壮大，催生了网络广播、网络电视、视频网站、手机电视等诸多新兴业态。总局协同相关部委出台了《互联网等信息网络传播视听节目管理办法》《互联网视听节目服务管理规定》，进一步规范和明确了互联网视听节目服务市场准入管理制度，促进相关业务的规范化运营。

（三）媒体融合阶段

现今在网络技术跨越式发展的第三阶段，新型视听传输和终端形式得到普及，2015 年国家出台《专网及定向传播视听节目服务管理规定》，规范专网及定向传播视听节目服务秩序。其中的专网及定向传播视听节目服务，是指以电视机、各类手持电子设备等为接收终端，通过局域网络及利用互联网架设虚拟专网或者以互联网等信息网络为定向传输通道，向公众定向提供广播电视节目等视听节目服务活动，包括以交互式网络电视（IPTV）、专网手机电视、互联网电视等形式从事内容提供、集成播控、传输分发等活动。可见广播电视法律规制的各个阶段都是围绕新媒体技术而生。

党的十八大以来，在习近平新时代中国特色社会主义思想指引下，广播电视法律体系建设实现了历史性变革，一系列重大决策部署对广播电视法治建设和行业治理产生了重大深远的影响。2020 年新修订的《著作权法》为广电行业提供了有力的法律支撑。多省相继制定颁布了广播电视管理条例等地方法规。《专网及定向传播视听节目服务管理规定》《广播电视安全播出管理规定》《广播电视无线传输覆盖网管理办法》等部门规章和规范性文件得到及时修订，不断完善广播电视和网络试听的相关制度规定。2021 年《广播电视法（征求意见稿）》正式向社会公开征求意见，2022 年《广播电视法（草案）》被国务院预备提请全国人大常委会审议，这标志着我国广播电视法律体系建设进入了新阶段，形成中央和地方紧密衔接、立法与实践相互促进的法治工作新格局，广播电视治理体系和治理能力现代化加快推进。

三、广播电视法的概念解读

《广播电视法（草案）》对于广播电视活动的重要规制领域进行了明确的界定。“广播电视活动”被界定为采取有线、无线等方式，通过固定、移动等终端，以单向、交互等形式向社会公众传播视频、音频等视听节目及其相关活动。草案不仅将无线广播、无线电视、卫星电视、有线电视等传统广播电视活动纳入规制范围，还覆盖了互联网、移动互联网等新型传播活动，体现了立法的包容性与前瞻性。

广播电视节目的分类管理是规范化、法治化的前提，根据草案第二章业务准入的规定，广播电视法规制的相关活动范围大致分为两类，一类是广播电视节目的制作发行、集成播放、传输覆盖活动，活动的分类目录由国务院广播电视主管部门制定；另一类是广播电视节目制作发行、集成播放、传输覆盖活动分类目录尚未明确的新型广播电视业务，这类活动应当按照国务院广播电视主管部门的规定经评估后试办。草案对从事广播电视节目的人员资格进行了明确规定，其中从事广播电视节目播音、主持活动的人员，应当经国务院广播电视主管部门的资格认定并取得执业证书；从事广播电视节目新闻采访、编辑活动的人员，应当符合国家有关职业资格准入的规定。另外，草案还对境外广播电视机构的准入资格进行了规定，要求相关机构在设立驻华办事机构前，须经国务院广播电视主管部门许可。

四、我国广播电视法的体系

我国既有的广播电视法律体系从法律效力层级划分，可以分为宪法、基本法律、行政法规、部门规章和地方性法规几个层次。其中，我国《宪法》第 22 条规定了国家发展为人民服务、为社会主义服务的新闻广播电视事业的责任，这是建设社会主义文化事业的重要组成部分。在法律层面，2016 年全国人大常委会通过的《公共文化服务保障法》是文化领域的基础性法律，对于广播电视领域的法律规制来说是重要的法律渊源。此外，广播电视领域的法源还包括《民法典》、《刑法》、《著作权法》和《广告法》等法律中的相关条款。在行政法规层级，最重要的法规是《广播电视管理条例》，该条例分六章55条，条例对于加强广播电视管理发挥了积极作用。根据相关统计，到2020年4月为止，广播电视领域的现行部门规章有34部；截至2019年12月，地方广播电视法规规章有30多部，其中有12个省份制定了广播电视管理条例。①

我国既有广播电视法律规制体系对于广播电视事业的发展起到了奠基性、基础性作用，但是对于新媒体技术、网络技术的飞速跃升，传统的法律体系日益凸显出一些问题。第一，新技术带来了新的规制难题，既有法律无法充分应对。在5G网络技术、人工智能（AI）、云录制、云直播等新兴传播技术被广泛运用于视听内容的生产制作、传输等环节的背景下，“媒介融合”“虚拟播出”“网络节目制作”“实时直播”等已成为当今广播电视发展的方向。与海量内容和全新视听感受相生相伴的是网络安全风险、内容低俗、版权侵犯等问题。② 第二，以多元互动和边界消融为特点的新媒体时代消解了传播者与受众、产业与社群的边界，使得“人人皆媒体”，具有专业性和组织性的传统信息传播模式逐步被分化，媒体格局呈现出开放性与扁平化的新形态。近年来尤其火热的新视听传播形态是网络直播，根据相关行业发展报告，2020年我国网络直播主播账号累计超过1.3亿个，用户规模达6.17亿人。直播经济在产生巨大经济效益的同时也滋生了内容低俗、虚假宣传等问题。面对上述问题，现行法规条文以条块分割为特征，内容审查和渠道准入为手段的传统监管模式陷入若干不适应、不匹配的窘境。③ 此外，我国在加入世界贸易组织之后，与世界各国思想文化的交流更为密切，广播电视领域的竞争日益激烈，影响和改变了广播电视的种类、数量以及运作方式。在这一领域需要更

---

① 参见刘勇峰：《中国特色社会主义广播电视法律体系研究》，载《西部广播电视》2020年第9期。

② 参见崔保峰：《5G时代背景下我国制订“广播电视法”内容规制的思考》，载《西部广播电视》2019年第10期。

③ 参见何勇、杨晓璠：《边界消融与制度重构：新媒体语境下的广播电视立法》，载《现代传播》2022年第2期。

为完备的法律用以保护国内市场以及适应对外交流的需要。[①] 上述新的发展变化形势迫切需要一部更具前瞻性、可以适应新环境的广播电视领域专门法律。

五、“广播电视法”的制定及立法展望

2021 年 3 月 16 日，国家广播电视总局发布《中华人民共和国广播电视法（征求意见稿）》，向全社会征求意见。该征求意见稿的内容涵盖了传统广电与网络视听，将成为我国广播电视领域的首部行业基本法。该征求意见稿共十章 80 条，分为总则、业务准入、制作播放、传输覆盖、公共服务、扶持促进、安全保障、监督管理、法律责任和附则。该征求意见稿从广义的传输及业务层面对广电领域的适用范围进行界定，移动电视、网络电视、视频集成平台都被纳入适用范围。明确了网络视听节目的广播电视属性，在网上网下实行一个标准、一体管理。

此次征求意见稿主要的立法目的有 4 个：其一，推动实现广播电视领域加强党的领导和全面依法治国融为一体；其二，为广播电视更好地满足人民群众精神文化需求提供制度保障；其三，为构建全媒体传播体系提供法治支撑；其四，提升广播电视领域依法行政能力。从立法取向来看，该征求意见稿是一部超越了单纯管理取向的综合性法律，有学者将其立法立意概括为三个方面：它是一部行业管理法，侧重在广播电视领域贯彻党领导下的全媒体时代的新监管体制；它是一部权益保障法，以法律措施保护从业主体和从业人员的合法权益；它也是一部产业促进法，通过法律的规范指引推动产业高质量创新发展，促进媒体深入融合。[②]

该征求意见稿拟设定的主要法律措施包括：坚持以人民为中心，为提供更多更好的广播电视节目提供法治保障；加强智慧广播电视建设，推动广播电视深度融合发展；落实网上网下一个标准、一体管理；强化节目规范和从

---

① 参见顾舜丽、马伯尧：《进一步加强我国广播电视法治化建设的几点思考——基于我国将制定出台〈广播电视法〉的研究》，载《新闻文化建设》2021 年第 22 期。

② 参见何勇、杨晓璠：《边界消融与制度重构：新媒体语境下的广播电视立法》，载《现代传播》2022 年第 2 期。

业人员管理；完善扶持促进措施。该征求意见稿明确了广播电视节目禁载的9类内容，提出新闻节目应当坚持真实、全面、客观、公正的原则。规定了7类国家支持制作播放的节目。明确政府对广播电视发展提供相应的资金保障等扶持措施。该征求意见稿规定了对“劣迹艺人”的惩治，根据征求意见稿第32条的规定，广播电视节目主创人员因违反相关法律、法规而造成不良社会影响的，国务院广播电视主管部门可以对相关节目的播出予以必要的限制。这一规定有助于遏制行业的不良风气。另外，针对未成年人保护，该征求意见稿第23条提出了广播电视节目集成播放机构应当通过设立未成年人专门频率频道、未成年人专门时段、未成年人节目专区、未成年人模式等措施，建立完善未成年人保护专员、未成年人节目评估委员会等机制，防止未成年人节目出现商业化、成人化和过度娱乐化，保护未成年人合法权益。[①]

我国着力推动相关立法工作，党的十九届五中全会通过的《中共中央关于制定国民经济和社会发展第十四个五年规划和二〇三五年远景目标的建议》将“视听传播立法”明确放置在深化文化管理体制改革、完善生产经营机制、提升文化治理效能的背景之下。“高质量发展”与“高效能治理”的有机统一将成为视听传播立法的未来面向。2019年国家广播电视总局在发布的《国家广播电视总局2019—2028年立法工作规划》中指出，推动“广播电视法”的立法进程，10年内完成制定工作。此外，规划还对《广播电视管理条例》《有线电视管理暂行办法》等行政法规，《广播电视节目制作经营管理规定》《电视剧内容管理规定》等规章的修订工作以及“境外人员参加节目制作管理规定”等制定工作提出了明确的规划。

加强广播电视领域的立法工作是一项系统工程，是文化产业法治格局中的重要一环。新时期的广播电视立法要以习近平法治思想为指导，推进广播电视治理体系更加科学、完备、成熟。要促进中央政策、法律法规与行业治理的相互融通、结合，增加立法的针对性、适应性与操作性。加强地方广播电视立法工作，与国家法律、政策相互结合，形成合力，共同构建更为完备

---

① 参见《广电总局解读制订中国首部广播电视法原因》，载《国际品牌观察》2021年第12期。

的广播电视法律规范体系。可以预见，随着“广播电视法”未来的正式出台，我国广播电视领域必将在新的法治思维引领下，平衡好文化安全、人民文化权益以及行业有序健康发展的关系，推动媒体深度融合发展，走向高质量创新发展之路。

第十章 互联网文化法

摘要：伴随着互联网及人工智能的不断普及与发展，互联网文化的健康与否会直接影响经济生活的各个领域，甚至关乎社会稳定。保障和维护公民互联网文化权利，引导、规范、促进互联网文化健康有序发展势在必行。本章就互联网文化的特征、功能、风险以及互联网文化法的立法宗旨、基本原则、法律体系等进行了介绍。

关键词：互联网文化 立法宗旨 立法原则

第一节 互联网文化立法概述

一、互联网文化概述

（一）互联网文化的特征

互联网文化作为一种全新的社会现象，是社会科学技术发展的产物，其以计算机技术和互联网信息技术为基础，以社会经济为支撑，是利用信息传递衍生的文化活动以及形式展现的综合体。

互联网文化利用互联网媒介，以文图、短视频、动漫、游戏等方式，结合其衍生的互联网新闻出版业、广播影视、文学创作等途径，传播主流观念、弘扬传统文化和传统道德、促进信息沟通互联，涵盖了人类在互联网虚拟环境下的工作、学习、交流、休闲等多种活动。简言之，互联网文化是一种流行文化，辐射源社会发展生活的点点滴滴，影响大众的价值观念及文化挑选，其整合了新兴技术与传统文化，是现实社会文化的延伸和多样化的展现，并在发展过程中形成如下特征。

1. 互联网文化促进全球互联

因自然地理位置分布的影响，世界各地形成了独具特色的历史文化，但受限于交通不便、语言不通等障碍，早期的人类文明沟通极大受阻。而互联网的发展和普及，为各地的文化传播搭建平台，使公元前 5508 年欧洲最早的大规模文明“库库特尼文化”能够得以传播，同时依托于互联网平台，“库库特尼文化”与同期的中国史前“仰韶文化”二者所呈现的彩陶纹样相似度极高，也得到世人的关注。互联网成为世界人类文明交流的新桥梁，提高了全球交流的时效性和便捷性，进一步促进了人类文明的发展。

2. 互联网文化加强全民参与

早期文化的传承和发展多依托于实体媒介的搭载，且参与的门槛较高，而互联网媒体的出现不仅为文化传播提供了新的平台，还降低了参与门槛，使全球每一个互联网用户都能够参与其中，并广泛进行思想的碰撞交流。互联网这一渠道的开通，顺应了新时代的发展，为全球人民提供了艺术释放、观点表达等方面展示的新途径，使人人都能尽情彰显自己的独特魅力。

3. 互联网文化助力信息传播

纸质的图书、刊物是早期较为传统的信息传播方式，信息累计数量的增多及其传播需求的增大，使得传统媒介的弊端逐渐突显。互联网媒介之所以被广泛应用，与其对信息传递便捷与易储存的特性密不可分，其具备了传统媒体之优势，并以多元化和集成化的表达形式呈现。互联网媒介不但能够确保信息及时被传达到世界各地，而且其存储信息的能力极强，同时实用性远超其他传播途径。因此，互联网的发展虽借鉴传统媒介的表达形式，但亦在逐步代替报刊、书籍、广播、电视等传统的信息媒介。

4. 互联网文化实现多元融汇

互联网文化的辐射范围广泛体现在诸多方面。首先，互联网媒体的传播内容主题广泛，其宣发内容不仅包括新时代中国特色社会主义思想和社会主义核心价值观，而且涵盖房子价格、物价水平、就诊方式、家庭教育等社会热点话题，也有情色、淫移、庸俗等相关信息；其次，互联网媒体的服务提供群体广泛，其发布主体既有政府部门、机关事业单位、社会组织和社会团体等官方部门，又有社会民众的个人用户；再次，互联网媒体的参与用户类型广泛，其参与主体不但有政府官员、企业高管、知名人物，而且还有青少年学生、城乡居民；最后，互联网媒体的种类元素类别广泛，其整体特性除了流行元素主导的创新文化形式外，还有另类元素激发的古怪艺术风格。整体来看，互联网媒体最大限度地实现了多元融汇，同时展示出了极大的包容性。

5. 互联网文化承载情绪宣泄

互联网媒介独有的虚拟特性，是互联网文化盛行的重要原因之一。由于互联网所处空间是虚拟的，这在一定程度上保证了用户的隐私，使得互联网用户能够大胆利用互联网媒介分享自己在现实生活中的见闻和遭遇，一方面传递自己的幸福和喜悦，另一方面表达自己的不满和抱怨，通过互联网平台寻求陌生网友的祝福和安慰，获得精神慰藉、补位缺失感。实质上，在互联网平台的宣发是用户表达自己情绪的方式之一，同时达到展示自己特点、实现自身价值、赢得他人尊重、获取彼此友情的目的，为社会安全平稳发展提供保障，但也可能诱发社会的不稳定性，加剧社会负面情绪。

（二）互联网文化的功能属性

数字产业的发展，推动了互联网技术的更新和普及，截至 2022 年 12 月底，我国网民规模已经达 10.67 亿人。其中，除即时通讯技术应用，互联网文化功能属性日趋突显。整体而言，互联网文化的如下功能最具代表性。

1. 广而准的新闻传播功能

以微博官方数据为例，党的二十大期间，互联网新闻媒体为广大人民群众提供多种收看选择，微博、微信、新闻视频网站等全程直播开幕式，多渠道、多平台、全方位报道党的二十大的盛况，开幕式当日新浪微博的直播观看量达 1.26 亿人次。大会期间，微博联合各部委官方微博、地方政务官方微博、各媒体官方微博，引导用户参与党的二十大相关话题互动，央视新闻微博开设党的二十大相关话题总阅读量突破147亿次。

由于我国新闻媒体具有党和人民喉舌的特殊属性，以及互联网媒体发展中所形成的特殊格局和管理机制，我国互联网媒体的新闻报道传播功能突出。具体体现为：一是用户规模较大。《第51次中国互联网发展状况统计报告》显示，2022年12月，我国互联网新闻用户规模达7.83亿户，同比增长1.57%，占整体网民的73.4%。2022年，我国互联网新闻行业呈现出围绕重点新闻事件开展宣传报道，以提升人民群众对国际国内重大事件的理解认知。二是宣发平台更多。曾经的传统主流媒体入驻互联网络平台，形成互联网与传统媒体的互融，实现媒体的迭代和升级，人民网、新华网、央视网等新闻网站的建立，为新闻报道、舆论倡导等打造了新的网上平台；此外，新浪网、搜狐网、人人网等企业网站也主动传播新闻信息。三是应用方式多元。近些年，新闻信息获取渠道更加多元，短视频、生活平台已成为网民在微博、微信、新闻客户端之外获取新闻信息的重要渠道，① 网络社交媒体的发展和互联网应用的推广，为新闻信息的报道传播提供了便利，不断影响着互联网媒体服务提供者、参加者获得新闻报道的途径和方法。

2. 新而深的交往沟通功能

互联网技术的发展及应用，深刻影响着实际生活中大众的相处交流方式，不但搭建了新的沟通交往的桥梁，而且大大减少了沟通交流的成本，同时虚拟环境下所形成的堡垒，确保了人与人之间安全的社交距离。据调查，截至2022年12月，在我国即时通信用户数量已达10.38亿户，占整体网民的97.2%，即时通信的用户规模及使用率均居于首位。互联网平台下交流沟通功能的提升，一方面，推动了社交媒体应用的更新，诸如图片社交、语音社交、视频社交等，尤其是在移动互联行业，越来越多的移动智能终端嵌入了聊天功能；另一方面，信息检索、网上购物等传统互联网应用开始融入社交媒体要素，使得公众间的交往沟通无处不在，呈现“社群化”趋势。

---

① 相关内容，参见中国互联网络信息中心（CNNIC）发布第51次《中国互联网发展状况统计报告》。

3. 繁而杂的娱乐休闲功能

结合大数据整合下互联网用户的需求，互联网实现休闲娱乐的多元并发，以网游、互联网动漫、互联网音乐、网上视频、互联网小说、直播、电商等业态类型共同发展，形成新时代的文娱服务平台。截至2022年12月，我国互联网直播用户规模达7.51亿户，占整体网民的70.3%，同比增长6.7%；互联网视频（含短视频）用户规模达10.31亿户，占整体网民的96.5%，同比增长5.7%；互联网购物用户规模达8.45亿户，占整体网民的79.2%，同比增长0.4%；互联网音乐用户规模达6.84亿户，利用率为64.1%，同比下降6.2%；互联网游戏用户规模达5.21亿户，使用率为48.9%，同比下降5.8%；互联网文学用户规模达4.92亿户，利用率为46.1%，同比下降1.8%。从整体上看，互联网文学、互联网游戏、互联网音乐类互联网应用发展逐步趋于平稳，互联网直播、互联网视频（含短视频）、互联网购物类互联网应用发展仍呈上升态势，成为我国互联网媒体发展趋势的又一大特色。

4. 畅而猛的民意表达功能

互联网的应用与普及，使广大网友能够借助互联网媒体发声，其中“互联网反腐”和“互联网维权”最具代表性，均体现出民意表达的功能。在网民的推动下，呼市“耳钉”李副局长、广州“房叔”蔡某、陕西“表哥”杨某某等一批又一批的腐败分子得到了应有的惩罚。“互联网反腐”利用互联网平台的信息公开、便捷传输等优势，广泛吸纳民众意见，消除施政者腐败的可能性，成为反腐败的神兵利器，形成良性的社会环境。互联网维权也成为常态，如西安“20块钱6根面”、青岛“天价虾”、北海“4个菜1500元”、哈尔滨“天价鱼”等事件都是网友的真实经历，经由互联网媒介分享备受媒体和相关责任机关的关注。

5. 快而强的社会动员功能

互联网媒体因其覆盖面积广、传送便捷、发布信息随意等优点，往往会成为强悍的社会动员专用工具，可以在较短时间内集聚起比较多的人民群众，形成一定的社会效应。例如，在曾经的“哥斯达黎加改革”中，互联网媒体彰显了其推波助澜的功效。近些年，国内各地出现的群体事件，很多是由互联网媒体报道而发起。如 2018 年的“张家界旅游纠纷群体事件”等，从最开始北京市、上海市、西安市等多个大都市，快速涌向全国各地，产生重要影响。在贵州瓮安、湖北石首、广东乌坎等事件中，互联网都在其中扮演着核心角色，其社会动员作用不容小觑。

二、互联网文化立法的宗旨

（一）互联网文化法是特异性范畴和共同性范畴的有机统一

互联网文化法与传统部门法之间关联紧密，同时又泾渭分明，是一个正在成长的兼具特异性范畴和共同性范畴的综合性法律部门。[①] 第一，互联网文化法产生于特定的场域——互联网场域，该场域拥有不同于传统场域的特性；第二，互联网法拥有特定的调整对象——因互联网文化活动产生的各种社会关系，这也滋生了互联网文化法的特异性范畴；第三，互联网文化法表面上指向互联网虚拟空间的公民、法人和其他组织，但究其实质，影响的还是现实空间中的公民、法人和其他组织。因此，互联网文化法必须与现实中的调整对象相衔接，与现实空间的法律原则、指导方针、具体规定相适应，这也是互联网文化法的共性特征所在。

（二）互联网文化法是公法、私法、社会法的深度融合

互联网文化法的内容和调整关系整体涵盖 4 个方面：第一，互联网文化的保护，即规定政府对互联网文化发展的义务和责任；第二，互联网文化的管制，即规定政府维护互联网文化秩序、规范互联网文化行为、净化互联网文化环境、促进互联网文化健康有序发展的活动；[②] 第三，互联网文化的权

① 参见张守文：《论经济法学的特异性范畴》，载《北京大学学报（哲学社会科学版）》2006 年第 3 期。

② 参见王雷鸣：《互联网文化治理研究》，武汉大学 2013 年博士学位论文，第 6 页。

利，即规定公民参与互联网文化的内容、范围以及实现方式；[①] 第四，互联网文化的发展，即提供互联网文化产品和服务、建设互联网文化阵地、发展互联网文化产业。发展积极健康的互联网文化，既包括政府推动的互联网文化工程和新内容、新业务的研发，也包括各类新闻网站和商业网站的建设。概括而言，互联网文化法是调整互联网文化关系的法律规范集合，涉及公法规范、私法规范、社会法规范，即互联网文化法是公法、私法和社会法的融合。

（三）互联网文化法是主体、内容、客体法律关系的有机统一

与其他法律关系一样，互联网文化法律关系的基本要素也是由主体、内容和客体三部分构成。互联网文化法律关系主体，是指因互联网文化活动而产生法律关系的参与者，其进一步分为权利主体和权力主体。前者是指在互联网文化法律关系中享有权利和承担义务的主体，后者是指在互联网文化法律关系中行使权力和承担责任的主体。概言之，互联网文化的主体包括互联网信息服务提供商、政府监管部门、网民等。所谓互联网文化法律关系的内容，是指互联网文化法律关系主体所享有和承担的权利和义务、权力和责任。互联网文化法律关系客体，指互联网文化法律关系主体之间权利和义务、权力和责任的客体，包括与互联网文化活动有关的合法行为和违法行为、互联网虚拟物等。因此，在网络文化法中，有必要对网络文化法律关系的主体、内容、客体进行综合考虑。既要通过实体法明确与互联网文化法律关系主体的权利义务、权责内容、行为规范，也要通过程序法明确保障权利的实现路径，旨在规范权力的行使，合法履行义务和相应责任。

（四）互联网文化法是网络文化领域法律与其他领域法律的有机统一

互联网文化法的特殊性还表现在其具有前沿性。首先，互联网文化法拥

---

① 按照《经济、社会及文化权利国际公约》，公民互联网文化权利应包括公民参与互联网文化生活的权利、享有互联网技术和信息技术发展所产生的利益的权利，以及对任何互联网文学、网上艺术作品和网上信息所产生的精神和物质利益的权利。互联网文化权利是公民的权利，也是国家的义务。国家通过专门立法确认和保护公民的互联网文化权利，调动公民参与互联网文化发展的积极性，满足公民对互联网文化的需求。

有不同于传统法的独特规则，与此同时，又可以兼容现有法律规范中的部分法律原则和行业规范；其次，互联网文化法体现了现实法律规范向网络虚拟空间的延伸。无论是作为空间抑或工具，互联网可以通过法律解释等方法实现对现实法律规范的沿用。例如，《宪法》明确的公民权利，也包括公民的互联网文化权利。互联网文化产业发展中与互联网文化企业相关的内容，属于民事法律制度的范畴，可以通过完善民事主体制度和民事活动范围，将《民法典》延伸到互联网文化领域。同时，对于互联网文化领域的违法犯罪活动，也可以依照《刑法》予以追究。对于互联网文化领域特有的现象和社会关系，如互联网文学、互联网出版、互联网视听内容等，又可以通过《知识产权法》等法律法规加以规范。

三、互联网文化立法原则

法的原则是“法律的基础性真理或原理”,[①] 是“整个法律活动的指导思想和出发点，构成法律体系或法律部门的中枢神经”,[②] 是法律的精髓和灵魂。具体到互联网文化领域，互联网文化立法的基本原则指的是贯穿于互联网文化立法全过程，对制定互联网文化法律规范具有普遍指导意义的法律原理、基本准则和具体方法，是互联网立法活动中应当始终遵循的根本出发点和指南。结合我国宪法原则、《立法法》规定的一般立法原则，借鉴国内外立法的经验，互联网文化立法应当遵循以下基本原则。

（一）一般立法原则

我国现行《立法法》于2000年3月15日第九届全国人民代表大会第三次会议通过，2015年3月15日第十二届全国人民代表大会第三次会议《关于修改〈中华人民共和国立法法〉的决定》第一次修正，2023年3月13日第十四届全国人民代表大会第一次会议《关于修改〈中华人民共和国立法法〉的决定》第二次修正。

---

① See *Black's Law Dictionary*, West Publishing Co., 1983, p. 1074.

② 参见沈宗灵主编：《法理学》（第2版），高等教育出版社2004年版，第40页。

《立法法》在总则部分明确规定了立法的主要原则，结合新的形势新的要求，修正时对立法的指导思想和原则进行了充实和完善。其中，第 3 条规定“立法应当坚持中国共产党的领导，坚持以马克思列宁主义、毛泽东思想、邓小平理论、‘三个代表’重要思想、科学发展观、习近平新时代中国特色社会主义思想为指导，推进中国特色社会主义法治体系建设，保障在法治轨道上全面建设社会主义现代化国家”；第 4 条规定“立法应当坚持以经济建设为中心，坚持改革开放，贯彻新发展理念，保障以中国式现代化全面推进中华民族伟大复兴”；第 5 条规定“立法应当符合宪法的规定、原则和精神，依照法定的权限和程序，从国家整体利益出发，维护社会主义法制的统一、尊严、权威”；第 6 条规定“立法应当坚持和发展全过程人民民主，尊重和保障人权，保障和促进社会公平正义。立法应当体现人民的意志，发扬社会主义民主，坚持立法公开，保障人民通过多种途径参与立法活动”；第 7 条规定“立法应当从实际出发，适应经济社会发展和全面深化改革的要求，科学合理地规定公民、法人和其他组织的权利与义务、国家机关的权力与责任。法律规范应当明确、具体，具有针对性和可执行性”；第 8 条规定“立法应当倡导和弘扬社会主义核心价值观，坚持依法治国和以德治国相结合，铸牢中华民族共同体意识，推动社会主义精神文明建设”；第 9 条规定“立法应当适应改革需要，坚持在法治下推进改革和在改革中完善法治相统一，引导、推动、规范、保障相关改革，发挥法治在国家治理体系和治理能力现代化中的重要作用”。概言之，《立法法》确立的一般立法原则包括合宪原则、法治原则、民主原则、科学原则 4 个方面。

1. 遵循合宪原则

法律的制定应当符合宪法的规定、原则和精神，即合宪原则，同时制定法律应当秉持内容合宪、主体合宪、程序合宪为标准。《宪法》是我国的根本大法，亦是我国位阶最高的法律，任何法律均不得与宪法冲突，互联网法律作为我国法律体系中关键的一支，在法律制定时，必须遵循合宪原则，并在尊重宪法的基础上，以促使互联网文化积极向好发展为目的，明确互联网文化的应用和发展中主体的权利义务，切实保障公民所享有的互联网文化权益。

2. 遵循法治原则

立法法治原则，是法治原则在立法领域的体现，从我国将依法治国、建设社会主义法治国家写入宪法成为我国的一项重要治国方略后，任何领域都需贯彻这一原则，为实现这一目标而努力，立法领域中存在的全国人大、国务院、地方人大、部委与地方人民政府之间的权力划分不明确、立法部门利益化等问题，需要进行规范，规范的要求，就是要法治化，当然互联网立法也应当法治化。首先，互联网文化的立法主体、立法内容、立法程序、立法权限均应当依照法律规定确立；其次，相关立法部门必须在法律所赋予的职权范围内，行使立法职权、履行立法职责；最后，互联网文化法律体系的构建应当确保其自有体系得当，且与其他各部门规章之间配合得当，以维护法制的权威性和一致性。

3. 遵循民主原则

法律的制定符合宪法规定、坚持正确的政治方向是前提，在此基础上，民主原则强调立法过程中公民的参与，突出人民的主体地位。《立法法》第6条规定，“立法应当坚持和发展全过程人民民主，尊重和保障人权，保障和促进社会公平正义”，因为只有公民切实参与到立法之中，确保立法过程中公民的知情权、参与权、表达权、监督权得到保障，才能构建出公民认可的法律，彰显人民的意志。因此，利用法律对公民参与互联网活动进行规制，确保公民在互联网平台的权利得以行使、确立公民在互联网平台需要履行的义务，实现互联网文化法律的立法目的，必须遵循民主原则。

4. 遵循科学原则

互联网文化立法要从实际出发，结合我国的经济形势和发展方向等客观情况，考量互联网技术发展的客观形势，遵循互联网文化的客观规律，理性面对法律自身滞后性的特点与互联网技术的发展态势之间的矛盾关系，把握好法律法规规章文件之间的效力位阶关系，敢于吸收借鉴并勇于创新，科学合理全面地制定互联网文化法律条文，形成系统的互联网文化法律体系。同时，避免脱离实际、避免脱离客观规律、避免脱离人民群众立法，形成的法律规范应当具体、明确，要具有针对性和可执行性，在符合常识的同时符合一般客观判断，确保制定形成的法律能够经得起考验。

（二）特定立法原则

互联网文化法律规范的形成及其法律体系的构建需要迎合时代发展的需求，需要满足人民群众的精神文化需求，以确保人民群众受益于法律规范下互联网文化的健康发展。因此，这就要求互联网文化立法在符合宪法法律原则、法治原则、民主原则、科学原则的基础上，还应当遵循互联网文化的独特立法原则。

1. 维护互联网文化安全原则

互联网文化的发展为社会文化建设提供了重要的平台，互联网络的传递性、共享性、开放性、实时性等特点，对意识形态建设的影响不容忽视。世界各地的思想文化在互联网平台互相碰撞，互联网的发展为我国思想文化传播带来机遇和挑战。虽然我国始终秉持积极包容向好的态度，但是对于西方敌对势力企图利用互联网输出并渗透其触及我国底线、干涉我国内政的思想文化、价值观念等行为坚决抵制。因此，互联网文化立法必须要将网络空间下国家的文化安全和利益保护纳入考量范围，并清醒地认识到我国文化安全、意识形态安全的重要性且不容侵犯；同时，党的二十大强调健全国家安全体系，强化网络安全体系建设，这就使得国家在具体制定互联网文化法律规范时，需要把网络文化的安全保护摆在重要位置。

2. 保护互联网文化多样性原则

互联网为文化传播带来了新的范式，社科、文学、艺术、教育、科技类应用的发展，更能满足互联网用户多样化、多层次的精神文化需求，也进一步加强了互联网文化的多元性。因此，互联网文化立法时应当“许可不同的文化价值观念及其表现形态，给予符合公序良俗的不同文化活动和文化产品生存和发展的必要空间，推动文化繁荣”，[①]《世界文化多样性宣言》第 2 条规定，“在日益走向多样化的当今社会中必须确保属于多元的、不同的和发展

---

① 参见石东坡：《文化立法基本原则的反思、评价和重构》，载《浙江工业大学学报（哲学社会科学版）》2009 年第 2 期。

的文化特性的个人和群体的和睦关系和共处”，这就要求互联网文化立法，能够保护其多样性的特点，兼容并蓄互联网文化下的各种思想观点、价值追求，和谐发展各类文化活动、文化应用及文化产业，为互联网文化的多样性提供有力保障。

3. 促使互联网文化发展原则

互联网文化属于新兴的文化类别，与互联网技术的发展密不可分，互联网文化现象的产生以及相关业态的增多，影响了文化的内容侧重，丰富了文化的传播形式，改变了人民对精神文化的活动方式，对铸就社会主义文化新辉煌起到重要作用。党的十七届六中全会强调，要发展健康向上的互联网文化。党的十八大强调，要加强和改进互联网内容的建设。《国家“十二五”文化发展规划纲要》强调，积极发展与三网融合相关的新技术新业务。党的二十大强调，健全网络综合治理体系，推动形成良好网络生态。因此，互联网文化立法应当顺应国家对互联网文化的要求和期待，同时在立法过程中秉持积极谨慎的态度，充分考量互联网技术与互联网文化发展对我国的重要意义，为互联网文化发展预留充足的空间，推动并保障互联网文化能够积极健康且高速地发展，确保人民群众日益增长的网络文化需求得到满足。

4. 保障互联网文化权利原则

互联网文化的权利保障涵盖两个层面：一方面是公民在互联网平台活动时享有的基本互联网文化权益，如互联网文化参与权、互联网文化消费权、互联网文化创造权和互联网文化成果保护权等，即满足公民对互联网文化的最基本需求。《世界人权宣言》第27条规定：“（一）人人有权自由参加社会的文化生活，享受艺术，并分享科学进步及其产生的福利。（二）人人对由于他所创作的任何科学、文学或艺术作品而产生的精神的和物质的利益，有享受保护的权利。”因此，互联网文化在立法时应当将平等享有权利及自由参与予以明确，支持并鼓励网络用户积极参与互联网文化活动，使互联网文化向多样、多层次、多角度发展，满足人民群众的需求。另一方面是公民在互联网平台活动时自身合法权益不受侵害，互联网文化发展过程中呈现出许多因互联网自身特性而产生的问题，诸如权利主体的隐私权和名誉权受到侵害、知识产权主体如何切实保护其网络知识产权等，均备受关注。因此，互联网文化权利保障是互联网文化立法中的关键，只有通过完善互联网文化立法，切实把握好言论与隐私名誉等权利的保护，处理好个人信息不被泄露等情况，才能切实确保公民的网络文化权利。

第二节　互联网文化立法现状

一、我国现行互联网文化立法状况

我国现行互联网文化的立法形式主要包括法律（法律性文件）、行政法规、部门规章等三种形式，见表10－1。

表10－1　我国互联网文化立法一览表

效力层级	法规名称	颁布部门	施行修订（修正）时间
法律（法律性文件）	《全国人民代表大会常务委员会关于维护互联网安全的决定》	全国人民代表大会常务委员会	2000.12.28施行 2009.8.27修正
	《全国人民代表大会常务委员会关于加强网络信息保护的决定》	全国人民代表大会常务委员会	2012.12.28施行
	《中华人民共和国网络安全法》	全国人民代表大会常务委员会	2017.6.1施行
行政法规	《中华人民共和国计算机信息系统安全保护条例》	国务院	1994.2.18施行 2011.1.8修订
	《中华人民共和国计算机信息网络国际联网管理暂行规定》	国务院	1996.2.1施行 1997.5.20修正
	《计算机信息网络国际联网安全保护管理办法》	国务院	1997.12.30施行 2011.1.8修订
	《中华人民共和国电信条例》	国务院	2000.9.25施行 2014.7.29修订 2016.2.6修订

续表

效力层级	法规名称	颁布部门	施行修订（修正）时间
行政法规	《互联网信息服务管理办法》	国务院	2000.9.25 施行 2011.1.8 修订
	《互联网上网服务营业场所管理条例》	国务院	2002.11.15 施行 2011.1.8 修订 2016.2.6 修订 2019.3.24 修订 2022.3.29 修订
	《信息网络传播权保护条例》	国务院	2006.7.1 施行 2013.1.30 修订
	《国务院关于积极推进“互联网+”行动的指导意见》	国务院	2015.7.1 施行
部门规章	《互联网电子公告服务管理规定》（已废止）	信息产业部（已撤销）	2000.10.8 施行
	《互联网站从事登载新闻业务管理暂行规定》	国务院新闻办公室	2000.11.17 施行
	《互联网出版管理暂行规定》（已废止）	新闻出版总署、信息产业部（已撤销）	2002.8.1 施行
	《中国互联网络域名管理办法》（已废止）	信息产业部（已撤销）	2002.9.30 施行 2004.12.20 施行
	《非经营性互联网信息服务备案管理办法》	信息产业部（已撤销）	2005.3.20 施行
	《互联网 IP 地址备案管理办法》	信息产业部（已撤销）	2005.3.20 施行
	《互联网著作权行政保护办法》	国家版权局、信息产业部（已撤销）	2005.5.30 施行
	《互联网新闻信息服务管理规定》	国家互联网信息办公室	2017.6.1 施行
	《互联网安全保护技术措施规定》	公安部	2006.3.1 施行
	《互联网电子邮件服务管理办法》	信息产业部（已撤销）	2006.3.30 施行
	《互联网视听节目服务管理规定》	国家广播电影电视总局、工业和信息化部	2008.1.31 施行 2015.8.28 修订
	《通信网络安全防护管理办法》	工业和信息化部	2010.3.1 施行

续表

效力层级	法规名称	颁布部门	施行修订（修正）时间
部门规章	《网络游戏管理暂行办法》（已废止）	文化部（已撤销）	2010. 8. 1 施行 2017. 12. 15 修订
	《关于加强国际通信网络架构保护的若干规定》	工业和信息化部	2010. 9. 26 施行
	《互联网文化管理暂行规定》	文化部（已撤销）	2003. 7. 1 施行 2004. 7. 1 修正 2011. 4. 1 修订 2017. 12. 15 修订
	《互联网新闻信息服务管理规定》	国家互联网信息办公室	2017. 6. 1 施行
	《互联网信息内容管理行政执法程序规定》	国家互联网信息办公室	2017. 6. 1 施行
	《互联网跟帖评论服务管理规定》	国家互联网信息办公室	2017. 10. 1 施行 2022. 12. 15 修订
	《网络招聘服务管理规定》	人力资源和社会保障部	2021. 3. 1 施行
	《网络交易监督管理办法》	国家市场监督管理总局	2021. 5. 1 施行
	《网络直播营销管理办法（试行）》	国家互联网信息办公室、公安部、商务部、文化和旅游部、国家税务总局、国家市场监督管理总局、国家广播电视总局	2021. 5. 25 施行
	《网络安全审查办法》	国家互联网信息办公室、国家发展和改革委员会、工业和信息化部、公安部、国家安全部、财政部、商务部、中国人民银行、国家市场监督管理总局、国家广播电视总局、中国证券监督管理委员会、国家保密局、国家密码管理局	2022. 2. 15 施行
	《互联网信息服务算法推荐管理规定》	国家互联网信息办公室、工业和信息化部、公安部、国家市场监督管理总局	2022. 3. 1 施行

续表

效力层级	法规名称	颁布部门	施行修订（修正）时间
部门规章	《互联网用户账号信息管理规定》	国家互联网信息办公室	2022. 8. 1 施行
	《移动互联网应用程序信息服务管理规定》	国家互联网信息办公室	2022. 8. 1 施行
	《互联网弹窗信息推送服务管理规定》	国家互联网信息办公室、工业和信息化部、国家市场监督管理总局	2022. 9. 30 施行
	《关于切实加强网络暴力治理的通知》	中央网络安全和信息化委员会办公室	2022. 11. 2 施行
	《互联网信息服务深度合成管理规定》	国家互联网信息办公室、工业和信息化部、公安部	2023. 1. 10 施行
	《互联网广告管理办法》	国家市场监督管理总局	2023. 5. 1 施行

资料来源：根据 1994—2023 年国家发布的法律法规文件整理而得。

除法律法规、部门规章外，还有司法机关的司法解释，如最高人民法院于 2000 年 12 月发布的《关于审理涉及计算机网络著作权纠纷案件适用法律若干问题的解释》（已失效），最高人民法院 2001 年 7 月 17 日公布、2020 年 12 月 23 日修正的《关于审理涉及计算机网络域名民事纠纷案件适用法律若干问题的解释》，最高人民法院、最高人民检察院于 2004 年 9 月 3 日联合发布的《关于办理利用互联网、移动通讯终端、声讯台制作、复制、出版、贩卖、传播淫秽电子信息刑事案件具体应用法律若干问题的解释》，最高人民法院、最高人民检察院于 2010 年 2 月 2 日联合发布的《关于办理利用互联网、移动通讯终端、声讯台制作、复制、出版、贩卖、传播淫秽电子信息刑事案件具体应用法律若干问题的解释（二）》，2011 年 9 月 1 日实施的《最高人民法院、最高人民检察院关于办理危害计算机信息系统安全刑事案件应用法律若干问题的解释》，2013 年 1 月 1 日实施、2020 年 12 月 23 日修正的《最高人民法院关于审理侵害信息网络传播权民事纠纷案件适用法律若干问题的规定》，2020 年 9 月 14 日实施的《最高人民法院关于涉网络知识产权侵权纠纷几个法律适用问题的批复》，2022 年 9 月 1 日实施的《最高人民法院、最高人民检察院、公安部关于办理信息网络犯罪案件适用刑事诉讼程序若干问题的意见》等。

相关部门还出台了一系列规范性文件，如 1998 年《关于计算机信息网络国际联网业务实行经营许可证制度有关问题的通知》（已失效）、2001 年《互联网骨干网间互联管理暂行规定》、2005 年《关于禁止利用网络游戏从事赌博活动的通知》、2004 年《关于实施“中国民族网络游戏出版工程”的通知》（已失效）、2004 年《关于落实国务院归口审批电子和互联网游戏出版物决定的通知》、2003 年《关于在游戏出版物中登载〈健康游戏忠告〉的通知》、2010 年《关于加强互联网域名系统安全保障工作的通知》、2007 年《关于规范网络游戏经营秩序查禁利用网络游戏赌博的通知》、2009 年《关于加强对进口网络游戏审批管理的通知》、2013 年《教育部办公厅关于开展高校校园网络文化建设专项试点工作的通知》、2021 年《文化和旅游部办公厅关于加强网络文化市场未成年人保护工作的意见》等。此外，近年来，一些地方也制订、修订了相关法规和规章，如江苏省扬州市 2021 年发布《扬州市公共安全视频图像信息系统管理办法》，广东省 2007 年发布《广东省计算机信息系统安全保护条例》、2020 年修改《广东省公共安全视频图像信息系统管理办法》，重庆市 2016 年发布《重庆市公共安全视频图像信息系统管理办法》，安徽省 2016 年发布《安徽省公共安全视频图像信息系统管理办法》，山西省 2008 年发布《山西省计算机信息系统安全保护条例》，宁夏回族自治区 2009 年发布《宁夏回族自治区计算机信息系统安全保护条例》，江苏省徐州市 2009 年发布《徐州市计算机信息系统安全保护条例》，浙江省杭州市 2009 年发布《杭州市计算机信息网络安全保护管理条例》，内蒙古自治区 2011 年发布《内蒙古自治区计算机信息系统安全保护办法》，山西省 2018 年发布《山西省公安机关网络安全管理行政处罚裁量基准（试行）》，江西省 2022 年修正《江西省计算机信息系统安全保护办法》，重庆市 2022 年修正《重庆市计算机信息系统安全保护条例》等。

总体而言，互联网文化法治建设与计算机技术的发展密切相关。我国始终秉持积极的态度应对互联网领域出现的新挑战，结合对相关法律制度的归纳梳理，我国互联网文化法治建设整体上适应时代发展而同步发展。互联网文化安全提升到法规和政策层面后，随网络技术更新轨迹，互联网文化法律制度体系逐步健全并细化。

互联网文化立法是我国社会主义法治文化建设的关键环节，必须理性地看待，事实上当前互联网文化法治监管和互联网文化法治建设的长效机制不健全，诸如互联网文化立法数量少、暂无独立的法律部门，以行政法规居多、法律位阶较低，法律体系架构有待完善等，互联网文化法律体系尚不能满足新时代中国特色社会主义网络强国建设的客观需要。概言之，互联网文化立法在遵守《立法法》相关规定的同时，要遵循互联网文化的发展规律、顺应新的形势变化，聚焦我国互联网发展需要，立足互联网文化法律制度建设实际，坚持社会主义法治理念，全面推进互联网文化法治建设，尊重多元迸发的法治建设思路，坚持特殊时期谨慎立法、加强立法监督，构建完备的互联网文化法律法规体系，切实提升人民群众对互联网文化需求的幸福感，保障公民的网络文化权益。

二、国外网络文化立法概况

与各国互联网管理制度相对应，国外互联网文化立法也分为两种模式：一种是强制性立法介入，如新加坡、德国、澳大利亚等；另一种是劝导性自律规范，如日本、美国等。[①]

对于互联网文化治理与互联网的安全防护，世界绝大多数国家所依据的相关法律文件均由较高层级立法机关颁布。20 世纪末期至 21 世纪初期，美国、英国、德国、日本等国家均相继出台关于互联网及互联网相关权益的保护性、制约性法案。美国 1996 年通过《通信内容端正法》，1997 年通过《儿童色情预防法》，1998 年通过《千禧年数字著作权法》，2000 年通过《儿童互联网保护法》。到了 2010 年，美国开始注意社会安全方面的互联网文化法律

① 相关内容，参见中央外宣办互联网新闻宣传局课题组：《新形势下加强新兴媒体特别是互联网管理的基础性立法研究》，载《2011 年文化立法理论研究成果汇编（下）》。

制定，并于当年出台了《2010 年互联网安全法案》和《2010 年互联网安全加强法案》，确保互联网环境下的经济贸易自由，提升互联网安全技术标准。2021 年 7 月，美国总统颁布了《网络安全法》，该法律将互联网安全列为国家安全的一部分，加强了对于互联网攻击的防范和打击，并规定了政府和私营部门在互联网安全方面的职责和义务，明确了互联网安全技术的标准和限制。

欧洲理事会 2001 年面向全体成员国和观察国开放签署全球首部针对互联网犯罪行为的国际公约——《网络犯罪公约》，2022 年 3 月 24 日，欧洲理事会和欧盟委员会就《数字市场法案》达成一致，旨在加强对数字市场的监管和管理，包括对互联网商品和服务的审查和监管，同时规定了数字市场中的消费者权益保护措施，加强了对不良行为的打击。英国政府 1996 年颁布《3R 安全网络规则》（分级认定 Rating、举报告发 Reporting、承担责任 Responsibility），2000 年颁布《通信监控权法》。德国联邦议院 1997 年颁布世界上第一部规范互联网管理的法律——《多媒体法》，德国政府还通过了《电信服务数据保护法》。法国 1996 年提出《菲勒修正案》，2006 年通过《在信息社会中的著作权及邻接权》。加拿大 2021 年实施《个人信息保护和电子文件法案》，此项法律的出台，明确要求所有搜集客户信息数据的网站均有义务向其客户释明收集信息数据的主体及原因。

日本在 1996 年出台《关于电子互联网事业中有关伦理的有关方针》，2000 年通过《信息互联网法案》，随后又相继出台《未成年人色情禁止法》和《交友类网站限制法》。新加坡 1996 年 7 月公布《国际互联网管理办法》，同时将互联网文化纳入《广播法》《刑法》《诽谤法》《维护宗教融合法》等一般性法律管理范畴。

第十一章　文化遗产法与文物法

摘要：文化遗产与文物真实记录和反映了人类社会发展的历史进程，对文化传承、维护文化多样性具有重要意义。如何真实、完整地保护与传承文化遗产和文物，是文化遗产法和文物法的重要目标。本章主要就文化遗产法与文物法中的关键概念、立法宗旨、修订沿革、法律体系等进行了介绍。

关键词：文化遗产　文物

第一节　文化遗产法

一、文化遗产法的立法宗旨

（一）文化遗产法的功能

1. 协调功能

基于文化遗产的特点，文化遗产的保护会涉及不同的行政部门、不同层级的国家机构以及国家与非官方机构之间的关系，因此，文化遗产保护法的一个重要功能就是协调各方之间的关系，使各方能够在法律的框架内统一保护行为。[①] 因涉及多个法律主体、多重法律部门，文化遗产法难以完全纳入现

---

① 参见胡光：《文化遗产保护立法的特点与功能》，载《沈阳工业大学学报（社会科学版）》2014 年第 3 期。

有法律体系中的任一法律部门，是一个相对独立的综合性法律。

2. 保护功能

文化遗产直观地反映了人类社会发展的这一重要过程，具有历史的、社会的、科技的、经济的和审美的价值，是社会发展不可或缺的物证，对保持民族文化的传承、连接民族情感、增进民族团结和维护文化多样性和创造性，具有重要意义。文化遗产法的功能之一，就是要为文化遗产的法律保护提供依据，明确国家和各级政府保护文化遗产的具体职责，解决文化遗产究竟应该保护什么、谁来保护、如何保护等问题，防止与遏制文化遗产被进一步破坏。

3. 评价功能

评价功能是文化遗产保护制度特有的法律功能，是将文化遗产保护方式、程序、文化遗产价值评价的标准法定化，从法律的角度对文化遗产所具有的价值予以肯定，促进人们对文化遗产价值的认可和保护。价值认识与评估作为文化遗产规划与管理的核心，评价标准和程序的法定化是对文化遗产价值的一次重估、肯定和提升，将法的强制力和执行力融入文化遗产的评价中是对文化遗产保护工作的支持。如果在立法中缺少价值评估体系，容易使后续的保护、展陈、管理措施与相关决策失去焦点和目标。①

（二）文化遗产法的基本原则

某一特定法律部门的基本原则，往往体现了其基本价值理念，“是整个法律活动的指导思想和出发点，构成法律体系或法律部门的神经中枢”。② 文化遗产法的基本原则主要有以下几个方面。

1. 真实性原则

真实性原则要求在文化遗产的认定、记录、保存、修缮、传承等各个环节，完整准确地保存文化遗产本身的历史信息和文化信息，不得随意改动、

① 参见胡光：《文化遗产保护立法的特点与功能》，载《沈阳工业大学学报（社会科学版）》2014 年第 3 期。

② 沈宗灵：《法理学》（第 2 版），高等教育出版社 2004 年版，第 40 页。

破坏其历史信息和文化价值。[①] 在我国文化遗产保护的相关法律中，也都在不同程度上规定了真实性原则。如《文物保护法》第 21 条、第 26 条中均强调“不改变文物原状”；《中国文物古迹保护准则》更是鲜明地指出，保护的目的是真实、全面地保存并延续其历史信息与全部价值，所有保护措施都必须遵守不改变文物原状的原则。真实性原则不仅是对物质文化遗产的保护要求，也同样存在于非物质化文化遗产的保护中。《非物质文化遗产法》第 4 条规定：“保护非物质文化遗产，应当注重其真实性、整体性和传承性……”第 5 条规定：“使用非物质文化遗产，应当尊重其形式和内涵。禁止以歪曲、贬损等方式使用非物质文化遗产。”这表明非物质文化遗产的保护和使用，也要追求保护和使用对象的客观真实性。[②] 只有坚持文化遗产的真实性原则，去伪存真，才能在实践中坚决抵制“假古董”“伪民俗”，防止文化遗产保护的庸俗化、功利化倾向。

2. 整体性原则

整体性原则要求在文化遗产保护中，完整地保护文化遗产的所有形式与内涵，以及其所处的自然与人文环境。就第一个层面而言，物质文化遗产要求将物质载体作为一个整体，不能以现代人的审美观和价值观武断地进行分割取舍，任何一处物质文化遗产所包含的历史信息和文化价值只有构成一个完整的信息链，才能起到历史见证的作用。非物质文化遗产也是如此，必须将其所涉及的技艺、技能、材料、设施及表现方法、媒介等一并加以记录和保护，才能充分体现该项目的完整特征和价值。[③] 第二个层面，任何遗产都是特定环境的产物。抛开具体环境，文化遗产便会成为无源之水，无本之木。只有结合其特定的生长环境才能真正理解其历史文化内涵。

3. 尊重文化多样性原则

根据《保护和促进文化表现形式多样性公约》第 4 条的规定，“文化多样性”指各群体和社会借以表现其文化的多种不同形式。这些表现形式在他们

---

① 参见王云霞：《文化遗产法教程》，商务印书馆 2012 年版，第 49 页。

② 参见李树文等：《非物质文化遗产指南》，文化艺术出版社 2011 年版，第 55 页。

③ 参见王云霞：《文化遗产法教程》，商务印书馆 2012 年版，第 55 页。

内部及其间传承。尊重文化的多样性，不仅体现在通过不同表现形式来表达、弘扬和传承文化遗产，也体现在借助各种方式和技术进行艺术再创造和传播。尊重文化多样性属于文化法治的基本原则之一。尊重文化多样性，需要贯彻文化平等理念，对不同民族、不同地区、不同时期的所有历史遗产都一视同仁，杜绝文化歧视，如此才能真正实现文化的多样化生态。

4. 保护与传承优先原则

保护与传承优先原则的具体含义，是指围绕文化遗产的一切人类活动，都应该优先考虑并确保文化遗产得到完整的保护、存留和传承；对文化遗产的修复、利用，对文化遗产及周边环境的开发、建设或经营均不得损害遗产的保护和传承。习近平总书记强调，历史文化遗产是不可再生、不可替代的宝贵资源，要始终把保护放在第一位。[①] 确保文化遗产的传承，是完整地保护文化遗产更进一步的目标。即使有些文化遗产允许利用或开发，也必须以其得到保护为前提条件。[②] 《文物保护法》第 1 条开宗明义，表明立法目的是“为了加强对文物的保护，继承中华民族优秀的历史文化遗产”；《非物质文化遗产法》第 3 条也指出，对体现中华民族优秀传统文化，具有历史、文学、艺术、科学价值的非物质文化遗产采取传承、传播等措施予以保护。传承本身已经成为保护的重要途径之一。

二、我国文化遗产法的历史沿革

我国文化遗产保护法律制度是中国特色社会主义法律体系的一个重要组成部分，从专门法的角度，我国文化遗产保护法律制度的形成和发展大体可以分为三个时期。

（一）初创时期：新中国成立前后到 20 世纪 70 年代

新中国成立前夕，著名建筑学家梁思成先生编写了“全国重要建筑文物

---

① 参见《保护好中华民族精神生生不息的根脉——习近平总书记关于加强历史文化遗产保护重要论述综述》，载《人民日报》2022 年 3 月 20 日，第 1 版。

② 参见宋慧献：《论文化遗产法的基本原则》，载《新闻爱好者》2017 年第 7 期。

简目”共450条，并附“古建筑保护须知”，为当年解放战争提供了文物保护的依据。[①] 新中国成立后，中央人民政府非常重视文化遗产的保护工作。1950年5月24日，中央人民政府颁布《禁止珍贵文物图书出口暂行办法》。政务院相继发布了保护珍贵文物、古文化遗址发掘、征集革命文物、保护古建筑等一系列的命令、办法和指示。当时从中央到地方都设立了文物保护管理机构，从而开始了我国历史上从未有过的由国家负责进行的大规模文物保护管理工作。[②] 这期间，行政命令是文物保护的主要依据和规范，对文化遗产的认识也仅限于重要的文物古迹本身。但是进入20世纪60年代“文革”时期，大量文物受到破坏。即使在这样艰难的环境下，中共中央和国务院还是及时发布了一些重要通知，如《中共中央关于在无产阶级文化大革命中保护文物图书的几点意见》《国务院关于加强文物保护工作的通知》，对防止文物的进一步破坏发挥了重要的作用。

（二）发展时期：20世纪70年代至80年代

“文革”结束后，法制工作开始逐渐恢复，文化遗产保护工作也走上了拨乱反正的道路。在总结新中国成立以来文化遗产保护工作经验教训的基础之上，人们意识到制定一部全面的文物保护法是非常必要的。[③] 我国对物质文化遗产的保护开始走上法治化的轨道，以1982年《文物保护法》的颁布为主要标志。《文物保护法》共八章33条，比1960年的《文物保护管理暂行条例》增加了15条，修改和补充的内容主要有以下几个方面：（1）明确了文物所有权的归属；（2）从中央到地方都设立了文物保护管理机构；（3）改进了文物保护单位的制度；（4）完善了历史文化名城的制度；（5）加强了考古发掘的审批工作；（6）加强了流散文物的管理；（7）肯定了文物经费的必要性；

---

① 参见王云霞主编：《文化遗产法：概念、体系与视角》，中国人民大学出版社2012年版，第7页。

② 参见谢辰生：《新中国文物保护工作五十年（提纲）》，载《中国文物学会通讯》（2001年、2002年合订本）。

③ 参见王云霞：《文化遗产教程》，商务印书馆2012年版，第43页。

(8) 规定了奖励和惩罚的条件；等等。[①]《文物保护法》首次从法律的角度对文物的对象和保护范围、标准，对文物保护单位、考古发掘、馆藏文物、私人收藏文物、文物出境都做了规定。《文物保护法》颁布后，国务院和有关部门、地方立法机关和地方政府也都制定了一系列配套性法规和规章，初步形成了我国物质文化遗产保护法律法规体系。[②]

（三）繁荣时期：20 世纪 90 年代后期至今

20 世纪 90 年代后期以来，文化遗产的保护进入进一步建设和完善的繁荣时期。随着社会主义市场经济的迅猛发展，文物保护面临一系列新情况、新问题，大规模经济建设和城市改造与文物、历史文化名城、大遗址保护之间，旅游开发与文物资源保护之间均发生了激烈冲突。为及时解决这些问题，使文物保护适应经济社会的发展，全国人大和国务院有关部门开始对《文物保护法》进行全面修订工作，2002 年、2007 年、2013 年、2015 年、2017 年分别进行了 5 次全面修订。《文物保护法》的不断修订和完善，为我国新形势下依法开展文物保护工作奠定了坚实基础。在这一时期，我国也开始注意到非物质文化遗产保护的法制建设问题，出于认识上的局限性，立法实践零散而不完整。这一局面直至 2011 年《非物质文化遗产法》的颁布才得到根本改善。它的出台，是完善中国特色社会主义法律体系、加强文化立法的重要举措，为全面推动非物质文化遗产工作提供了坚实的法律保障，对非物质文化遗产的抢救、保护、传承、利用和管理发挥了重大作用。

三、文化遗产的概念解读

文化遗产法是调整文化遗产保护、传承、利用和管理过程中所产生的各种社会关系的行为规范体系的总称。但对于什么是文化遗产，不同法律文件有不同定义，有必要对其基本含义予以澄清。

---

① 参见朱穆之：《关于〈中华人民共和国文物保护法（草案）〉的说明》，载《中华人民共和国国务院公报》（1982 年第 19 号）。转引自王云霞：《文化遗产教程》，商务印书馆 2012 年版，第 45 页。

② 参见王云霞主编：《文化遗产法：概念、体系与视角》，中国人民大学出版社 2012 年版，第 7 页。

（一）文化遗产的定义

“文化遗产”（cultural heritage）并非严格的法律术语，通常用以指代人类从先辈那里继承而来的各种文化的表现形式，包括艺术、建筑、乡村和都市景观、手工艺品、音乐、语言、文学、电影、文献和数字的记录、民俗和口头历史、烹饪传统、原住民医药、庆典和仪式、宗教、运动和游戏、舞蹈和其他的表演艺术、娱乐活动如狩猎和钓鱼等。[①] 不同的法律文件对该词的界定也有不同。从国际法律文件看，最初使用的不是“文化遗产”，而是“文化财产”（cultural property）。例如，1954 年《海牙公约》序言提到：“确信对任何民族文化财产的损害亦即对全人类文化遗产的损害，因为每一民族对世界文化皆有其贡献。”1972 年，“文化遗产”正式被国际公约确定为直接保护对象，联合国教科文组织在《保护世界文化和遗产公约》中正式采用了“文化遗产”一词，该公约第 1 条做出了如下界定，以下各项为“文化遗产”：文物，从历史、艺术或科学角度看具有突出的普遍价值的建筑物、碑雕和碑画、具有考古性质成分或结构、铭文、窟洞以及联合体；建筑群，从历史、艺术或科学角度看在建筑式样、分布均匀或与环境景色结合方面具有突出的普遍价值的单立或连接的建筑群；遗址，从历史、审美、人种学或人类学角度看具有突出的普遍价值的人类工程或自然与人联合工程以及考古地址等地方。该条款并未对“文化遗产”的内涵加以明确规定，仅列举了文化遗产的几种主要形式。自该公约颁布之后，相关国际组织的法律文件中“文化遗产”的使用概率明显提高。直接对文化遗产的概念进行界定的国际法律文件比较少，1999 年国际古迹遗址理事会发布的《国际文化旅游宪章》明确提出了文化遗产的概念，认为“文化遗产是在一个社区内发展起来的对生活方式的一种表达，经过世代流传下来，它包括习俗、惯例、场所、物品、艺术表现和价值”。[②] 该宪章虽然不具有任何约束力，但对各国在制定文化遗产旅游政策和法律时

---

① 参见 James A. R. Nafziger、周雪帆：《文化遗产法概述》，载《贵州社会科学》2012 年第 1 期。

② 联合国教科文组织世界遗产中心、国际古迹遗址理事会、国际文物保护与修复研究中心、中国国家文物局：《国际文化遗产保护文件选编》，文物出版社 2007 年版，第 187 页。

有一定的指导意义。

在国内相关法律文件中，一直使用的是“文物”这一表达。2005 年，国务院发布《关于加强文化遗产保护工作的通知》，要求进一步加强文化遗产保护工作。其中一项重要举措就是：决定从 2006 年起，每年 6 月的第二个星期六为中国的“文化遗产日”。文化遗产的说法逐渐普及。该通知，将文化遗产区分为物质文化遗产和非物质文化遗产，并分别对物质文化遗产和非物质文化遗产进行了界定。然而，针对整体上的文化遗产的内涵，仍然没有明确的法律界定。但结合前述国内外法律文件对文化遗产外延的界定，可以得出结论，文化遗产应当是指国家、民族、群体或个人拥有、掌握或控制的，具有历史、艺术、科学价值的，能反映某一族群特殊生活方式的各种有形或无形的文化资源，主要可区分为物质文化遗产和非物质文化遗产。[①] 虽然在当下非物质文化遗产的保护已得到认可，但是在早期，文化遗产的保护仅限于物质文化遗产，主要针对历史文物、建筑、建筑群、考古遗迹、古镇等。直至 1977 年，联合国教科文组织制订《联合国教科文组织第一个中期计划》(1977—1983)，第一次提出文化遗产的物质和非物质之分。之后，联合国陆续出台了很多保护非物质文化遗产的建议案和公约，把文化遗产保护的重心逐渐从物质文化遗产转为非物质文化遗产。[②]

（二）文化遗产的属性

1. 人本属性

“人本属性”揭示的是：人是世界和事物的主体与根本，是世界和事物发

---

① 根据《国务院关于加强文化遗产保护的通知》的规定，物质文化遗产是具有历史、艺术和科学价值的文物，包括古遗址、古墓葬、古建筑、石窟寺、石刻、壁画、近代现代重要史迹及代表性建筑等不可移动文物，历史上各时代的重要实物、艺术品、文献、手稿、图书资料等可移动文物，以及在建筑式样、分布均匀或与环境景色结合方面具有突出普遍价值的历史文化名城（街区、村镇）。非物质文化遗产是指各种以非物质形态存在的与群众生活密切相关、世代相承的传统文化表现形式，包括口头传统、传统表演艺术、民俗活动和礼仪与节庆、有关自然界和宇宙的民间传统知识和实践、传统手工艺技能等以及与上述传统文化表现形式相关的文化空间。

② 参见金露：《游走于有形与无形之间的文化遗产——物质文化遗产和非物质文化遗产的定义、分类、特征和关系》，载《徐州工程学院学报（社会科学版）》2012 年第 2 期。

展的根本动力与重要尺度，人主导的实践、创造、生产和事物发展的终极目的在于促进人的全面发展，要求相信人、尊重人、依靠人、为了人、解放人、服务人、发展人。[①] 人类与其他动物的不同之处在于，人类在本能的基础上具有了不断适应并随着自然变化而人为改变的能力，并通过自身的行为，形成了一种区别于本能的行为及成果，这种区别于动物本能的行为及成果，我们称之为文化。我们的人类祖先“正是在生物性与文化性的长期互动中，最终从自然中独立分化出来，不再被动地依赖自然、屈服于自然，而成为改造自然、创造文化的主体”。[②] 无论是物质文化遗产还是非物质文化遗产，都集中凸显了人类意志、蕴含人类智慧、体现人类创造的特质，因此文化遗产具有鲜明的人本属性。

2. 历史属性

文化遗产是人类历史创造和发展的产物，经历了漫长历史的积淀与变迁，反映着人类特定历史时期的价值导向、道德尺度、生产方式、生活样式、文明形态，体现着特定的历史内涵与特征，承载着特别的历史价值与意义，是一种“活”的历史。[③] “Heritage”一词，本身就包含有“遗产、传统、继承物、继承权”等含义。联合国教科文组织在《保护世界文化和自然遗产公约》中对“文化遗产”的定义，不同类型的文化遗产，都强调了从“历史”角度来看，充分表明了文化遗产的历史表征、历史要求、历史价值、历史意义。

3. 文化属性

从文化哲学的角度上说，“人是一种文化的存在。通过文化，人类在不同层面和视角中确证着自己的本质”。[④] 人类具有多样的行为特征，反映了人类行为的差异性，导致了文化的多样性。文化遗产通常都具有民族性、区域性或地方性特色或特点，源头上就是基于原创的文化是来源于生活并服务于生

---

① 参见安学斌：《非物质文化遗产属性论纲》，载《民族艺术》2021 年第 6 期。
② 陈华文：《文化学概论新编》，首都经济贸易大学出版社 2019 年版，第 48 页。
③ 参见安学斌：《非物质文化遗产属性论纲》，载《民族艺术》2021 年第 6 期。
④ 邹广文：《当代文化哲学》，人民出版社 2007 年版，第 1 页。

活的，因此，传达出浓厚的外在形态和内存价值观等方面的差异。[①] 文化遗产作为世代流传的具有重大价值的文化资源，文化属性甚至可以说是文化遗产的本质属性。

四、我国文化遗产法的体系

联合国教科文组织2003年通过的《保护非物质文化遗产公约》所规定的“保护”性质是行政保护，要求“各缔约国应该采取必要措施确保其领土上的非物质文化遗产受到保护”，这些措施包括“适当的法律、技术、行政和财政措施”，通过拟定清单、制定保护规划、建立保护机构、培养保护队伍、加强宣传、传播、教育等确认、展示和传承这种遗产。我国已加入该公约，该公约为我国制定文化遗产法奠定了基础。我国尚未颁布专门的文化遗产法，从目前来看，文化遗产法主要表现为以下渊源。

（一）《宪法》及宪法性法律

宪法是我国的根本大法。《宪法》第4条第4款规定，各民族都有使用和发展自己的语言文字的自由，都有保持或者改革自己的风俗习惯的自由。这里的语言文字、风俗习惯等，都是非物质文化遗产的重要组成部分。第22条第2款规定，国家保护名胜古迹、珍贵文物和其他重要历史文化遗产。这为国家发展文化遗产事业提出了明确要求，为其他文化遗产领域立法提供了明确的立法依据和准则。

《民族区域自治法》进一步细化了《宪法》的有关规定。在长期的历史发展进程中，各少数民族都形成了极具特色的传统文化，也留下了反映其民族特色的名胜古迹、传统艺术等重要历史文化遗产。为切实保护这些文化瑰宝，该法第38条第2款规定，民族自治地方的自治机关组织、支持有关单位和部门收集、整理、翻译和出版民族历史文化书籍，保护民族的名胜古迹、珍贵文物和其他重要历史文化遗产，继承和发展优秀的民族传统文化。

---

① 参见陈华文：《创造与传承：非物质文化遗产的文化属性》，载《中国非物质文化遗产》2020年第2期。

（二）《文物保护法》《非物质文化遗产法》等主要法律

《文物保护法》和《非物质文化遗产法》是文化遗产保护的专门法律，在文化遗产法体系中处于核心地位。《文物保护法》1982 年正式通过，2017 年已完成第五次修订，该法对文物的界定，有相当一部分文物也同时属于文化遗产。《非物质文化遗产法》的性质与《文物保护法》一样，规范和调整的主要是政府、国家在非物质文化遗产方面的行政保护职责或行为，如调查、建档、研究、保存、传承、宣传、弘扬等，以及为实现这些保护行为而提供的财政、行政、技术等措施。

在 2011 年年初，经过 10 多年的提案和论证，《非物质文化遗产法》终于获得通过，这对于我国非物质文化遗产的保护来说，有着里程碑的意义，标志着国家层面对一种新的文化理念的认同。“文化和自然遗产日”的确立，更是有利于营造保护文化遗产的良好氛围，提高人民群众对文化遗产保护重要性的认识，动员全社会共同参与、关注和保护文化遗产，增强全社会的文化遗产保护意识。

《文物保护法》《非物质文化遗产法》在一定程度上都可以视作行政法的范畴。但文化遗产的保护和传承、发展不仅能够适用强制性命令，私法的保护同样重要。从长远的发展角度而言，非物质文化遗产本身的属性决定了必须要重视对私法的利用，利用私法对非物质文化遗产进行保护，对推动该产业的发展有着至关重要的作用。政府并非文化遗产的私权主体，虽然法律规定了政府在文化遗产保护方面的主体责任，但实践中却存在诸多困境。根据谁的权利谁保护原则，只有私权主体才有可能根据理性的判断维护权利并加以延续。因此《民法典》《著作权法》等相关法律均有相关规定。例如，《民法典》第 319 条关于埋藏物、隐藏物的规定，《著作权法》第 6 条关于民间文学艺术作品的规定。《商标法》《专利法》虽未直接规定文化遗产，但在实践中，已有非物质文化遗产申请商标、专利的实例，如少林寺申请注册了“少林”商标，传统医药的提取、炮制方法申请了专利。

（三）行政法规、部门规章

我国文化遗产行政法规数量较多，《文物保护法实施条例》《水下文物保护管理条例》《历史文化名城名镇名村保护条例》《传统工艺美术保护条例》等，都是重要的文化遗产行政法规。《文物保护法实施条例》进一步细化了《文物保护法》的各项规定；《水下文物保护管理条例》则专门以遗存在水域的文物为保护对象，作出了有别于一般文物的特殊保护规定；《历史文化名城名镇名村保护条例》对历史文化名城、名镇、名村的申报与批准、保护规划、保护措施、法律责任等进行了详细规定；《传统工艺美术保护条例》不同于前述均主要针对物质文化遗产的行政法规，该条例以传统工艺美术①为保护对象，传统工艺美术是典型的非物质文化遗产，对传统工艺美术的保护、发展与提高具有重大意义。

在行政法规之外，国务院所属文化部门、建设部门等，为规范文化遗产的保护和管理行为，也在本部门的权限范围内制定了部门规章，如《文物行政处罚程序暂行规定》《考古发掘管理办法》《世界文化遗产保护管理办法》《国家级非物质文化遗产保护与管理暂行办法》《国家级非物质文化遗产代表性传承人认定与管理办法》等。

（四）地方性法规、规章

我国是多民族国家，各地方政府十分重视文化遗产的保护，有关文化遗产保护的地方性法规、规章非常之多。各省、自治区依据《文物保护法》并结合本地区实际制定了一般性文化遗产保护地方法规，西藏、贵州、陕西、江西、山西、山东、吉林等均颁布了地方的文物保护条例。除针对地区内文物的一般保护规则外，针对某一文化遗产类别或特定文化遗产各地区也制定了相应的专门性地方法规，如《江西省革命文物保护条例》主要针对近代以

---

① 《传统工艺美术保护条例》第 2 条规定，本条例所称传统工艺美术，是指百年以上，历史悠久，技艺精湛，世代相传，有完整的工艺流程，采用天然原材料制作，具有鲜明的民族风格和地方特色，在国内外享有声誉的手工艺品种和技艺。

来彰显革命精神、继承革命文化光荣历史的实物遗存，《甘肃敦煌莫高窟保护条例》则主要针对敦煌莫高窟进行保护；云南省内不同民族的自治县，也分别针对各民族制定了保护条例，如《云南省景谷傣族彝族自治县民族民间传统文化保护条例》《云南省澜沧拉祜族自治县民族民间传统文化保护条例》《云南省维西傈僳族自治县民族民间传统文化保护条例》。

第二节　文　物　法

一、文物法的立法宗旨

《文物保护法》第 1 条简明扼要地指明了文化保护的立法目的：为了加强对文物的保护，继承中华民族优秀的历史文化遗产，促进科学研究工作，进行爱国主义和革命传统教育，建设社会主义精神文明和物质文明。相对于其他部门法，文物法更加注重法的社会功能，注重对公民和组织价值观念的培养和行为方式的指引。

（一）文物法的功能

1. 评价功能

文物法的评价功能是指通过将文物类型、申请程序、价值评价的标准法定化，从法律的角度对文物所具有的价值予以肯定，促进人们对文物价值的认可和保护。[①] 评价功能是文物保护制度特有的法律功能，是规范功能的体现，是基于人们对文物的忽视作出的“反应型”功能。文物法的评价功能在多个法律、行政法规中均有体现。《文物保护法》第 13 条、第 14 条规定了将不可移动文物指定为保护对象的方式，并确定了一些评定不可移动文物等级的标准；《历史文化名城名镇名村保护条例》对名城、街区、村镇订立的评估

① 参见胡光：《文化遗产保护立法的特点与功能》，载《沈阳工业大学学报（社会科学版）》2014 年第 3 期。

标准有较明确的表述；2000 年通过的《中国文物古迹保护准则》对不可移动文物及其附属文物的价值评估程序和方式做了较为详细的规定，特别是在评估程序方面进行了明确的规定，并对《文物保护法》中的评估标准做了详细的说明和列举。虽然《中国文物古迹保护准则》不具备法律上的强制性，但是作为宏观法律法规和微观性技术规范之间的中间层面与《文物保护法》搭配形成了价值评估体系方面初步成熟的架构。

2. 管理功能

文物法的管理功能是伴随着“文化资源管理”理念出现的。作为文化表现方式之一的文物应该被作为一种不可再生、不可替代的资源加以妥善的保护和合理的利用。到 20 世纪 70 年代，以保护和管理为宗旨的“文化资源管理”理论逐步成为文物保护的指导方针。将文物作为资源进行管理是人类社会对文化重要性认识的一大进步，这一认知过程同时体现了人类自我反省的逐步深化。因此，以立法的方式将“文化资源管理”定位为文物保护的主要功能符合这一趋势的发展。① 文物法中的管理功能主要从以下两个方面考虑：(1) 管理机构的规范设置。在文物法中应当明确文物保护管理机构的主体地位，各管理机构的责任、权力以及隶属关系。在立法中应该做到不同的职能部门责权清晰，建立协调一致、完善的机构管理体系。(2) 文物本身的管理。对文物本身的管理主要是将文物看作不可再生的文化资源，借鉴资源管理模式结合文物的特征制定管理规范，做到步骤清晰，内容明确具体。

3. 协调功能

文物保护涉及不同的行政部门、不同层级的国家机构以及国家与非官方机构之间的关系，因此，文物法的一个重要功能就是协调各方之间的关系，使各方能够在法律的框架内统一保护行为。文物法的协调功能主要体现在三个方面。第一，协调中央和地方的关系。国家所起的作用就是在制度层面上的设计，国家立法主要确定由中央政府负责的、国家级的文物的保护，并通过制定文物保护法，最终形成文物保护的基本原则、方法、程序等，并设置

---

① 参见胡光：《文化遗产保护立法的特点与功能》，载《沈阳工业大学学报（社会科学版）》2014 年第 3 期。

保护机构，明确其地位和权责。地方立法的作用则是通过制定地方法规，对较低级别的文物进行保护，并利用其在文化保护内容分类和认定标准上所具有的相对自主性和灵活性，结合文物的特点制定具有较强可操作性的地方政策。第二，协调平级的各级部门和政府的关系。文物保护工作的顺利开展，涉及公安、环境、规划、考古、土地等行政职能部门，各部门必须协调统一地开展工作。因此，文物法必须确保各职能部门在职权范围内发挥作用，并且协同一致。第三，协调官方与民间的关系。文物法应当发挥其纽带作用，确认公民个人和非政府组织在文物保护工作中的法律主体地位，使该法律既能够保障公民个人和民间组织的保护意愿得到表达，维护其正当权利，又能够保障国家在文物保护政策实施中的权威性。对于国家而言，应当顺应文物保护的大趋势，鼓励、支持公民个人和非政府组织在文物保护中发挥更大的作用，为工作提供便利和支持；公民个人或非政府组织也应当配合国家法律的实施，帮助国家开展文物保护工作。

（二）文物法的基本原则

1. 真实性原则

“真实性”的保护原则强调尽可能地保护文物承载的各种历史信息。只有保证文物是真实的，才能保证从其身上解读出来的历史信息和文化信息是真实有效的，如果不能保证其真实性，那么政府大量的资金投入和相关研究人员工作的投入就变得没有意义。如前文所说，文物最主要的价值在于其代表了一种文化信息，这样的文化信息虽然不能被完全复原，但是数量众多的文物所承载的信息汇聚起来能让我们更加真实地感受到当时的历史。也正是因为如此，确定文物的真实性不仅是文物法的基本原则，而且应当是最基本的原则，所有文物保护法律法规的制定，各类文物保护相关制度的建立，都要以此作为根本的出发点和归结点。

2. 保护与利用并重原则

《文物保护法》第 4 条规定：“文物工作贯彻保护为主、抢救第一、合理利用、加强管理的方针。”文物保护工作方针由建国初期确立的“两重两利”

（“重点保护、重点发掘，既对基本建设有利，又对文物保护有利”），发展到1992年确立的“保护为主、抢救第一”和“有效保护、合理利用、加强管理”的原则，最终被浓缩升华为“保护为主、抢救第一、合理利用、加强管理”的十六字方针并提升到法律高度。十六字方针，是我国文物工作的实践总结，反映了文物工作的本质特性和根本要求，是指导新时期文物工作的法律准则，是我们正确认识和处理文物保护和利用关系的法律依据。十六字方针的贯彻实施，有力地协调了文物保护与经济建设之间的矛盾，大批珍贵文物在经济建设中得到妥善保护，越来越多的文物成为各地发展经济的重要资源，文物所蕴含的历史、艺术、科学价值日益凸显，为促进当代经济和社会文明建设发挥着越来越重要的作用。

二、文物法的立法沿革

新中国成立前，中华民族历经百年屈辱，大量珍贵文物被毁被盗。加之海关一直被外国人把控，文物流失严重。新中国成立后，中央人民政府迅速收回海关主权，有效控制了文物海外流失的局面，并开始着手保护文物，先后颁布了一系列文物保护的法规制度。1950年5—7月，先后颁布了《禁止珍贵文物图书出口暂行办法》《古文化遗址及古墓葬之调查发掘暂行办法》《中央人民政府政务院为征集革命文物令》《中央人民政府政务院关于保护古文物建筑的指示》。这几个法规制度的出台，迅速遏制了大规模盗掘和走私文物的状况。

1953年，国家实施第一个五年计划，开始了大规模的社会主义建设。为了在建设中保护好文物，1953年10月，政务院颁布了《关于在基本建设工程中保护历史及革命文物的指示》。1956年4月，国务院颁布了《关于在农业生产建设中保护文物的通知》。这两个文件的颁布，使许多文物在20世纪50年代新中国大规模的工农业建设中得到保护，尤其是大量的出土文物被保留下来，并在北京举办了轰动一时的“全国基本建设工程中出土文物展览”。1958年，又开始出现群众乱挖掘现象，国家文物部门意识到要改变这种状况，必须出台一部综合的法规。1959年，国家文物局开始起草《文物保护管理暂行条例》，在征求各部门意见后，历经 11 次修改，在周恩来总理和陈毅副总理的支持下，1961 年 3 月由国务院正式颁布，标志着我国真正步入了依法管理文物的历史阶段。1963 年 4 月、8 月、9 月，又根据《文物保护管理暂行条例》分别制定颁布了《文物保护单位保护管理暂行办法》《革命纪念建筑、历史纪念建筑、古建筑、石窟寺修缮暂行管理办法》《古遗址、古墓葬调查、发掘暂行管理办法》等一系列法律文件。

"文革"期间，国家法制遭到严重破坏，文物保护法制工作基本陷于停滞，许多文物遭到破坏。1978 年党的十一届三中全会后，各行各业开始拨乱反正，社会主义法制建设被提上日程，文物保护法制建设工作也迎来了春天。吸取"文革"教训，国家文物部门领导人认为之前的《文物保护管理暂行条例》已经很难适应新的形势，应该出台一部文物保护方面的法律。1979 年，国家文物部门在《文物保护管理暂行条例》的基础上，总结历史经验教训、借鉴国际社会经验，起草了《文物保护法》。1980 年《文物保护法（草案)》完成，在多方征求意见后上报中央。1982 年 11 月 19 日，第五届全国人民代表大会常务委员会第二十五次会议通过了《文物保护法》。与《文物保护管理暂行条例》相比，《文物保护法》的内容从原来的 18 条扩充到 33 条，更精确地界定了国家保护文物，完善了不可移动文物保护管理体系，深化规范了可移动文物的管理和流通，并从已有的审批、管理规定中独立出考古发掘的相关要求，细化了奖惩对象和措施。这是我国文化领域第一部由国家最高立法机构颁布的法律，是文物工作的根本大法，是中国文物保护史上的里程碑，标志着我国文物工作正式纳入法治化轨道，文物保护事业进入了一个崭新的历史阶段。《文物保护法》颁布后，1987 年 11 月，国务院发出《关于进一步加强文物工作的通知》，1992 年 2 月国家文物局出台了《考古涉外工作管理办法》。

20 世纪 80 年代后期和 90 年代，随着我国对外开放的扩大，一些不法分子出于对金钱的贪婪，开始疯狂盗掘、走私文物，许多珍贵文物被走私到海外。为了进一步顺应新形势下文物保护的现实需求，2000 年我国颁布了《中国文物古迹保护准则》。至此，我国文物保护管理和工程实践理念与国际文化遗产保护理念接轨。2002 年修订的《文物保护法》首次提出“保护为主、抢救第一、合理利用、加强管理”的十六字方针，并明确了不可移动文物“文物保护单位—历史文化街区—历史文化名城”的保护管理框架。此后的 2003—2012 年，我国相继出台了《文物保护法实施条例》《国务院关于加强文化遗产保护的通知》《长城保护条例》《历史文化名城名镇名村保护条例》等法律法规。2012 年，全国人大常委会执法检查组首次开展了文物保护法执法检查，还提出要及时修改《文物保护法》。

党的十八大以后，我国又密集出台了《关于加强打击和防范文物犯罪工作的通知》《国务院关于进一步加强文物工作的指导意见》《关于加强革命文物工作的通知》《关于进一步加强文物安全工作的实施意见》《关于加强文物保护利用改革的若干意见》《水下文物保护管理条例》。2020 年国家文物部门起草《文物保护法（修订草案）》，2021 年 2 月报送国务院，列入第十三届全国人大常委会立法规划项目，2022 年，全国人大常委会列为预审议的 40 件法律案之一。按照国家要求和本地的实际情况，全国各省（区、市）制定了文物保护的地方性法规和政府规章，形成了一些具有地方特点的文物保护制度。至今，以国家文物保护法为核心的中国特色文物保护法律体系已经形成。

三、文物法的概念解读

（一）文物的定义

在我国，“文物”二字联系在一起使用，始见于《左传》。《左传 · 桓公二年》记载：“夫德，俭而有度，登降有数，文物以纪之，声明以发之；以临照百官，百官于是乎戒惧而不敢易纪律。”之后，《后汉书 · 南匈奴传》有：“制衣裳，备文物。”以上所说的“文、物”原是指当时的礼乐典章制度，与现代所指文物的含义不同。到唐代，骆宾王诗：“文物俄迁谢，英灵有盛衰。”杜牧诗：“六朝文物草连天，天淡云闲今古同。”这里所指的“文物”，其含义已接近于现代所指文物的含义，指代前朝遗物。北宋中叶，以青铜器、石刻为主要研究对象的金石学兴起，以后又逐渐扩大到研究其他各种古代器物，把这些器物统称为“古器物”或“古物”。在明代和清初比较普遍使用的名称是“古董”或“骨董”。到清乾隆年间又开始使用“古玩”一词。这些不同的名称，含义基本相同，但在很多场合，古董、骨董和古玩，是指书画、碑帖以外的古器物。中华民国时期，古物的概念和包括的内容比过去广泛，1930 年国民政府颁布的《古物保存法》明确规定：“本法所称古物是指与考古学历史学古生物学及其他与文化有关之一切古物而言。”说明其概念已远远超出过去所称“古物”“古董”的范围。20 世纪 30 年代中期，“文物”一词又重新被使用。1935 年北平市政府编辑出版了《旧都文物略》，同年成立了专门负责研究、修整古代建筑的“北平文物整理委员会”。新中国成立后，沿用了“文物”一词的说法。

《文物保护法》中并未直接给出文物的法律定义，只是以列举的方式表明了文物的主要表现形式。[①] 通说认为，人类在社会活动中遗留下来的具有历史、艺术、科学价值的遗物和遗迹，都可以称为文物。各类文物从不同的侧面反映了各个历史时期人类的社会活动、社会关系、意识形态以及利用自然、改造自然和当时生态环境的状况，是人类宝贵的历史文化遗产。

（二）文物的属性

文物作为历史的遗存，表现出以下具体属性。

1. 物质性

文物是有形的历史文化载体，它是人类历史发展的见证。无论是不可移动文物，还是可移动文物，都是用一定的物质材料建造、制作的。例如，用金属材料和非金属材料制作的古器物：青铜器、金器、银器、铁器、石器、骨器、陶器、玉器、木器等。在古建筑中，大多古建筑物使用多种建筑材料；某一种古建筑物，又会使用不同建筑材料建造而成，如古塔就有木塔、砖塔、

---

① 《文物保护法》第 2 条第 1 款规定：“在中华人民共和国境内，下列文物受国家保护：（一）具有历史、艺术、科学价值的古文化遗址、古墓葬、古建筑、石窟寺和石刻、壁画；（二）与重大历史事件、革命运动或者著名人物有关的以及具有重要纪念意义、教育意义或者史料价值的近代现代重要史迹、实物、代表性建筑；（三）历史上各时代珍贵的艺术品、工艺美术品；（四）历史上各时代重要的文献资料以及具有历史、艺术、科学价值的手稿和图书资料等；（五）反映历史上各时代、各民族社会制度、社会生产、社会生活的代表性实物。”

石塔、铁塔等不同形式。这是文物的物质性，离开了物质材料，文物也就不复存在了。文物的形态多种多样，是由人们建设、制作、生产的用途、目的与所用物质材料和文化、科技水平不同所决定的，最终由政治、经济、文化、技术的发展水平所决定。

2. 时代性

任何历史遗迹和遗物都是一定历史时期人类社会活动的产物，无不打上了时代的烙印，蕴含着当时政治、经济、军事、科学技术、文化艺术等诸多内容和信息。一般所说的文物的时代特点，基本上是时代性和时代内容在历史遗迹和遗物上的统一。它从不同侧面反映了当时的政治、经济、军事、科学技术、文化艺术、宗教信仰、风情习俗等。这种时代特点是文物最重要的特点。

3. 不可再生性

文物的时代特点，决定了文物不能再生产、制作、建设。它的形成时期是客观存在的，不以后人的意志为转移。人们出于某种需要制作的文物复制品，即使形状、大小、所用材料和色调、纹饰等都相同，再加上精湛的复制技艺，也只是复制品，只能反映制作复制品时代的社会条件、技术水平及工艺，与文物所包含最初产生的时代文化内涵和历史信息仍有区别。

4. 不可替代性

文物的不可替代性是文物时代性和不可再生性逻辑发展的结果。文物是历史文化遗产，是一定时代（或年代）的产物，每一件文物或每一处文物，都有它自己的历史上的地位和作用，不能被任何其他物品替代。

5. 作用的永续性

文物是不同历史时期产生的物质文化遗存，它是历史的见证。借助于真实保存的文物，可证实文献、校正古籍记载之谬误、订正史传等，对有文字记载的历史，还可填补文献记载的缺失。文物是研究历史及专门史的重要实物史料，对史学的研究，特别是对重建上古史有着特殊重要的价值和作用。①

① 参见李晓东：《文物保护法概论》，学苑出版社2002年版，第20页。

这种价值和作用不具有时效性，而是永续存在。

四、文物法的体系

（一）文物法的基本体系

经过数十年的发展，我国已经形成了具有中国特色的文物保护法律体系。

《宪法》第22条第2款规定，国家保护名胜古迹、珍贵文物和其他重要历史文化遗产。该条确立了文物保护的最高准则，也是文物法的主要渊源和文物保护立法的根本依据。

法律包含有专门性法律与其他部门法。专门性法律主要是《文物保护法》。文物保护实践证明，《文物保护法》确立的基本原则是正确的，既符合中国国情，又与国际社会保护文化遗产的基本要求相一致。没有《文物保护法》作保障，中国文物保护和文物事业不可能取得举世瞩目的重大成就。《文物保护法》的实施与不断修订，为加强文物保护与管理提供了重要的法律保障，标志着我国文物法律制度和文物法律体系已经形成，并进入新的发展阶段。其他部门法，主要涉及《刑法》中的多个有关文物保护的罪名，走私文物罪，故意损毁文物罪，过失损毁文物罪，非法向外国人出售、赠送珍贵文物罪，倒卖文物罪，非法出售、私赠文物藏品罪，失职造成珍贵文物损毁、流失罪等。

行政法规、部门规章方面，国务院先后制定并修订了《文物保护法实施条例》《长城保护条例》《历史文化名城名镇名村保护条例》等。部门规章有《文物保护工程管理办法》《文物行政处罚程序暂行规定》《博物馆管理办法》《古人类化石和古脊椎动物化石保护管理办法》《文物进出境审核管理办法》《文物认定管理暂行办法》等。上述行政法规、部门规章对《文物保护法》进行了进一步细化，尤其针对文物保护中的具体操作程序、主管部门等予以了明确。

地方性法规、政府规章方面，各省、自治区和直辖市都制定了实施《文物保护法》的细则和办法，其中各地方专门针对本地区某一处或某一类型文化遗产专门制定一项法规或规章的现象比较多见，如《福建省“福建土楼”

世界文化遗产保护条例》《哈尔滨市侵华日军第七三一部队旧址保护条例》《周口店遗址保护管理办法》《山东省大运河遗产山东段保护管理办法》等。

文物法基本体系的形成，对文物事业的发展和文物保护工作起到了非常关键的促进作用。党的十八大以来，以习近平同志为核心的党中央高度重视文物保护利用和文化遗产保护传承，全国文物事业得到很大发展，文物工作取得显著成绩。2022 年，完成第一次全国可移动文物普查、石窟寺等专项调查，公布两批全国重点文物保护单位，总数达到 5058 处；长城、大运河、丝绸之路、传统村落等重大文物保护工程相继竣工，预防性保护、系统保护积极推进，数以万计的馆藏珍贵文物、重要出土文物得到抢救修复；文物博物馆改革持续推进，2022 年全国备案博物馆 6183 家，免费开放率达 91%；文物保护法治化水平达到新高度，国务院颁布《博物馆条例》、新修订《水下文物保护管理条例》，各地出台 200 多部地方性文物保护法规，113 项文物保护领域国家和行业标准发布实施。

（二）《文物保护法》

《文物保护法》主要通过回答保护谁、谁保护以及如何保护这三个问题，来构建文物保护的基本体系。

第一，保护谁的问题。《文物保护法》第 2 条采用列举的方式对保护范围进行了规定。文物具有独特的科学价值、文化价值以及艺术价值，使其在法律规定中有着独特的认定方法，我国法律所保护的文物应具备以下几个特征：首先，文物应当是物，我国《文物保护法》保护可移动的文物，也保护不能移动的文物，它们都是存在于世上的客观存在，有着具体的物质形态，文物保护的目的是保护其历史价值、精神价值，但一切得以保障的前提是存在物这一客观实在；其次，文物应当是具有历史的物，文物积淀着浓浓的历史，诉说着时代的故事，物可以被复制，但是历史是不能被复制的，正是因为文物经历了时间长河的洗礼，使其具备了独特的价值才值得被法律所认可并保护；最后，文物应当具备其独特的价值，文物的价值体现在各个方面，其历史价值能够记录下每个时代的生活，其科学价值能够为现代科技发展提供借鉴，其精神价值则是能起到鼓舞的作用，正是因为文物具有其独特的价值，使文物需要被保护。

第二，谁保护的问题。《文物保护法》第 7 条规定："一切机关、组织和个人都有依法保护文物的义务。"文物保护涉及的是一个国家的历史与文化繁荣，并非凭借单个人力量就可以完成的，文物保护需要国家强制力的介入也需要公民的个人保护，只有当文物保护这一观念深入人心时，才能保障文物在国家范围内可以得到完备的保护。相较于个人而言，文物保护工作的开展更依赖于行政机关，《文物保护法》第 8 条规定："国务院文物行政部门主管全国文物保护工作。地方各级人民政府负责本行政区域内的文物保护工作。县级以上地方人民政府承担文物保护工作的部门对本行政区域内的文物保护实施监督管理。县级以上人民政府有关行政部门在各自的职责范围内，负责有关的文物保护工作。"文物保护具有其特殊性，应当根据其特性制定适合不同文物的保护方法，由行政机关牵头一方面能够起到示范作用，另一方面也可以制定更科学的保护方法。

第三，如何保护的问题。文物保护工作由行政机关制定具体方针政策，《文物保护法》第 9 条规定："各级人民政府应当重视文物保护，正确处理经济建设、社会发展与文物保护的关系，确保文物安全。基本建设、旅游发展必须遵守文物保护工作的方针，其活动不得对文物造成损害。公安机关、工商行政管理部门、海关、城乡建设规划部门和其他有关国家机关，应当依法认真履行所承担的保护文物的职责，维护文物管理秩序。"该条对行政机关在开展文物保护工作提出了具体的要求，要针对文物保护制定适合的方针政策达到保护文物的目的，在发展经济的同时保障文物安全。同时，国家鼓励单位与个人保护文物，并对保护文物的单位或者个人提供物质奖励，《文物保护法》第 12 条做出了相应规定。国家鼓励保护文物的同时，也对公民提出了相应的要求，保护文物从来就不是个人权利，而是一项义务，《文物保护法》第七章法律责任，规定公民做出对文物造成侵害或损害国家对文物的所有权行为时，需要承担相应的刑事责任、民事责任或行政责任。

第十二章　涉外文化法

摘要：涉外文化法是涉及我国对外文化领域事务的法律与规范。其对保护我国公民文化权利、促进涉外文化产业发展、维护国家文化安全及国家海外利益、参与全球治理等具有重要意义。本章主要就涉外文化法的关键概念、立法宗旨、法律体系及涉外文化法治建设中的问题等进行介绍。

关键词：涉外　文化法　涉外法治　文化安全

第一节　涉外文化法的立法宗旨

一、涉外文化法的价值目标

党的十八大以来，党中央高度重视运用法治手段维护国家主权、安全和发展利益，明确提出要加强涉外法律工作，建立涉外工作法务制度，加强涉外法治体系建设。在国家宏观法治体系中，涉外法治建设是依法治国，建设社会主义法治国家基本方略的重要组成部分，是推进依法治国的应有之义。尤其是当前面对前所未有的外部风险挑战，加快推进涉外法治建设事关国家主权、安全和发展利益，是推进对外开放事业的重要保障，也是推进国家治理体系和治理能力现代化的重要支点。① 2021 年 1 月中共中央印发《法治中

① 参见黄惠康：《从战略高度和全球视角认知和推进涉外法治建设》，载《法治现代化研究》2022 年第 5 期。

国建设规划（2020—2025 年）》，指出要加强涉外法治工作，适应高水平对外开放工作需要，完善涉外法律和规则体系，补齐短板，提高涉外工作法治化水平。由此可见，加快推进涉外法治建设具有重要的战略意义。

涉外文化法是涉外法治建设的重要组成部分。文化是民族生存和发展的重要力量。习近平总书记指出，"每到重大历史关头，文化都能感国运之变化、立时代之潮头、发时代之先声，为亿万人民、为伟大祖国鼓与呼。"① 在对外开放过程中，文化领域的国际交往频繁且意义重大，文化越发成为对外联系的重要纽带。我国有悠久的历史和灿烂的文化，我国文化事业发展也需要完善的涉外法律制度支持，才能有效保护公民的涉外文化法律权利、促进文化产业的繁荣发展并维护好国家文化安全和意识形态安全。尤其是经济全球化步伐的不断加快和国际文化交流交融交锋的日益频繁，更要求我们必须放眼国际，以强有力的制度支撑推动中华文化走出去，并不断提升中华文化的影响力和话语权。以法治的方式维护国家利益是国家治理能力成熟、治理体系发展的表现。中国存在大量的海外利益，如果不能将中国自身的法治与涉外法治有机融合、有效衔接，中国的这些海外利益就不能确信得到充分、合理、公正、有效的保护，中国对外开放的成果就缺乏稳定性。② 而且，当前国际形势风云变幻，正逢百年未有之大变局。我国既面临严峻的国家安全形势，又有积极参与国际事务的现实需要。在此背景下，健全我国涉外文化法律制度，完善涉外法律规则体系，加快推进涉外文化法治建设，能够有效助力应对以美国为首的西方国家对我主权、安全、发展利益所构成的挑战和威胁，同时也是完善和加强对以美国为首的西方国家外交斗争法律工具箱的必然选择。③ 可以说，做好涉外文化法治工作已经成为有效应对外来风险挑战，坚决维护国家安全、尊严和利益的重要环节。

---

① 习近平：《在文艺工作座谈会上的讲话》，人民出版社 2015 年版，第 5 页。

② 参见何志鹏：《涉外法治：开放发展的规范导向》，载《政法论坛》2021 年第 5 期。

③ 参见廖诗评：《中国法域外适用法律体系：现状、问题与完善》，载《中国法学》2019 年第 6 期。

二、涉外文化法的基本原则

当今的世界是开放的世界。在当代，任何一个国家要发展，都必须扩大对外开放，加强国际交往。对外开放是实现我国社会主义现代化的一项基本国策，改革开放的伟大成就证明这是一个正确的历史性选择，需要我们继续坚持。涉外文化法为我们在文化领域深化对外开放提供了制度支持。在构建涉外文化法律制度过程中，应当遵循以下几个原则。

（一）尊重国家主权与尊严原则

尊重国家主权与尊严原则是国际法的基本原则，也是国家间交往的前提。国家无论大小、强弱、发展阶段，都是国际社会平等的一员，在国家交往中，必须尊重国家主权与尊严。这也就意味着我国的涉外文化法律制度应当体现和维护主权独立、主权平等。在文化领域的交流合作中必须尊重他国的主权和尊严。这是法治文明进步的必然结果，也是加强国际文化事务融合的必然要求。同时，它能够为我国塑造良好国家形象发挥积极作用，也为维护我国国家利益营造良好的法律环境。

（二）法治原则

法治是现代文明的重要标志。以法治思维和法律手段调整我国涉外文化法律关系是当前构建涉外文化法律体系的基本原则。在不断深化对外开放的过程中，我国与其他国家之间的文化领域交流合作日益增多。遵循法治原则能够为促进我国文化产业发展、保护我国海外利益、维护国家文化安全创造良好的制度支持。凡是侵害我国利益的行为都应该通过法律途径进行严厉打击和制裁。依法治国，建设社会主义法治国家是我国的一项基本治国方略。在调整涉外文化法律关系时，我们依然要遵循这一基本原则与理念，不断加强法治意识，构筑涉外文化的法律屏障并不断提高涉外法治服务水平，切实维护好国家利益。总之，坚持法治原则对于调整涉外文化关系具有重要意义。坚持对外开放是实现民族伟大复兴的重要途径。而坚持法治原则是我国对外开放和民族复兴的重要组成部分，只有这样中国的发展才能与世界同频共振，托举中国最终走向世界舞台的中央。

（三）反对文化渗透原则

以美国为首的西方国家从未放弃对我国的渗透与和平演变，概言之，其文化渗透方式主要包括：

1. 通过文化产品的输出渠道，以文化交往活动为载体进行文化渗透。“‘文化跟着贸易走’，西方国家借助文化产品的跨文化传播，不仅卖出商品和货物，更重要的是输出西方国家的社会价值观和思维方式。”[①]

2. 通过电视、电影、网络等传媒手段实施文化渗透。媒体已经成为不同意识形态的出产地和集散地。随着互联网的飞速发展，西方国家的意识形态宣传战不仅包括传统的电视、广播等媒体形式，还积极利用网络等新兴媒体作为推销西方价值观和意识形态的重要平台。

3. 利用非政府组织进行文化渗透，培养知识分子代理人。非政府组织兼具非营利性、社会性和独立性特点，其实施文化渗透活动更具隐蔽性，因此，往往成为西方国家进行意识形态入侵的重要工具。事实证明，这些年来，以美国为首的西方国家利用各种基金会，以文化赞助、科教捐助之名行文化渗透之实，甚至开展间谍活动。

4. 通过跨国公司开展文化渗透。随着全球化的不断加深，跨国公司得到迅速发展。西方国家利用跨国公司的所谓企业文化对东道国员工和消费者进行文化渗透。[②] 这种经济植入式的文化渗透是西方文化渗透较为隐秘的方式之一，但确实影响着诸如新兴富豪、私营企业家、外企高管等新富阶层的消费取向，因为这些人消费的都是西方奢侈品牌，实际上也意味着这一阶层已经认同了西方的生活方式和价值观念。[③] 与此同时，跨国公司和其他境外企业在

---

① 卜建华：《当前社会思潮的传播与维护国家意识形态安全研究》，江西人民出版社 2015 年版，第 115 页。

② 参见涂成林、史啸虎等：《国家软实力与文化安全研究》，中央编译出版社 2009 年版，第 157 页。

③ 参见张小平等：《当前中国文化安全问题研究》，社会科学文献出版社 2012 年版，第 90 页。

中国的活动，也在一定程度上为境外非政府组织在华进行文化渗透创造了条件。[①]

因此，对上述行为必须引起足够重视，在构建涉外文化法律制度过程中坚持反对文化渗透的原则。实际上，很多国家已经进行了相关立法，如俄罗斯制定了《非政府组织法》《不受欢迎组织法》《外国代理人法》等反渗透立法，禁止中央和地方官员、议员、法官拥有外国国籍、长期居留权和外国存款等，[②] 这些做法体现了这一原则，值得我国借鉴。

（四）坚持构建人类命运共同体原则

从国内法层面来看，涉外文化法的立法目的在于保护本国文化及其产业繁荣发展，维护国家文化安全。与此同时，鉴于涉外文化法与国际法治紧密相关，尤其是随着国家实力的不断提升，我国应当在国际文化事务中发挥更大作用。因此，我国涉外文化法应当秉承人类命运共同体理念和目标。该理念也是习近平外交思想的核心和精髓，它应当成为我国涉外文化法治工作的基本原则和努力方向。习近平总书记指出，“当今世界，各国相互依存、休戚与共。我们要继承和弘扬联合国宪章的宗旨和原则，构建以合作共赢为核心的新型国际关系，打造人类命运共同体。”[③] 人类命运休戚与共，我国涉外文化法律体系建设不仅事关国内公民，同时要有国际视野和人类视野。我国的涉外文化法律法规不仅是维护国家主权、安全、发展利益的重要抓手和基础，同时也是尊重和保护他国正当合法利益，维护各国人民的共同利益的重要途径。

另外，人类命运共同体理念也克服了现有全球治理方案中的一些弊端，如冷战思维、地缘政治思维、零和思维与胜者通吃的思维等，体现了国际法

---

① 参见赵波、高德良：《西方文化渗透对我国文化安全的影响》，中国传媒大学出版社 2012 年版，第 135 页。

② 参见黄惠康：《从战略高度和全球视角认知和推进涉外法治建设》，载《法治现代化研究》2022 年第 5 期。

③ 《习近平在第七十届联合国大会一般性辩论时的讲话》，载《人民日报》2015 年 9 月 29 日，第 1 版。

追求良善正义的价值追求，体现了对弱者的关怀。① 因此，应当以构建人类命运共同体为指引，从实际出发构建我国的涉外文化法律体系。

三、涉外文化法的功能

（一）防范不良文化影响，掌握意识形态领域主导权

文化是民族的血脉，一个国家和民族的文化认同、文化价值、文化自信是更加基本、更加深刻、更加持久、更加强大的内在力量。② 涉外文化立法的一个重要功能就在于通过法律途径有效防范和抵制不良文化带来的消极影响，避免外来不良文化对我中华文化的侵蚀和减损，引导正确的世界观、价值观、文化观，牢牢掌握意识形态领域的主导权。这对于坚定中国特色社会主义道路自信、理论自信、制度自信、文化自信，传承中华文化具有重要意义。需要警惕的是，以美国为首的西方国家多形式、多渠道的意识形态输出行为已经对部分国人的价值观进行腐蚀。近年来，超前消费、拜金主义、享乐主义影响了很多青年人，造成理想空虚、躺平观念盛行；美国宣传所谓“自由、平等、民主”价值，再辅以“网络公知”“网络水军”进行鼓吹煽动，妄图引发群众矛盾激化、妄想引发群众质疑我国的制度、道路选择，以期撼动我国的政治安全和国家安全；美国的个人主义大肆宣传，企图淡化我国的集体观念与民族凝聚力，使部分国人无视集体利益，成为精致的利已主义者。全球已经进入网络时代，传媒跨国公司利用互联网更是加大了对我国意识形态安全的冲击。

西方文化渗透会带来文化认同危机和民族凝聚力的丧失，会掠夺我国的文化资源甚至占领我国的文化市场。③ 这种西方文化渗透正是利用目标人群青年化的特点，影响其世界观、价值观、文化观，从而将其转化为实现和平演变的代理人。实际上，当前西方社会思潮对中国青年的渗透本质上就是资本

---

① 参见魏传光：《论人类命运共同体的正义根基与实践逻辑》，载《理论月刊》2020 年第 1 期。

② 参见周刚志主编：《论文化法：规范与理念》，中国政法大学出版社 2019 年版，第 2 页。

③ 参见赵波、高德良：《西方文化渗透对我国文化安全的影响》，中国传媒大学出版社 2012 年版，第 39 ~43 页。

主义与社会主义的斗争问题，是两种意识形态、两条基本道路的冲突问题，同时也是在争夺青年群体对这两种不同社会制度的认可。[①] 青年学生思想活跃，好奇心强，阅历尚浅，缺乏定力，极易被迷惑与利用。[②] 另外，网络时代的到来也为西方借助传媒型跨国公司进行文化渗透在客观上提供了便利。如此种种，都会对我国文化传播、文化传承形成障碍。

有鉴于此，加强涉外文化立法异常重要，它可以为有效防范和抵制不良文化影响建立起一道防火墙。当前，我国也越来越重视涉外文化相关立法工作。例如，《国家安全法》第23条规定："国家坚持社会主义先进文化前进方向，继承和弘扬中华民族优秀传统文化，培育和践行社会主义核心价值观，防范和抵制不良文化的影响，掌握意识形态领域主导权，增强文化整体实力和竞争力。"

（二）保护公民文化权利、促进文化产业发展

根据我国《宪法》第47条的规定，国家保护公民进行文学艺术创作和其他文化活动的自由，这是我国公民享有的一项重要宪法权利。随着对外开放的不断深化，公民参加涉外文化活动日益增多，完善的涉外文化法律可以为充分保护公民文化权利提供有力法律支持。另外，据统计，我国海外华侨已达6000多万人，作为定居在海外的中国公民，其民族文化需求也应当予以关注和保护，完善的涉外文化法律能够为繁荣民族文化、促进国际文化交流合作提供制度保障。

文化产业，是指以文化为核心内容而进行的创作、生产、传播、展示文化产品和提供文化服务的经营性活动，以及为实现上述经营性活动所需的文化辅助生产和中介服务、文化装备生产和文化消费终端生产等活动的集合。[③] 健全文化产业涉外法律体系是加强文化交流合作、激发文化创造活力、推进

---

① 参见卜建华：《当前社会思潮的传播与维护国家意识形态安全研究》，江西人民出版社2015年，第4~5页。

② 参见卜建华：《当前社会思潮的传播与维护国家意识形态安全研究》，江西人民出版社2015年，第106页。

③ 参见《文化产业促进法（草案送审稿）》第2条。

社会主义文化强国建设的必然要求。近年来，各国越来越重视文化产业发展，强调文化软实力，因此文化产业发展成为国家发展战略的重要组成部分，法国、德国、瑞士等国家都制定了专门的政策或者法律，如德国《联邦电影促进法》、瑞士《联邦文化促进法》等，通过法律途径，积极推动文化产业繁荣发展。

总之，涉外文化立法可以为加强对外文化交流合作提供有力的制度保障，进一步推动国内涉外文化立法与国际公约之间的衔接，营造良好的国际文化交流合作的平台与氛围。完备的涉外文化立法可以引导涉外文化交流合作活动加强合规管理，提高法律风险防范意识，从而进一步促进我国文化领域的对外交流合作，推动文化产业繁荣发展。

（三）促进文化交流与合作

涉外文化立法是基于保护我国自身对外发展及以法治方式有效维护国家利益的客观需要而进行的。我国是个拥有五千年文明史的古国，拥有悠久的历史和灿烂文化。与此同时，我国已成为全球第二大经济体，制造业和货物贸易第一大国。随着综合国力的不断增强，我国参与国际事务的能力和水平不断提高，其国际影响力、感召力、塑造力显著提升。在此背景下，涉外文化法律建设对于增进人文交流合作具有重要作用，不仅可以与其他文明互通互鉴，也可以为我国塑造良好的国际形象，让世界各国真正了解中国、了解中国文化，从而增进理解互信，避免误判误解，为我国发展营造良好的外部环境。

（四）维护国家文化安全

文化安全是坚定文化自信的基础，是国家治理体系和治理能力现代化的一个重要方面。党的十九届四中全会强调加强新时代安全体系建设，明确要求“以人民安全为宗旨，以政治安全为根本，以经济安全为基础，以军事、科技、文化、社会安全为保障，健全国家安全体系，增强国家安全能力”。在当前严峻复杂的国际环境和战略格局下，我国面临诸多挑战。有境外势力以文化交流之名，实施分裂国家、煽动叛乱、颠覆或者煽动颠覆人民民主专政政权的行为；假借文化交流、投资等活动窃取我国国家秘密、实施间谍行为。近来，境外反华势力针对我国的各类间谍情报活动更加活跃、复杂，渗透的领域更加广泛，手法也更加隐蔽，其中文化领域安全更是亟待关注。

针对上述问题，涉外文化法律能够为国家文化发展保驾护航，为我国充分参与文化领域国际规则的制定与运行、维护本国文化安全和发展利益提供充分的制度支持。例如，当国际法、外国法在域内适用时，涉外文化法可以有效防范外国管辖权的不当延伸，对外国的不当管辖权扩张进行阻断。如果我国对外开放、国际文化交流合作缺乏良好的法律制度基础，会为我国公民文化权利保护以及对国家文化安全及利益带来不确定性。① 由此可见，依据国情和发展利益制定文化发展战略和涉外文化法律，不仅可以助力我国对外开放，还可以进一步维护好国家文化安全和发展利益。

（五）构建“一带一路”法治基础

“一带一路”倡议是一个以文化为基础的经济发展合作倡议。共建“一带一路”是我国对外开放和国际合作的重要规划、推动构建人类命运共同体的重要平台。“一带一路”共建国家政治制度、经济制度、文化历史、宗教信仰等各异，要继续推动共建“一带一路”高质量发展，文化领域的交流、合作及制度构建十分重要。文化交往在“一带一路”共建国家交往中发挥着重要纽带作用，它可以消除隔阂、融化壁垒，推动合作的实现。可以说，“一带一路”给共建国家带来了经济发展的重大机遇；同时，依托文化交流合作也可以加强国家间的互联互通，从而进一步促进“一带一路”共建国家的经济发展。我国涉外文化立法工作可以为推动共建“一带一路”奠定良好的法律支持并不断提升“一带一路”建设的法治化水平。

① 参见何志鹏：《涉外法治：开放发展的规范导向》，载《政法论坛》2021 年第 5 期。

第二节　涉外文化法的概念解读

一、涉外文化法及相关概念

（一）涉外文化法的概念

从广义上讲，涉外文化法是我国制定或确认的、具有涉外因素的文化领域的法律规范的总和。从狭义上讲，涉外文化法是涉及我国对外文化领域事务的法律与规范。涉外文化法往往是跨国家生效的，以保护国家文化安全及国家海外利益、参与全球治理为目的的文化领域法律规范。每个国家都有自己的涉外法治观和涉外法治实践。这里的涉外文化法主要是指我国国内文化法治与国际文化治的衔接和协调，当然也包括我国为推动国际文化法治的发展所做的努力。当今，中国不仅需要通过文化法治建设维护自身利益，同时也需要积极推动改革国际文化法治中不公正不合理的部分。因此，我国的涉外文化法应当包括两个层面，一是我国法律对外产生的安全边界、域外效力以及正当性等问题，二是参与和推动国际文化法治改革的立场、倡议和方案等。①

（二）涉外法治的概念

涉外文化法是我国涉外法治建设的重要组成部分，涉外文化法是实现涉外文化法治的前提与基础，有完备的涉外文化法律才能实现涉外文化法治，涉外文化法治状态的实现是涉外文化立法所追求的结果。要充分理解涉外文化法的地位和作用，必须明确且正确地处理其与涉外法治之间的关系。

党的十九届四中全会首次提出“涉外法治”，强调要加强涉外法治工作，建立涉外工作法务制度，加强国际法研究和运用，提高涉外工作法治化水平。② 总

① 参见何志鹏：《涉外法治：开放发展的规范导向》，载《政法论坛》2021 年第 5 期。

② 参见《中共中央关于坚持和完善中国特色社会主义制度、推进国家治理体系和治理能力现代化若干重大问题的决定》（2019 年 10 月 31 日中国共产党第十九届中央委员会第四次全体会议通过）。

的来说，涉外法治是调整涉外法律关系的理念、原则、制度、机制、规则的总和。[①] 它涵盖涉外文化事务的立法、执法、司法及涉外法律服务、涉外法律教育等多方面活动。[②] 就法律属性而言，涉外法治是我国法治体系的重要组成部分，是国内法治的对外延伸，其在国内法治和国际法治这两个独立的法律体系之间发挥着桥梁和纽带作用。[③] 它不仅涉及国际法问题，也涉及具有涉外因素的国内法问题，[④] 是从法律视角表达了主权国家的对外立场。但需要注意的是，涉外法治并不等同于国际法治或国内法治。涉外法治本质上仍是国内法治的一部分，但它又比较特殊，当我国国家机关、政府部门把国际条约或相关国际组织的决议引入成为我国法律的一部分时，国际法才在国内具有约束力。而且涉外法治中有部分内容与国际法治重叠，很多国际法规范可以在我国直接适用。[⑤] 但其本质上仍属于国家法治的范畴。涉外法治中的许多法律法规只是国内法中对涉外法律关系的调整，是独立于国际法存在的，其立法的依据是本国宪法或相关国内法律，适用范围也仅限于本国域内。[⑥] 将涉外法治理论运用于维护国家安全，规范对外经济、贸易、投资、文化交流合作等行为十分必要。涉外法治概念的提出为厘清涉外文化法及其重要作用提供了理论支撑。

二、涉外文化法的特征

（一）涉外性

涉外文化法必然要有涉外连结因素。开放发展的中国必然要与国际社会

---

① 参见张龑：《涉外法治的概念与体系》，载《中国法学》2022 年第 2 期。

② 参见中国国际私法学会课题组：《习近平法治思想中的国际法治观》，载《武大国际法评论》2021 年第 1 期。

③ 参见黄惠康：《从战略高度和全球视角认知和推进涉外法治建设》，载《法治现代化研究》2022 年第 5 期。

④ 参见段中卫、王琳：《坚持统筹推进国内法治和涉外法治对策研究》，载《法制与经济》2021 年第 10 期。

⑤ 参见何志鹏：《涉外法治：开放发展的规范导向》，载《政法论坛》2021 年第 5 期。

⑥ 参见黄惠康：《从战略高度和全球视角认知和推进涉外法治建设》，载《法治现代化研究》2022 年第 5 期。

进行交往和沟通，产生不同文化间的交流与碰撞。这里的涉外文化法是指与我国有关的文化领域法律架构和法治进程。从狭义上讲，涉外文化法是涉及我国对外文化领域事务的法律与规范。可见，涉外文化法的调整对象是具有涉外因素的文化领域的法律关系，行动领域主要是跨越国界的、与本国文化交往有关的活动。因此，涉外因素是其主要特征。例如，在涉外文化立法及贯彻实施过程中，国家权力机关及中央政府，尤其是具有涉外职权的机构，如外交部、驻外使领馆、代表机构等是涉外文化法的主要制定者和驱动者。

另外，在法律效力上，涉外文化法可以产生域外效力，尤其是在涉及国家安全、发展利益等领域。在法律内容上，涉外文化法虽然属于国内法的范畴，但有些内容与国际法存在重叠。例如，我国缔结或加入的文化领域国际公约，根据“条约必须遵守”的国际惯例，对缔约国的国家机关、团体和公民就具有法律上的约束力，因此这些国际公约也是我国法的渊源之一。此时，我国缔结或加入的文化领域国际公约成为我国涉外文化法的重要组成部分，其显然也具有涉外因素。

（二）分散性

目前，我国并未制定专门的涉外文化法，涉外文化法的内容散见于各法律法规，具有分散性特征。关于涉外文化法，由于其调整对象是具有涉外因素的文化领域的法律关系，而文化交流合作是对外交往的主要形式，因此在诸如《商标法》《著作权法》《电影产业促进法》《公共文化服务保障法》等国内单行法律法规中都有关于调整涉外法律关系的规定。但是对于涉外文化法律关系的调整又往往依赖于单行法律法规的相关涉外条款。例如，《文物保护法》第 33 条规定：“非经国务院文物行政部门报国务院特别许可，任何外国人或者外国团体不得在中华人民共和国境内进行考古调查、勘探、发掘。”

另外，正如前文所述，涉外文化法不仅多散见于各法律法规中，成为国内法与国际法之间的延伸与纽带，而且有些涉外文化法的内容与国际法是相重合的。我国缔结或加入的文化领域国际公约也是涉外文化法的重要渊源。由此可见，涉外文化法的内容是零散的，以不同形式存在，并未形成一个系统的专门法律体系。鉴于文化本身涉及外延范围广泛，文化法涵盖文化领域的各法律法规，因此，涉外文化法作为调整涉外文化法律关系的法律规范形成的是一个法群，呈现出分散性的特征。

三、涉外文化法的分类

按照涉外文化法调整对象的不同，涉外文化法律规范可以分为以下几类。

（一）涉外文化权利法

涉外文化权利法是以文化权利赋予、确认和保护为主要内容的涉外法律规范。文化权利是一项基本人权，国际公约对该权利进行了确认，如《经济、社会及文化权利国际公约》第15条规定："一、本条约缔约各国承认人人有权：（甲）参加文化生活；（乙）享受科学进步及其应用所产生的利益；（丙）对其本人的任何科学、文学或艺术作品所产生的精神上和物质上的利益，享受被保护之利。二、本公约缔约各国为充分实现这一权利而采取的步骤应包括为保存、发展和传播科学和文化所必需的步骤。三、本公约缔约各国承担尊重进行科学研究和创造性活动所不可缺少的自由。四、本公约缔约各国认识到鼓励和发展科学与文化方面的国际接触和合作的好处。"我国《宪法》也对公民的文化权利进行了确认和保障，《宪法》第47条规定："中华人民共和国公民有进行科学研究、文学艺术创作和其他文化活动的自由。国家对于从事教育、科学、技术、文学、艺术和其他文化事业的公民的有益于人民的创造性工作，给以鼓励和帮助。"同时，《宪法》第22条规定："国家发展为人民服务、为社会主义服务的文学艺术事业、新闻广播电视事业、出版发行事业、图书馆博物馆文化馆和其他文化事业，开展群众性的文化活动。国家保护名胜古迹、珍贵文物和其他重要历史文化遗产。"另外，文化领域的各单行法律法规也有对涉外文化权利确认和保护性规定，例如，《电影产业促进法》第44条规定："国家对优秀电影的外语翻译制作予以支持，并综合利用外交、文化、教育等对外交流资源开展电影的境外推广活动。国家鼓励公民、法人和其他组织从事电影的境外推广。"涉外文化权利法主要以各文化领域法律法规中的涉外条款形式存在。

（二）涉外文化产业法

文化产业在传承文明、培育民族精神、提高公民素质、促进经济增长、推动社会进步、增强综合国力等方面发挥着重要作用，是繁荣社会主义文化、丰富人民群众精神文化生活、坚定文化自信的重要保障。21 世纪以来，党中央、国务院高度重视文化产业发展和文化产业法治工作，将促进文化产业发展纳入国民经济和社会发展规划，并制定促进文化产业发展的专项规划，发布文化产业发展指导目录，促进文化产业结构调整和布局优化。2009 年，国务院制定出台了《文化产业振兴规划》，明确提出要加快发展文化创意、出版发行、印刷复制、数字内容等重点文化产业。与此同时，文化产业发展亦十分迅速，我国也制定了多个单行法律规范，如《电影产业促进法》《出版管理条例》《音像制品管理条例》《印刷业管理条例》等。其中都有文化产业发展的涉外条款为涉外文化产业发展提供法律支持，如《电影产业促进法》第 14 条规定："法人、其他组织经国务院电影主管部门批准，可以与境外组织合作摄制电影；但是，不得与从事损害我国国家尊严、荣誉和利益，危害社会稳定，伤害民族感情等活动的境外组织合作，也不得聘用有上述行为的个人参加电影摄制。合作摄制电影符合创作、出资、收益分配等方面比例要求的，该电影视同境内法人、其他组织摄制的电影。境外组织不得在境内独立从事电影摄制活动；境外个人不得在境内从事电影摄制活动。"

另外，党的十八届四中全会决定明确提出要制定"文化产业促进法"，目前已经形成了《文化产业促进法（草案送审稿）》，按照立法工作程序，经国务院审议后报请全国人大常委会审议通过。在草案送审稿中，第 25 条就为文化的境外推广提供了法律支持："国家支持适合对外传播的优秀文化产品和服务的创作生产、翻译、国际合作制作，综合利用外交、旅游、商务、教育等对外交流渠道，开展优秀文化产品和服务境外推广、营销活动。"

（三）涉外文化交流合作法

首先，我国缔结或加入了一系列文化领域国际公约，如《保护世界文化和自然遗产公约》《经济、社会及文化权利国际公约》等，为我国参与国际文化事务，扩大文化开放领域，提升中国文化国际影响力奠定了基础。同时，我国与多个国家签订了文化合作协定并制定了相应的文化合作协定执行计划，通过文化交流等多种途径提升了我国文化的软实力。这些双边、多边条约对于推动和保护涉外文化交流合作提供了制度基础。

其次，我国也制定了一系列法律法规为规制文化交流行为提供了法律依据。例如，《非物质文化遗产法》第15条规定："境外组织或者个人在中华人民共和国境内进行非物质文化遗产调查，应当报经省、自治区、直辖市人民政府文化主管部门批准；调查在两个以上省、自治区、直辖市行政区域进行的，应当报经国务院文化主管部门批准；调查结束后，应当向批准调查的文化主管部门提交调查报告和调查中取得的实物图片、资料复制件。境外组织在中华人民共和国境内进行非物质文化遗产调查，应当与境内非物质文化遗产学术研究机构合作进行。"

第三节　涉外文化法的法律体系

涉外文化法律是涉外文化法治的前提和基础。面对百年未有之大变局，我国成为全球发展的重要力量，我国的涉外文化法律对维护国家主权、安全、发展利益发挥着极为重要的作用。因此，必须加强法治思维，运用法治方式，建立完备的涉外文化法律体系，以便有效应对文化领域的安全挑战、防范风险。目前，我国的涉外文化法律包括两个层面：首先，从国内法层面来看包括两个主要部分，一是维护国家文化安全的法律规范。二是推动文化产业发展，促进文化领域繁荣、加强对外文化交往的法律规范。其次，我国重视参与文化领域国际事务，缔结或加入了多项文化领域国际公约。这些国际公约也是我国涉外文化法律体系的重要组成部分。

一、宪法

宪法是国家的根本大法，也是法律的立法基础和根本依据。宪法构成我国涉外文化法律体系的基础。首先，将“发展同各国的外交关系和经济、文化交流，推动构建人类命运共同体”写入《宪法》，为我国构筑涉外文化法律体系，加强涉外文化法治建设提供了理论基础。

其次，我国《宪法》对公民的文化权利予以确认，为加强文化权利保护，建立涉外文化法律制度提供了宪法基础。对此，《宪法》第22条规定：“国家发展为人民服务、为社会主义服务的文学艺术事业、新闻广播电视事业、出版发行事业、图书馆博物馆文化馆和其他文化事业，开展群众性的文化活动。国家保护名胜古迹、珍贵文物和其他重要历史文化遗产。”第47条规定：“中华人民共和国公民有进行科学研究、文学艺术创作和其他文化活动的自由。国家对于从事教育、科学、技术、文学、艺术和其他文化事业的公民的有益于人民的创造性工作，给以鼓励和帮助。”

二、法律

首先，从国内法层面来看，出于文化安全的考量，我国在维护国家安全类法律中有相关规定：《国家安全法》第3条规定：“国家安全工作应当坚持总体国家安全观，以人民安全为宗旨，以政治安全为根本，以经济安全为基础，以军事、文化、社会安全为保障，以促进国际安全为依托，维护各领域国家安全，构建国家安全体系，走中国特色国家安全道路。”第23条规定：“国家坚持社会主义先进文化前进方向，继承和弘扬中华民族优秀传统文化，培育和践行社会主义核心价值观，防范和抵制不良文化的影响，掌握意识形态领域主导权，增强文化整体实力和竞争力。”

《反恐怖主义法》第4条规定：“国家将反恐怖主义纳入国家安全战略，综合施策，标本兼治，加强反恐怖主义的能力建设，运用政治、经济、法律、文化、教育、外交、军事等手段，开展反恐怖主义工作。国家反对一切形式的以歪曲宗教教义或者其他方法煽动仇恨、煽动歧视、鼓吹暴力等极端主义，消除恐怖主义的思想基础。”

另外，《反间谍法》《境外非政府组织境内活动管理法》《网络安全法》等都属于兼具国家安全与涉外文化保护的法律规范，为抵制西方文化渗透、维护国家文化安全构筑了法律屏障。

其次，由于文化本身外延范围广泛，因此并未有制定统一专门文化法典的做法，而是针对具体文化部门进行了单独立法。[①] 其中，涉外文化法律规范主要是通过各法律中的涉外条款对涉外文化法律问题进行规制：《涉外民事关系法律适用法》《非物质文化遗产法》《电影产业促进法》《公共文化服务保障法》《文物保护法》《公共图书馆法》《商标法》《档案法》《著作权法》等。

除了《宪法》以及其他法律包含有涉外文化条款外，主要是由国务院、文化行政部门出台的行政法规和部门规章提供法律依据。

三、行政法规

国务院制定了多项行政法规，用以补充和细化有关涉外文化领域的法律规范。《著作权法实施条例》明确了外国人、无国籍人在我国境外、境内的著作权问题；《出版管理条例》对出版物进出口问题进行了规制；《文物保护法实施条例》对文物出境入境活动给予了规范；《广播电视管理条例》对广播电台、电视台播放境外广播电视节目的相关问题给予了明确规定；《水下文物保护管理条例》对外国组织、国际组织以及中外合作进行水下文物考古、勘探、发掘活动进行了详细规定等。相比法律这一法的渊源，行政法规中关于涉外文化法律问题的规定更加具体明确，能够为涉外文化保护提供明确的法律依据。

四、部门规章

与涉外文化保护有关的部门规章，主要包括：为加强对涉外文化艺术表演及展览活动进行法律规制的《文化部涉外文化艺术表演及展览管理规定》；为加强文化遗产保护的《世界文化遗产保护管理办法》；明确电子出版物进口管理规则的《电子出版物出版管理规定》；为加强考古涉外工作管理，促进与

① 参见周艳敏、宋慧献：《文化法学导论》，北京大学出版社 2017 年版，第 27 页。

外国考古学术交流提供具体依据的《考古涉外工作管理办法》；为保护外国作品著作权人合法权益的《实施国际著作权条约的规定》等。

五、国际条约

（一）国际公约

将缔结或加入的条约纳入我国涉外文化法治体系，可以有效统筹国内法治与涉外文化法治之间的关系。我国重视并积极参与国际文化合作，已缔结或加入多项有关文化保护、文化发展或文化交流领域的国际公约，包括《保护工业产权巴黎公约》《保护世界文化和自然遗产公约》《关于禁止和防止非法进出口文化财产和非法转让其所有权的方法的公约》《保护文学艺术作品伯尔尼公约》《世界版权公约》《专利合作条约》《经济、社会及文化权利国际公约》《保护非物质文化遗产公约》《保护和促进文化表现形式多样性公约》《上海合作组织成员国政府间教育合作协定》《世界知识产权组织表演和录音制品条约》《视听表演北京条约》等。其中《保护和促进文化表现形式多样性公约》是世界文化保护、文化发展与交流方面的重要成果。其就确认文化多样性是人类的一项基本特性，文化多样性是人类共同遗产，应当尊重并共同保护人类文化多样性达成了共识，认为应当在民主、宽容、社会公正以及各民族和各文化间相互尊重的环境中繁荣发展，强调文化多样性对充分实现《世界人权宣言》和其他公认的文书主张的人权和基本自由具有重要意义。该公约为保护各国不同文化提供了指引，并达成了国际共识，对于进一步推进保护国家文化合作与安全提供了法律基础。但是该公约对于如何保护文化多样性，如何进一步推进维护文化安全问题缺乏具体明确的指引，这也许是国际法的基本特征使然。同时也表明，切实有效推进繁荣文化发展交流、维护国家文化安全，需要更具有可操作性的国际规则。对此，《上海合作组织成员国保障国际信息安全政府间合作协定》的做法可以成为一个可供借鉴的范例。当然，文化安全与信息安全又有差异，因此，或许达成类似成果并不容易。

（二）双边条约

我国政府对外缔结了大量文化领域的双边条约，为深化与世界各国及国际组织的全方位合作、推进中国特色文化外交提供了坚实的法律基础。同时，我国与多国，尤其是发展中国家，在文化艺术、教育、体育、新闻出版、广播、影视等领域积极开展交流与合作，签订了两国政府文化合作协定并签署了协定的执行计划。

首先，我国与意大利、几内亚、乍得等多个国家签订了文化合作协定，建立了文化合作机制。例如，根据联合国教科文组织《保护和促进文化表现形式多样性公约》，中瑞两国达成了《中华人民共和国政府与瑞士联邦委员会文化合作协定》，协定对开展文化合作的领域、机构、合作形式及权责问题进行了规定，但是此类协定的内容多过于原则化。

其次，为了更好落实双边文化合作协定内容，近年来，我国与赞比亚、坦桑尼亚、塞内加尔、尼日尔、南非、喀麦隆、黎巴嫩、埃及、以色列、加蓬、布隆迪、塞舌尔、摩洛哥、科特迪瓦、刚果（布）、土耳其、沙特阿拉伯、阿尔及利亚、毛里求斯、塞浦路斯、突尼斯、毛里塔尼亚、津巴布韦、贝宁、刚果（金）、埃塞俄比亚、伊拉克、约旦、也门等众多国家就文化合作协定的执行情况达成执行计划，如《中华人民共和国政府和坦桑尼亚联合共和国政府文化协定2022至2025年执行计划》《中华人民共和国政府和尼日尔共和国政府文化协定2018—2021年执行计划》等。

最后，积极推动与国际组织间的文化交流合作。我国重视与国际组织开展文化交流合作，由国际组织在我国设立文化教育中心。例如，我国与联合国教科文组织签订协议，在北京设立由联合国教科文组织支持的国际工程教育中心，中心通过发表国际工程教育方面的研究报告和其他出版物，扩大其学术和政策影响；利用中国工程院和清华大学广泛的国际合作网络，加强与联合国教科文组织教育信息技术研究所、联合国教科文组织国际职业技术教育培训中心及奥尔堡工程科学和可持续性问题式学习中心的联系，并积极开发有关工程教育的需求、人员培训和政策的国际数据库；为发展中国家培养高端工程技术人才，开展工程师资力量和学生的培训。此外，还利用现代化教育信息通信技术以及清华大学及其他合作院校的精品课程资源推出具有大型开放式网络课程特色的在线教育课程，帮助发展中国家和边远贫困地区的青年获得高质量教育资源的便捷渠道。这些做法，尤其是通过在线教育的方式，其影响力与影响范围甚广。近年来，为了加强对外交流与合作，类似做法并不鲜见，如我国与联合国教育、科学及文化组织在廊坊市建立了由教科文组织支持的全球尺度地球化学国际研究中心，我国与联合国教育、科学及文化组织在中国桂林市建立了由联合国教科文组织支持的国际岩溶研究中心等。

另外，我国积极推动与其他国家加强思想文化领域对话，通过人员往来、学术互鉴、信息沟通等方式，共同推动国际汉学研究发展，支持双方学者参与“汉学与当代中国”座谈会、青年汉学家研修计划、文学翻译和影视译制研修班等交流平台。大力推动在文化遗产保护、传承和展示方面开展交流与合作。上述活动为促进国际文化交流合作提供了新的机会与平台，同时也必须关注对外交流中带来的文化冲击，尤其是国际组织在华工作过程中可能出现的文化安全挑战。

总的来说，近年来，我国涉外文化法治建设已经取得了长足进步，但目前仍存在不少短板，有些问题也亟须进一步厘清。

1. 尚未形成完备的涉外文化法律体系

首先，我国国内文化法律建设已经具备了良好的基础，形成了比较丰富的文化法律规范体系，但涉外文化法律体系仍有待完善，很多涉外文化法律问题存在立法空白，缺乏独立的、专门的涉外文化立法。现有的涉外文化法律法规主要以涉外文化条款的形式存在，多是规定在各相关法律法规中，且其法律规定比较笼统、抽象、原则化，缺少明确详细的法律规则，可操作性有待提高。

其次，涉外文化法的部分重要规则效力位阶很低。目前相关规范都是以行政法规、部门规章的形式存在，且条款非常分散。这不利于涉外文化法律发挥应有作用，也难以尽快实现涉外文化领域的法治状态。因此，应当尽快推进专门性涉外文化法律的立法工作，并不断完善相关配套实施机制和细化规则。①

再次，建立完备的国家涉外文化法律体系，不仅需要进行国内法层面的涉外文化立法工作，还应当包含该国所缔结或加入的全部条约及习惯国际法。尤其是需要将我国缔结或加入的国际条约与国内涉外文化法律法规进行协调，形成逻辑严密、科学严谨的涉外文化法律体系，从而系统解决涉外文化法律体系中的制度供给不足问题。

最后，必须加强涉外文化安全立法工作，提升涉外文化法治水平。随着国家实力与国际地位的不断提升，我国应当在国际事务中发挥更加积极重要的作用。无论西方国家如何抗拒，我们日益走向世界中央的趋势不可逆转。在这个过程中，我们也面临诸多文化领域的挑战，如西方文化渗透、借文化交流窃取我国国家机密等违法犯罪行为频现。对此，必须提高法律风险防范意识，通过法治方式予以有效反制。同时，根据对外开放工作的需要，完善涉外文化法律体系，并积极参与文化领域的国际规则制定，推动形成公正合理的文化领域国际规则体系。

总之，完善我国涉外文化法律体系不仅需要进行专门涉外文化立法，而且应当尽快形成由专门涉外文化法、辅助性的涉外文化法律法规、行政法规、部门规章等构成的，层层递进的立法、执法、司法互动机制。这样才能构筑起一道兼具促进对外交往、维护国家文化安全、保护文化相关产业合法权益的有力法律屏障。

2. 明确涉外文化法律体系建设与涉外文化法治建设的关系

涉外文化法律体系建设是我国涉外文化法治建设的重要环节，但涉外法律体系建设并不等同于涉外文化法治本身。涉外文化法律体系建设更强调从立法层面完善法律，而涉外文化法治建设，应当包括涉外文化立法、执法、司法及法律服务等全方位的制度保障。这意味着，推进涉外文化法治建设并不限于构建完备的涉外文化法律体系本身，这只是实现涉外文化法治的第一步，涉外文化法律的贯彻实施同样重要，不可偏废。

---

① 参见段中卫、王琳：《坚持统筹推进国内法治和涉外法治对策研究》，载《法制与经济》2021年第10期。

另外，在涉外法治建设进程中，必须深化国际司法合作，完善我国涉外文化司法协助制度建设，如加强引渡制度、引渡替代措施、遣返、外国法院判决的承认与执行、外国法查明等司法协助国际合作，以助力推动实现涉外文化领域的法治状态。

涉外文化法治建设还需要培养涉外法治人才，夯实涉外文化保护的储备力量。培养高素质法治人才及后备力量可以有效解决我国文化对外宣传及其法律保护的各种问题。2011 年教育部提出，“要培养一批具有国际视野、通晓国际规则，能够参与国际法律事务和维护国家利益的涉外法律人才”的发展目标。涉外文化法治人才不仅需要精通法律英语，而且要对文化法及国际法有扎实的专业基础，同时还要不断积累涉外实务经验。但很遗憾，我国目前对涉外文化法律体系及相关理论的研究还处于初创阶段，对于人才的培养还缺乏针对性。因此，应当尽快加强涉外法治教育，强化专业教育和人才培养方面的针对性，如可以搭建平台，通过组织学生参加国际机构实习、参加涉外领域国际竞赛等方式开拓学生国际视野，提高实践教学比重，以提升涉外法治教育的效果。

后　记

文化是一个国家、一个民族的灵魂。文化兴则国运兴，文化强则民族强。推动文化繁荣、建设文化强国，坚定文化自信，必须发挥法治的保障作用。文化的法治化，其根本宗旨在于实现对国家、民族和个人文化权益的制度确认与保护。

改革开放以来，我国文化法治建设加强，文化领域立法数量不断增加，《著作权法》《文物保护法》《公共文化服务保障法》《非物质文化遗产法》《旅游法》《广告法》《专利法》《商标法》《电影产业促进法》《公共图书馆法》《网络安全法》《爱国主义教育法》等文化立法相继出台，《出版管理条例》《印刷业管理条例》《博物馆条例》等行政法规和部门规章纷纷制定修订，我国文化法律法规体系和政策体系不断健全，文化法治体系建设取得初步成果。同时还要看到，我国文化法治进程还处于起步阶段，在文化立法、执法、司法和守法方面还面临诸多课题。新征程上，进一步保障人民文化权利，规范文化行业秩序，在法治轨道上推动文化事业和文化产业高质量发展，对建立和发展具有中国特色的文化法学提出了紧迫要求。

加快文化法治建设，一方面要积极回应我国文化事业、文化产业发展的实践需要，逐步构建具有中国特色符合中国实际的文化法治体系；另一方面要加强文化法学理论研究工作，加快推进文化法学学科建设。发展文化法学适应新时代中国特色社会主义文化建设的实际需要，是全面依法治国的必然要求。中共中央办公厅、国务院办公厅印发的《关于加强新时代法学教育和法学理论研究的意见》，对加强文化法学学科建设提出明确要求，文化法学作为中国特色法学学科体系的重要组成部分，加强文化法学学科建设，推动文化法学创新发展，对于加强新时代文化建设的法治保障提供学理支持、学术支撑，意义重大。

即使从世界范围看，文化法学也是一门新兴学科，其发展与各国的文化发展水平密不可分，既是文化发展的学术反映，也是文化发展的理论保障。我国文化法治、文化法学建设要服务国家战略，服务和保障我国文化发展重大规划、重点改革、重要任务，就必须进行具有前瞻性、针对性、储备性的应用对策研究和基础理论研究。一方面，要系统研究文化立法、执法、司法、守法等领域的突出问题，提出具有可操作性的对策建议。另一方面，要综合运用法学、传播学、艺术学、政治学、经济学、管理学等多学科知识，系统围绕文化法的现象与本质、价值与特征、历史与现实、形式与内容、运行机理与调整方式等文化基本法，围绕公共文化服务、文物保护、非物质文化遗产保护等文化事业法，围绕出版业、广播电视产业、电影产业、互联网内容产业等文化产业法深入开展学科理论研究，更好地服务中国特色社会主义文化建设的实践。

作为文化基础法理论研究的一个探索，本书尝试在文化法学科研究体系的构建方面做一点工作。同时，作为国家社科基金特别委托项目（主持人：刘志松，项目号：21@ZH008）的阶段性成果，也对于我国文化事业、文化产业法治化建设进行了相应的思考。以期对我国文化法学学科发展和文化法治实践提供些许助益。

本书是团队集体合作成果，全书提纲和写作体例由刘志松、王焱在团队充分讨论的基础上拟定，全书分上下两编，共十二章。具体分工如下：前言部分由刘志松、董向慧撰写；第一章第一节、第二节由李曼、董向慧撰写，第三节、第四节由王焱撰写；第二章由魏慧静撰写；第三章由李曼、程程撰写；第四章第一节由王焱撰写，第二节、第三节由寇大伟撰写；第五章由龚红卫、穆亨撰写；第六章由闫文博撰写；第七章由张智宇撰写；第八章由王果撰写；第九章由赵希撰写；第十章由段威撰写；第十一章由王果撰写；第十二章由高茜撰写。刘志松、王焱负责全书的统稿，刘志松、董向慧完成书稿最终的修订工作。

本书的编撰出版得到了国家社会科学基金、天津社会科学院学术著作出版资助等项目的支持，在编撰过程中得到了学界和实务界多位专家的指导，大家提出的宝贵意见和建议为本书的完善提供了巨大帮助，在此并致谢意。还要感谢在本书撰写过程中参与文献收集、学术整理、文稿校对等工作的学术伙伴。同时，对法律出版社编辑老师们对于本书出版所付出的辛劳表示感谢。

九层之台，起于累土；千里之行，始于足下。愿本书成为我们团队探索文化法学理论研究工作的开始，也希望本书能为文化法学学科建设贡献一点力量。

是为记。

刘志松

于天津社会科学院

二〇二三年十二月五日